Sekundarstufe I

Mathematik 1 Arbeitsheft I

Lehrmittelverlag
Zürich

Interkantonale
Lehrmittelzentrale

Autorenteam
Franz Keller (Projektleitung)
Brigitte Bollmann
Christian Rohrbach
René Schelldorfer

Beraterteam
Claudia Albertini
Barbara Drollinger-Vetter

Gestaltung
KGT Raimondi AG

Illustrationen
Oculus, Atelier für Illustration

Fotos
Frank Brüderli, Fotograf
(Weitere Fotos siehe Bildnachweis)

4. korrigierte Auflage 2016 (3. Auflage 2012)
Printed in Switzerland
Klimaneutral gedruckt auf FSC-Recyclingpapier
ISBN 978-3-03713-499-3
www.lehrmittelverlag-zuerich.ch

Dieses Lehrmittel wurde in Zusammenarbeit mit der Interkantonalen Lehrmittelzentrale
und der Pädagogischen Hochschule Zürich entwickelt.

www.mathematik-sek1.ch

Inhalt

1.1 ↗ Sortiere französische und deutsche Jasskarten nach ihren achsensymmetrischen Eigenschaften.

1.2 ↗ Die folgenden Bilder zeigen Logos von verschiedenen Automobilmarken. Sicher kannst du zusammen mit deinen Klassenkameradinnen und Klassenkameraden herausfinden, welches Logo zu welcher Automarke gehört.

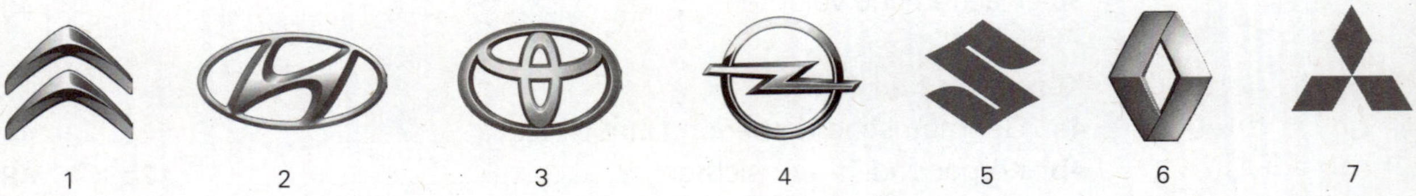

a Welche Logos sind achsensymmetrisch, welche nicht? Stelle deine Resultate übersichtlich dar.

b Wähle zwei nicht achsensymmetrische Logos und begründe, warum das so ist.

c Suche weitere achsensymmetrische Logos von verschiedenen Herstellern oder Produkten und skizziere sie. Zeichne jeweils alle Symmetrieachsen ein.

1.3 Zeichne in den gegebenen Figuren alle Symmetrieachsen ein.

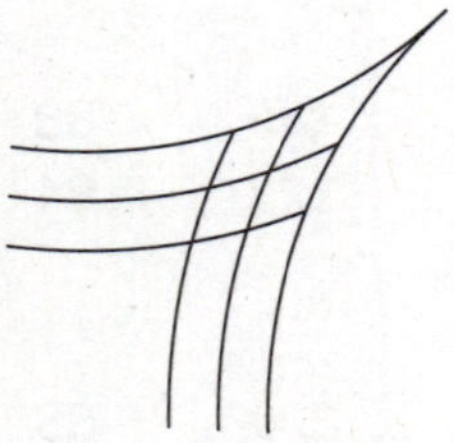

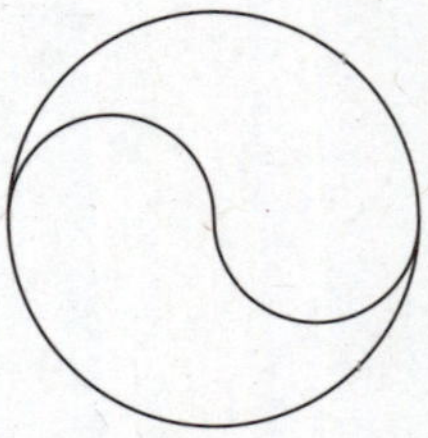

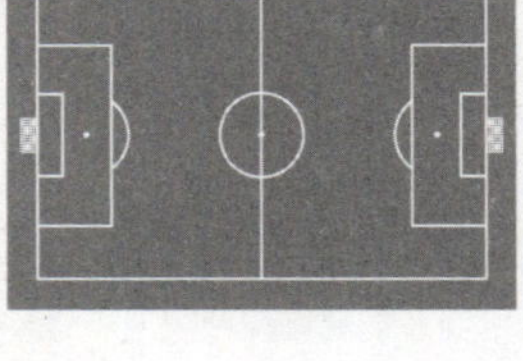

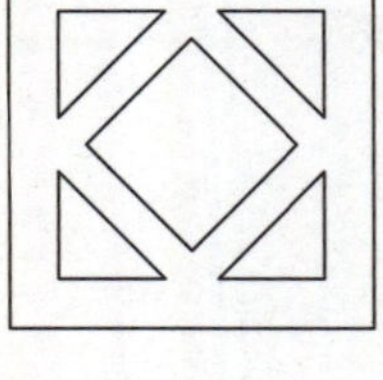

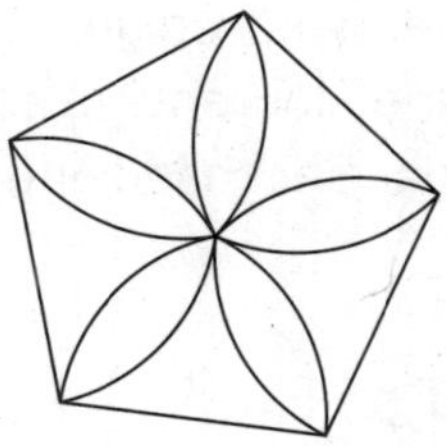

1.4↗ Markiert im Klassenzimmer die Umrisse von achsensymmetrischen Flächen und ihre Symmetrieachsen mit Malerband. Welche Formen findet ihr?

2 –

3 –

4.1 Skizziere zu den gegebenen Symmetrieachsen je eine achsensymmetrische Figur.

a

b

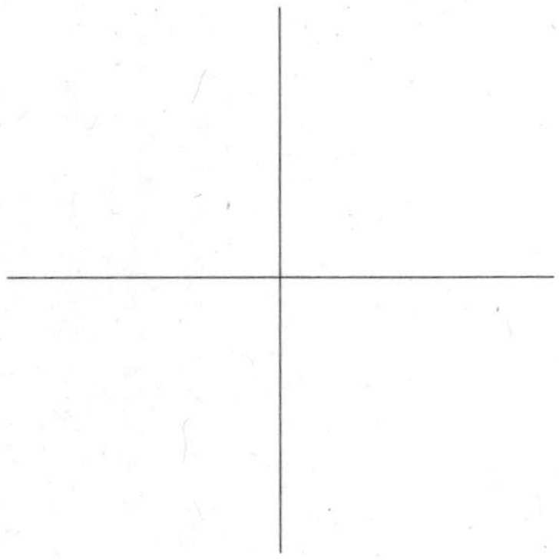

c

d

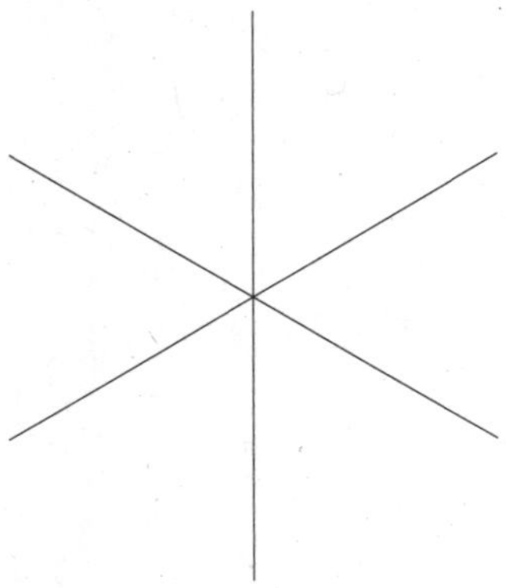

5.1 In der linken Spalte unten siehst du vier beschädigte Figuren. Diese Figuren waren ursprünglich achsensymmetrisch, dann sind einzelne Figurenteile abgebrochen oder verloren gegangen. Skizziere rechts, wie die Figuren vor der Beschädigung vielleicht ausgesehen haben. Markiere die Symmetrieachsen mit Farbe.

Beschädigte Figur	Nicht beschädigte Figur
Beispiel: 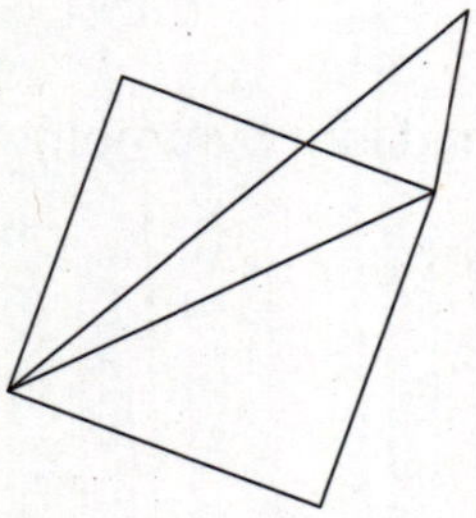	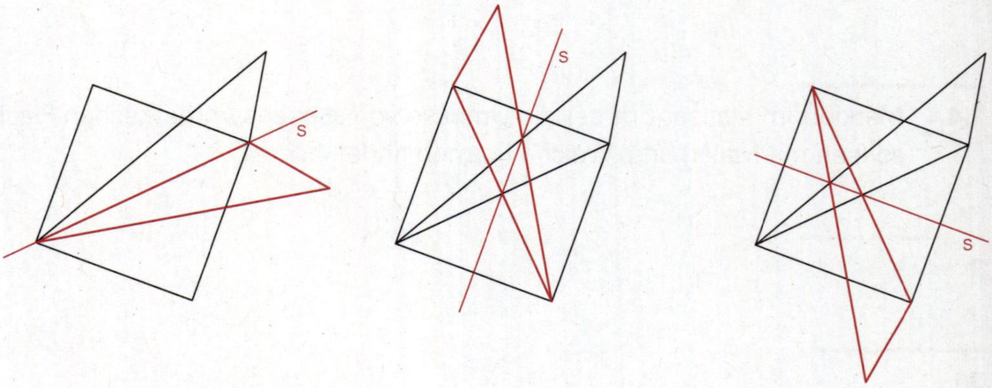
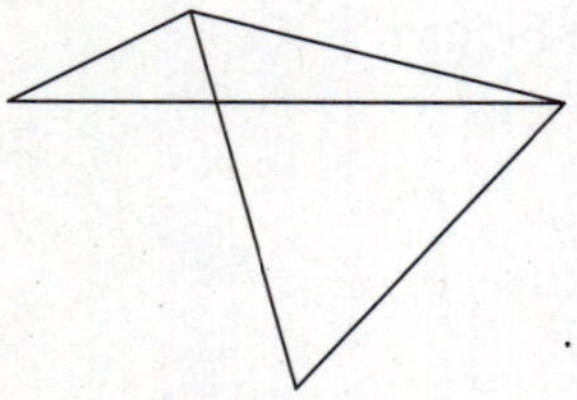	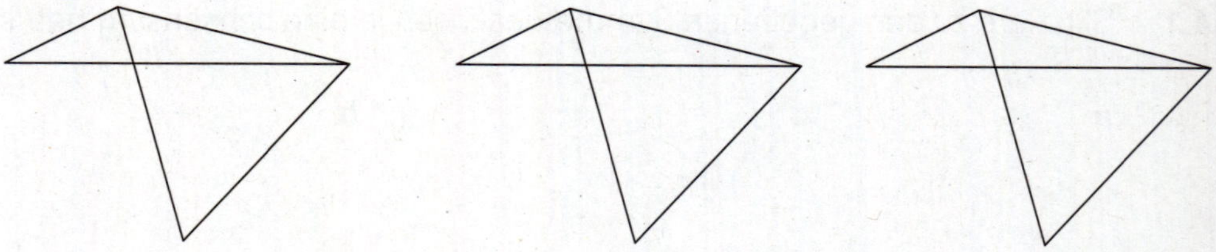
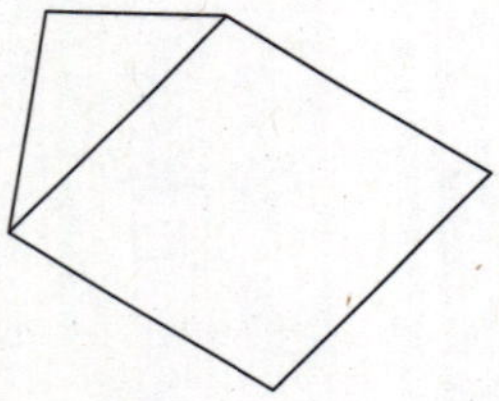	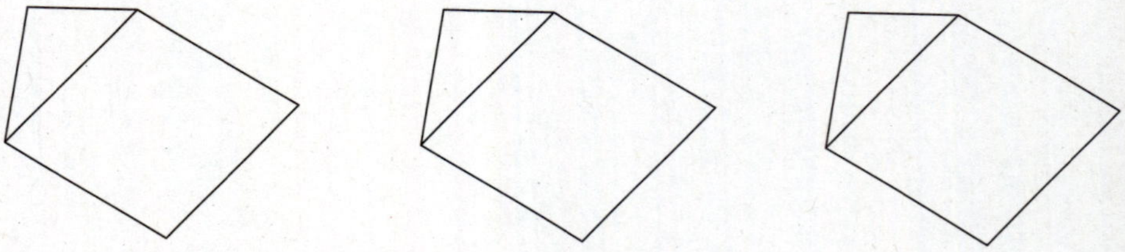
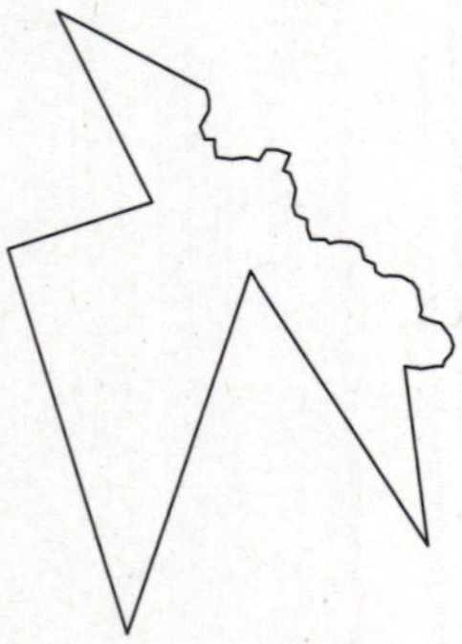	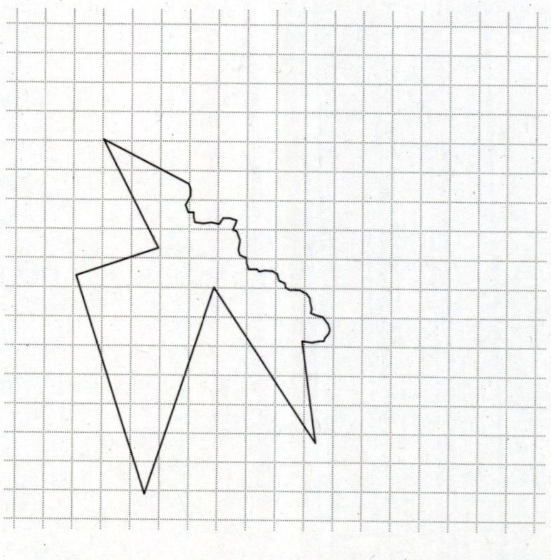

5.2↗ Mit dem Computer kannst du untersuchen, worauf du achten musst, damit eine achsensymmetrische Figur entsteht.

Achsensymmetrische Figur 1
Achsensymmetrische Figur 2

5.3 – Auf dem Geobrett ist eine Figur mit Hilfe eines Gummibandes aufgespannt. Verändere die Figur in Gedanken so, dass die neue Figur achsensymmetrisch wird.
– Beschreibe deine Überlegungen.

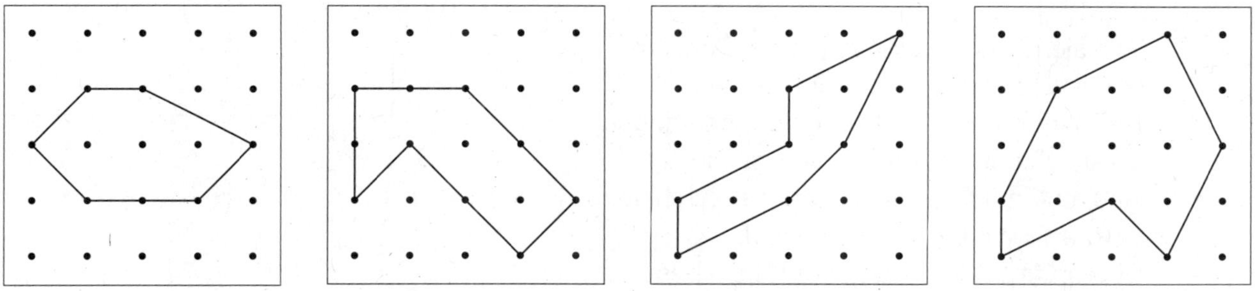

....

....

– Skizziere deine Lösung und überprüfe sie mit dem Geobrett.

6.1↗ Tangramfiguren kannst du auch am Computer herstellen.

Tangram

7.1 **a** Falte in Gedanken ein Quadrat in drei aufeinanderfolgenden Schritten gemäss der Anleitung unten. Die punktierte Linie bedeutet «Falte entlang der Linie».

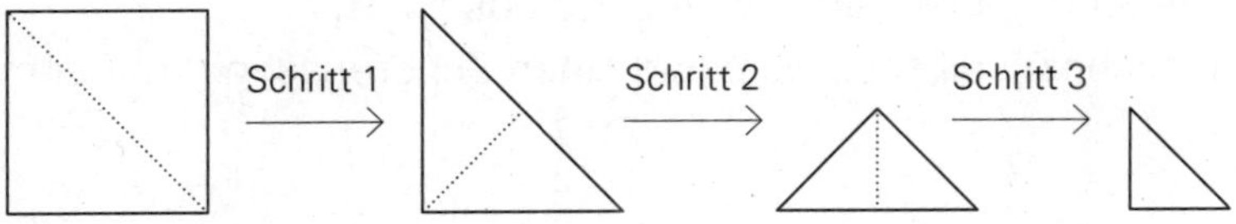

– Welche Linien sind durch das Falten entstanden? Skizziere deine Vorstellungen im Quadrat rechts.
– Verwende für die Linien Farben:
Schritt 1 rot
Schritt 2 grün
Schritt 3 blau
– Überprüfe deine Lösung mit Hilfe eines grossen Papierquadrates.

b Falte wieder ein Quadrat in drei Schritten wie bei Aufgabe a. Nimm nun in Gedanken eine Schere und schneide, wie im Bild links gezeigt, mit zwei Schnitten einen Teil des gefalteten Quadrates ab.

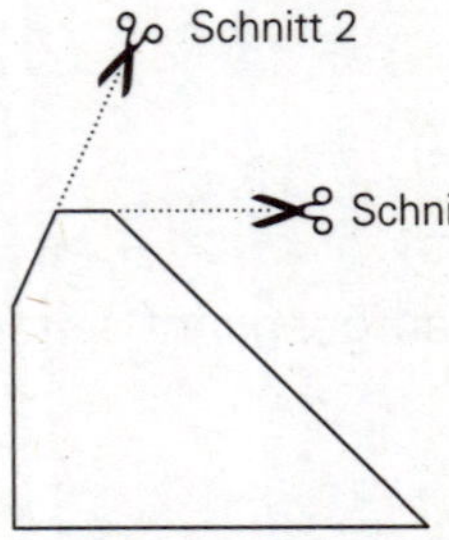

- Wie sieht das Quadrat nun aus? Skizziere deine Vorstellung im Quadrat rechts.
- Markiere mit Rot die Linien der Schnittfigur, die durch den ersten Schnitt entstanden sind, und mit Grün die Linien, die durch den zweiten Schnitt entstanden sind.
- Überprüfe deine Lösung mit Hilfe eines grossen Papierquadrates.

↗ **c** Stelle zwei Scherenschnitte her, die den gezeigten Mustern entsprechen.
Die Scherenschnitte müssen nicht massstabsgetreu sein.

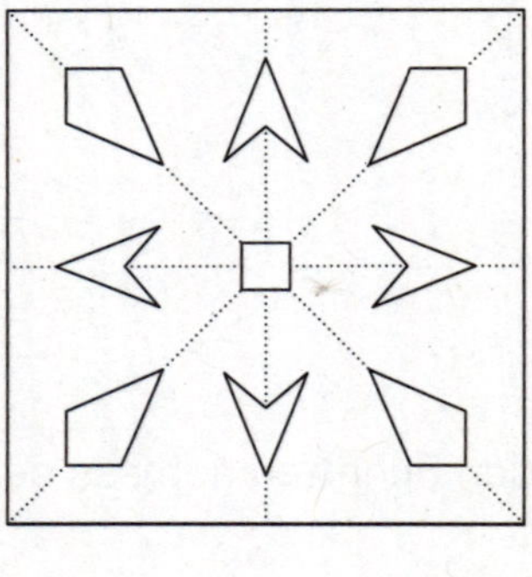

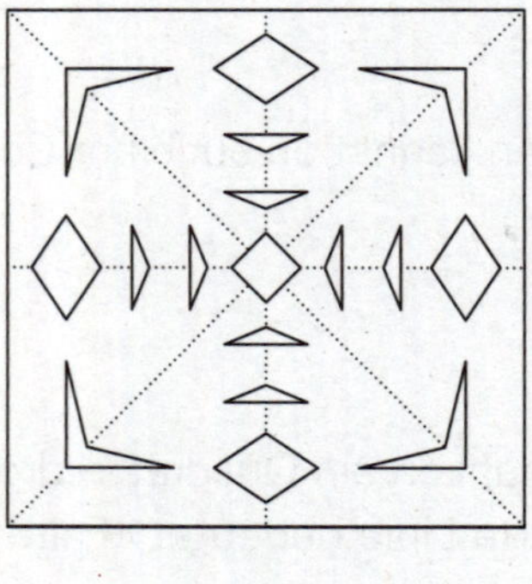

↗ **d** Gestalte aus einem Papierquadrat einen eigenen, einfachen Scherenschnitt.
Deine Banknachbarin oder dein Banknachbar soll anschliessend einen Scherenschnitt mit dem gleichen Muster herstellen.

7.2 Sind regelmässig aufgebaute Figuren immer auch achsensymmetrisch?
Untersuche diese Frage anhand der folgenden Figuren und begründe deine Antwort.

7.3↗ Gestalte einen eigenen Scherenschnitt, der als Schablone zur Garnitur von Desserttellern oder von Kuchen verwendet werden könnte.

1.1↗ Sortiere französische und deutsche Jasskarten nach ihren drehsymmetrischen Eigenschaften.

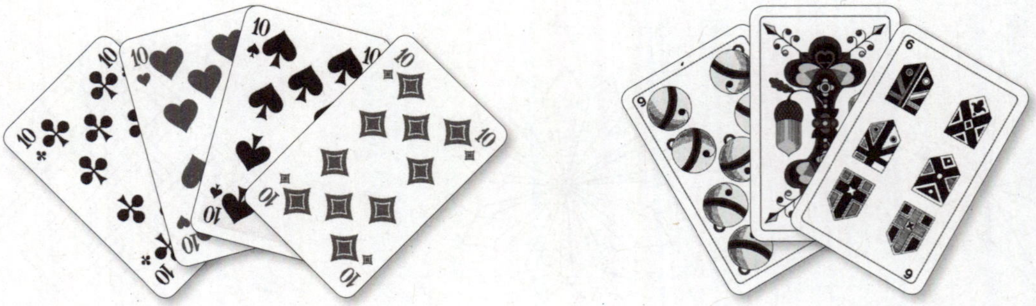

1.2 Die folgenden Symbole stammen aus der Welt des täglichen Lebens. Vielleicht weisst du, was sie bedeuten.

1 2 3 4 5 6 7

a Welche Figuren sind drehsymmetrisch, welche nicht? Notiere die Grösse des Drehwinkels in der Tabelle unten.

b Welche Figuren haben einen Drehwinkel von 180°? Diese Figuren sind **punktsymmetrisch.** Kreuze die entsprechenden Felder in der Tabelle an.

Figur Nr.	1	2	3	4	5	6	7
Drehwinkel	....	....	....	....	....	....	....
punktsymmetrisch	☐	☐	☐	☐	☐	☐	☐

2 –

3.1 Wie kannst du bei punktsymmetrischen Figuren den Drehpunkt konstruieren? Suche die Lösung am Beispiel von punktsymmetrischen Spielkarten. Begründe deine Überlegungen.

3.2 Markiere in diesen drehsymmetrischen Figuren den Drehpunkt, zeichne den kleinsten Drehwinkel ein und notiere seine Grösse.

3.3↗ Sind die folgenden Aussagen wahr oder falsch?

a Jede achsensymmetrische Figur mit mehr als einer Symmetrieachse ist immer auch drehsymmetrisch.

b Jede drehsymmetrische Figur ist immer auch achsensymmetrisch.

3.4↗ Du könntest zur Freude deiner Nächsten eine kreisrunde Torte backen und mit einem drehsymmetrischen Muster verzieren. Gelingt dir ein Muster, das nicht gleichzeitig achsensymmetrisch ist?

4.1 Skizziere je eine drehsymmetrische Figur

a mit Drehwinkel 90°, **b** mit Drehwinkel 180°, **c** mit Drehwinkel 120°.

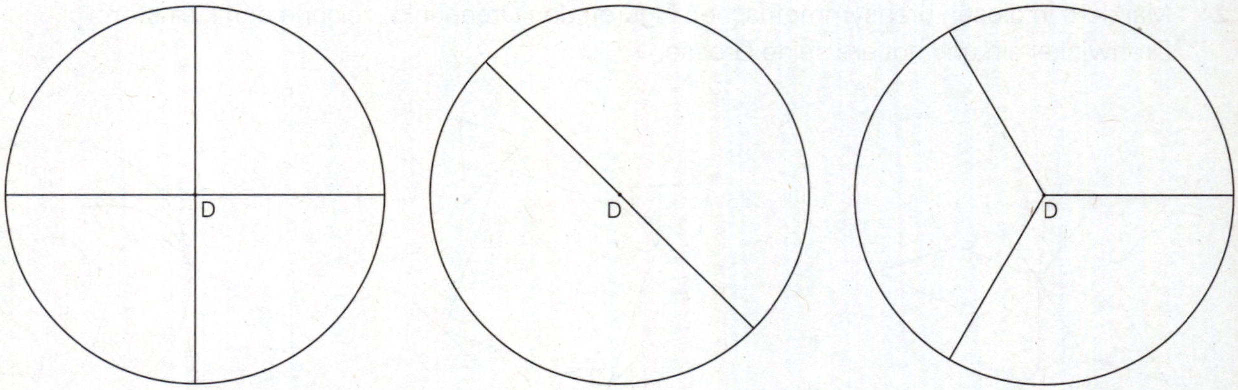

4.2 Gegeben sind ein kreisrunder Tisch und fünf gleiche Stühle. Ordne die Stühle um den Tisch in einer Skizze rechts so an, dass alles zusammen eine drehsymmetrische Figur ergibt, die nicht achsensymmetrisch ist.

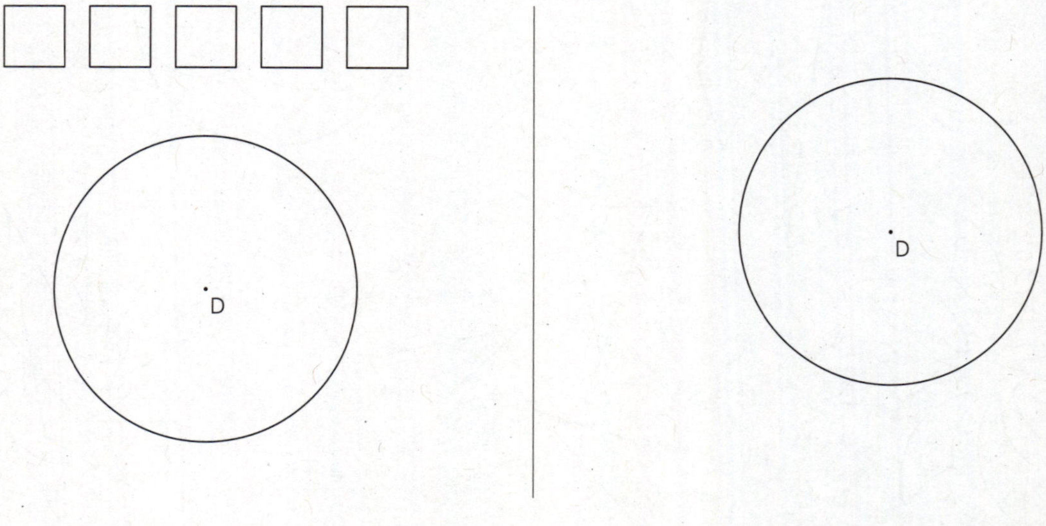

4.3 In der linken Spalte siehst du beschädigte Figuren (Kreis, gleichseitiges Dreieck, Quadrat, regelmässiges Fünfeck). Diese Figuren waren ursprünglich drehsymmetrisch, dann sind einzelne Figurenteile verloren gegangen. Skizziere rechts, wie die Figuren vor der Beschädigung vielleicht ausgesehen haben.

Beschädigte Figur | Nicht beschädigte Figur

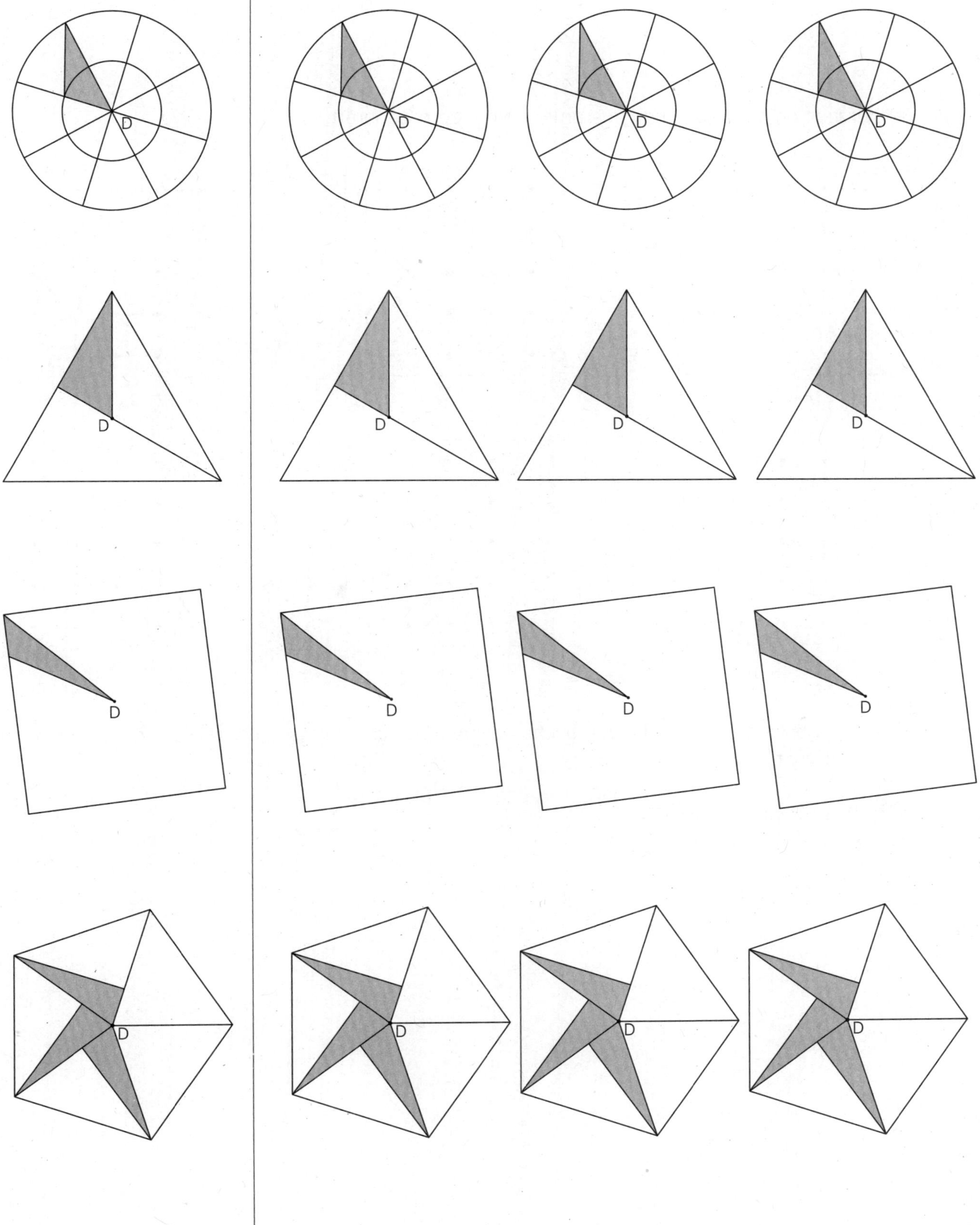

4.4 – Auf dem Geobrett ist eine Figur mit Hilfe eines Gummibandes aufgespannt.
Verändere die Figur in Gedanken so, dass die neue Figur drehsymmetrisch wird.
– Beschreibe deine Überlegungen.

– Skizziere deine Lösung und überprüfe sie mit dem Geobrett.

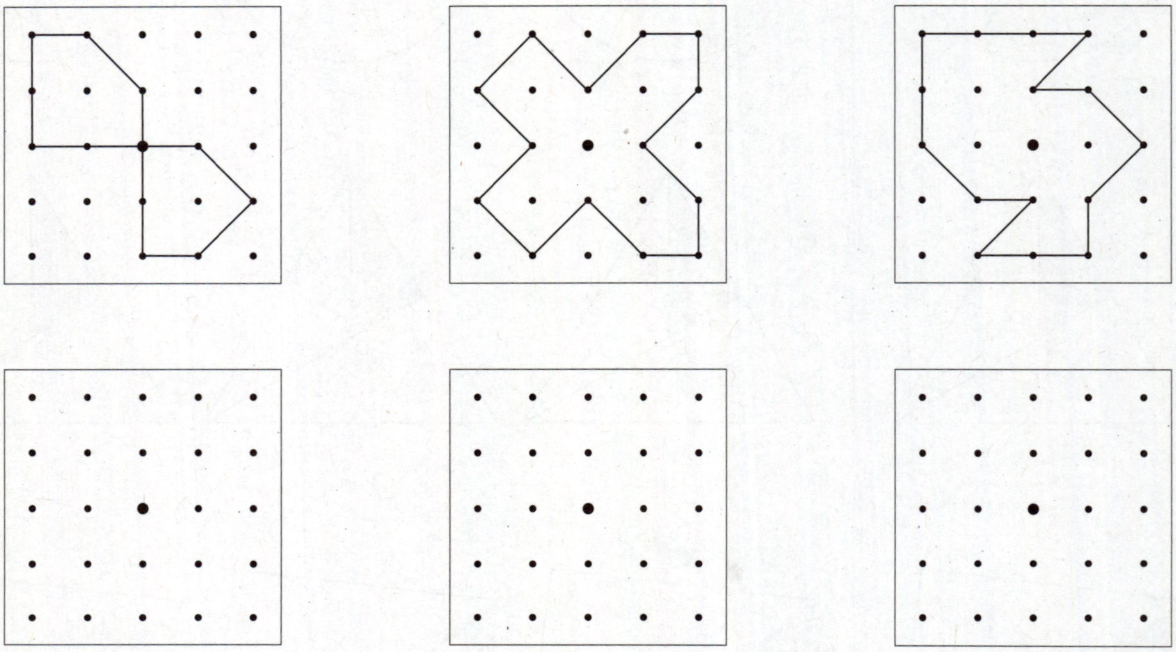

4.5↗ Mit dem Computer kannst du untersuchen, worauf du achten musst, damit eine punktsymmetrische Figur entsteht.

Punktsymmetrische Figur 1
Punktsymmetrische Figur 2

5 –

6.1 Ein Scherenschnitt wird wie in Aufgabe 7.1, Seite 7, aus dem dreimal gefalteten Papierquadrat hergestellt. Ist jeder so hergestellte Scherenschnitt immer auch drehsymmetrisch? Begründe deine Antwort.

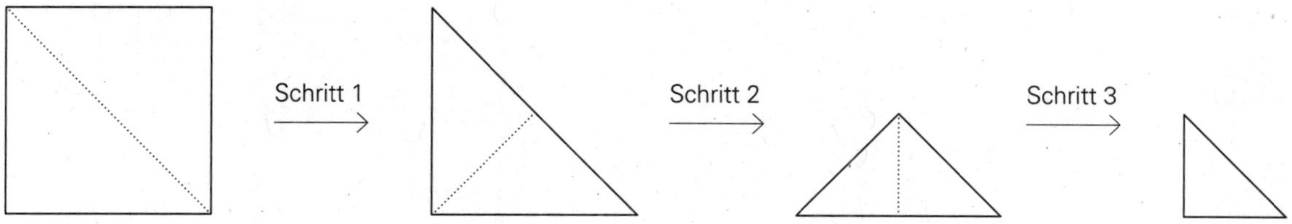

1.1 Das Wort BAUM wurde auf drei verschiedene Weisen gespiegelt. Arbeite mit einem Spiegel.
- Skizziere zu jedem Wort die Lage der Spiegelachse, sodass im Spiegel das Wort BAUM erscheint.
- Was fällt dir auf? Notiere deine Feststellungen.

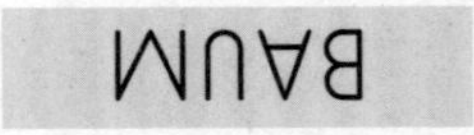

1.2 Skizziere die an der Spiegelachse s gespiegelten Wörter.

s

LOVE

HOTEL s

PAUSE

s

EICHE

s

1.3 Notiere in grossen Druckbuchstaben senkrecht oder waagrecht gespiegelte Wörter.
Deine Banknachbarin oder dein Banknachbar oder soll anschliessend herausfinden, wie die Wörter heissen.

1.4↗ Die Druckschrift-Grossbuchstaben des Alphabets werden an einer senkrecht stehenden Achse gespiegelt.
- Notiere diejenigen Buchstaben, bei denen Original und Spiegelbild gleich aussehen. Welche Eigenschaft haben alle diese Buchstaben?
- Bilde sinnvolle Wörter, bei denen das Spiegelbild wiederum ein sinnvolles Wort ergibt.
- Bilde Phantasiewörter, die sich beim Spiegeln nicht verändern. Beschreibe die gemeinsame Eigenschaft dieser Wörter.

2 –

3.1 Wurde hier jeweils richtig gespiegelt? Untersuche die drei Aufgaben mit Zirkel und Geodreieck. Begründe deine Antwort.

a

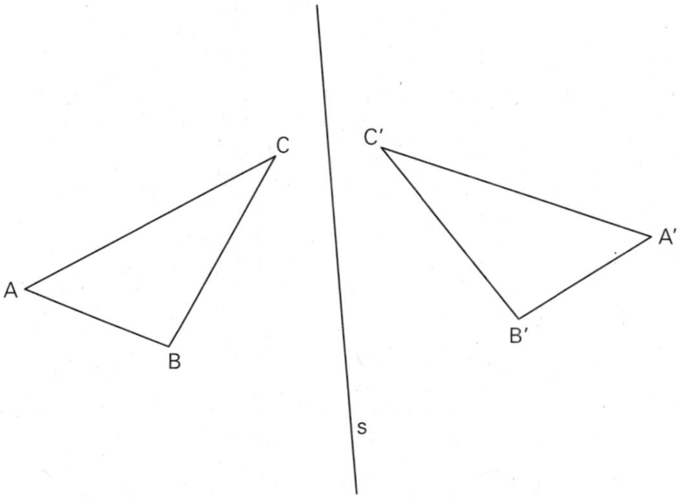

b

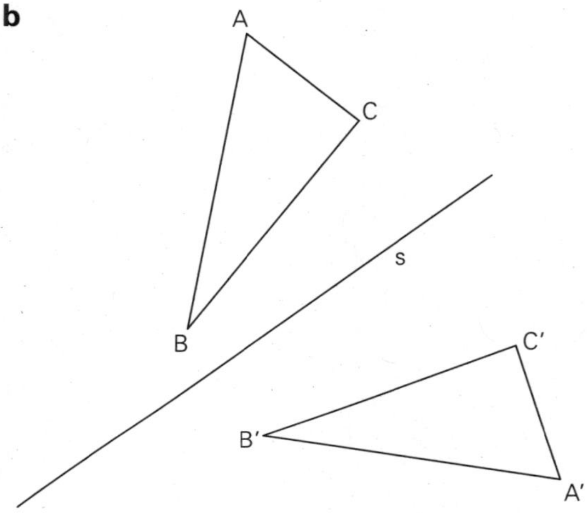

c

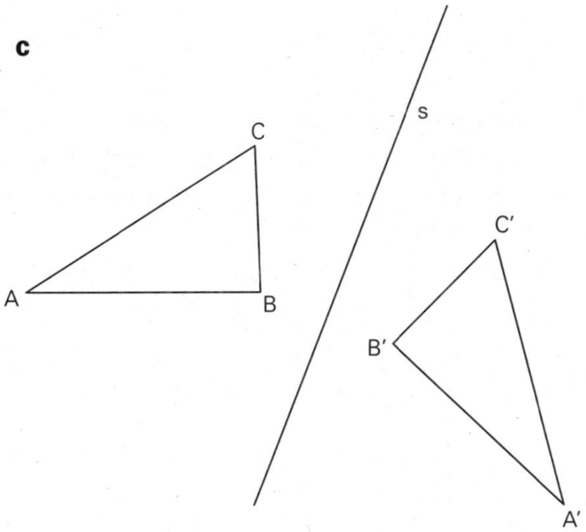

3.2↗ Am Computer kannst du verfolgen, wie du eine Figur an einer Achse spiegeln kannst.

Achsenspiegelung als «Film»

4.1 Spiegle die Eckpunkte der beiden Figuren nur mit dem Zirkel.
Überprüfe mit dem Geodreieck die Genauigkeit deiner Konstruktion.

a

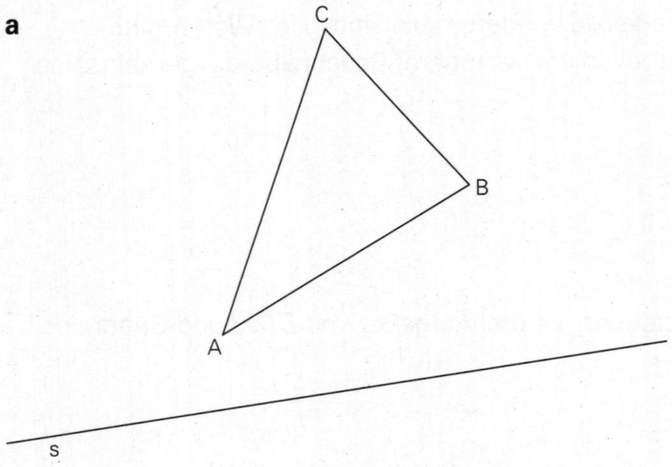

b

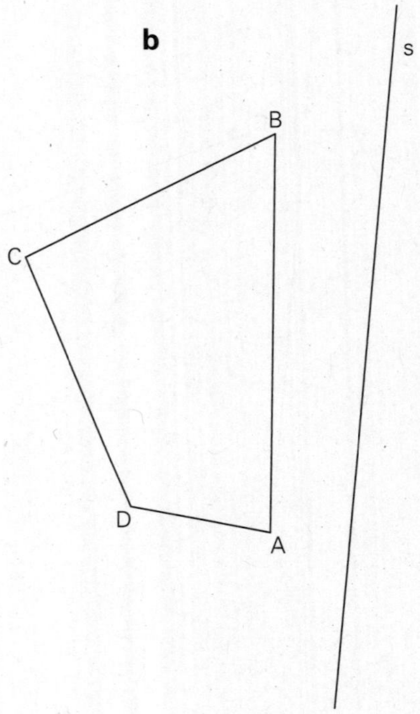

5.1 Markiere auf deinem Geobrett eine geeignete Spiegelachse und eine Figur. Eine Mitschülerin oder ein Mitschüler soll nun mit einem anders gefärbten Gummiband die gespiegelte Figur aufspannen. Skizziere anschliessend die Lage der verschiedenen Gummibänder. Verwende unterschiedliche Farben für Original, Bild und Spiegelachse.

a

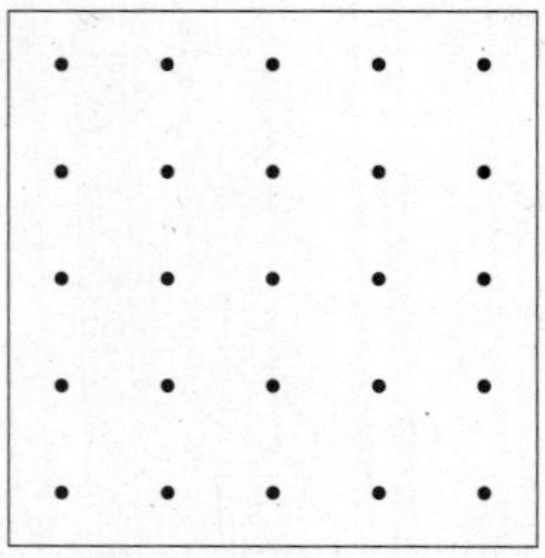

b

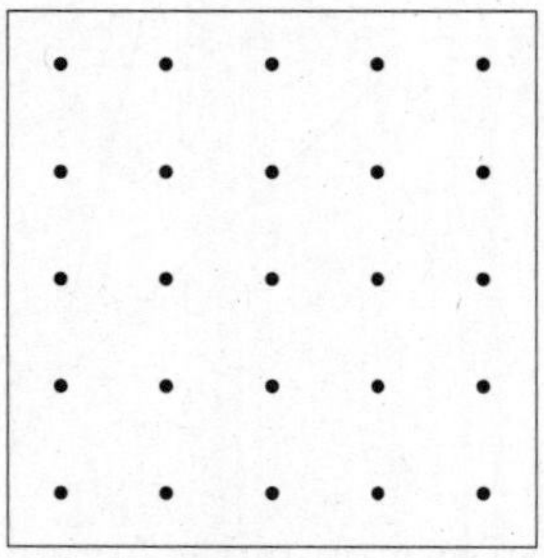

c

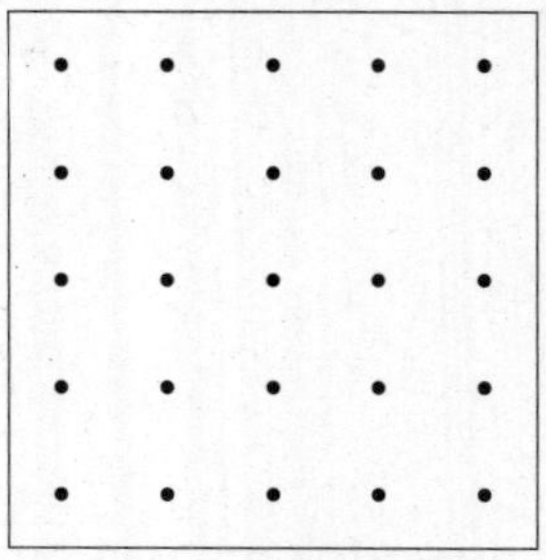

d

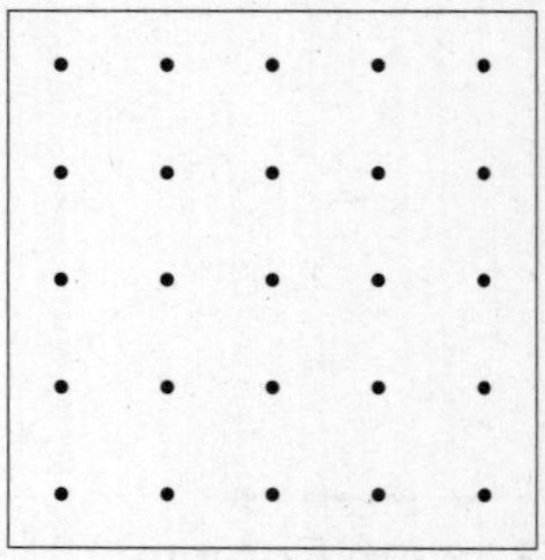

6.1 Konstruiere die gespiegelte Bildfigur (s: Spiegelachse).

a

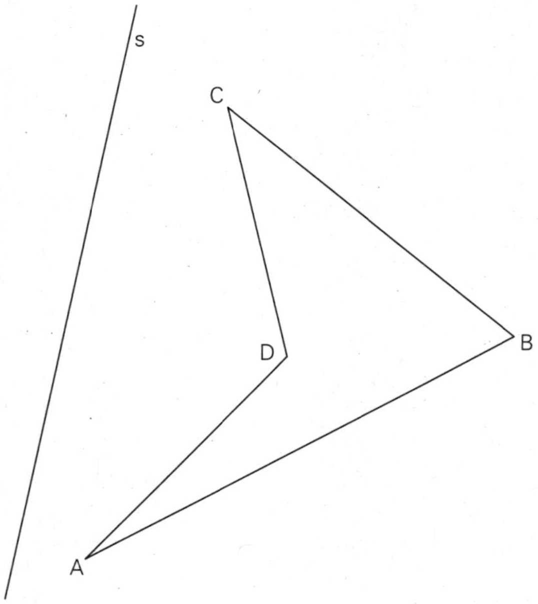

b

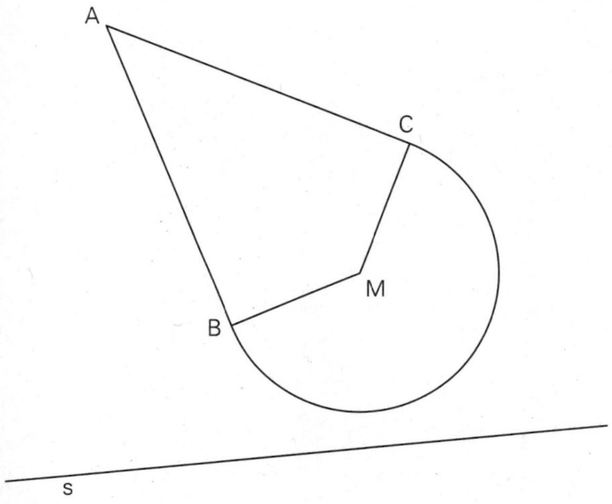

c

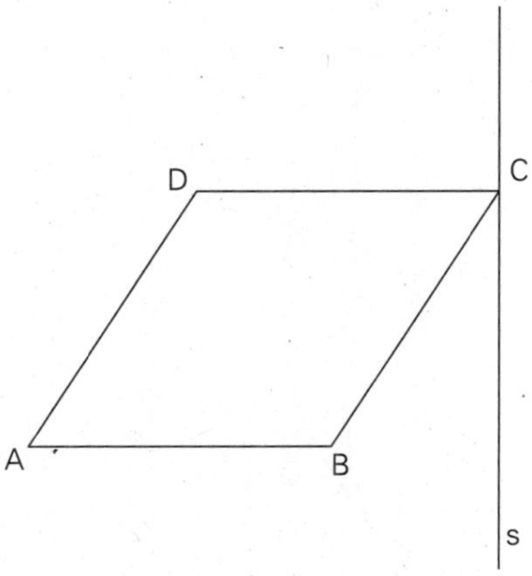

d

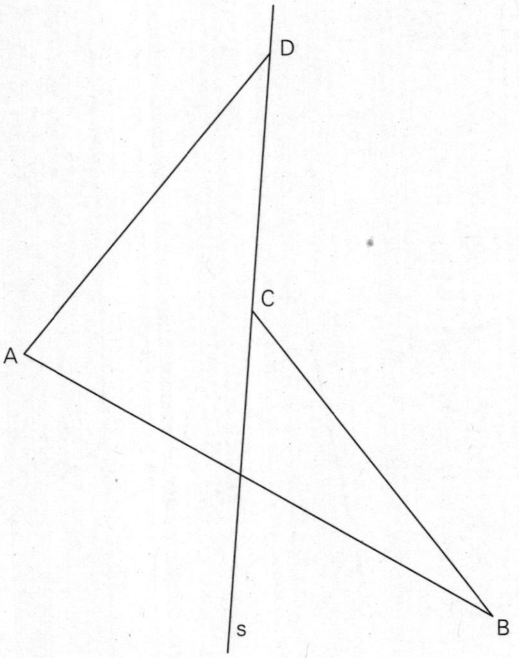

e

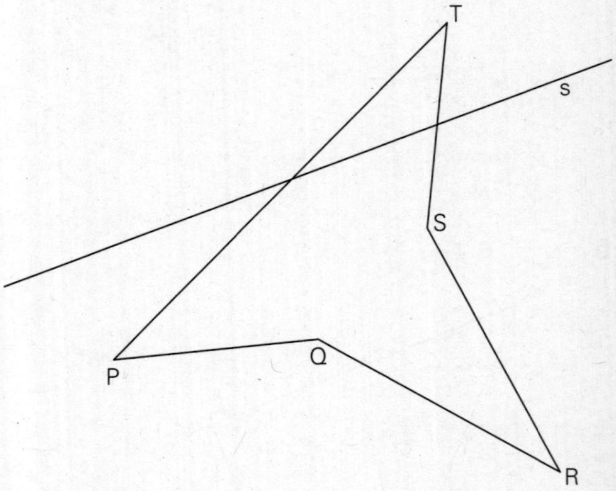

f

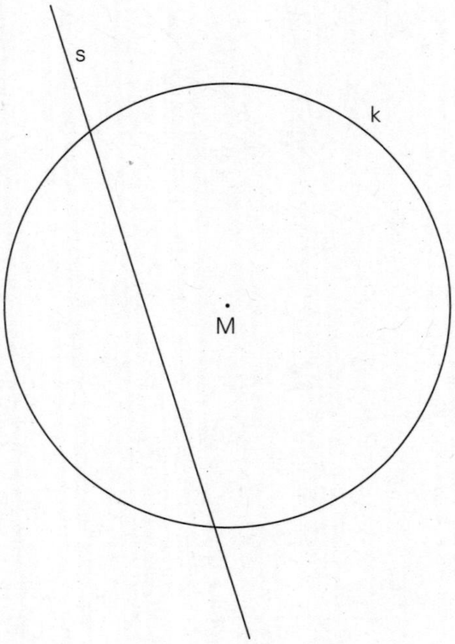

g

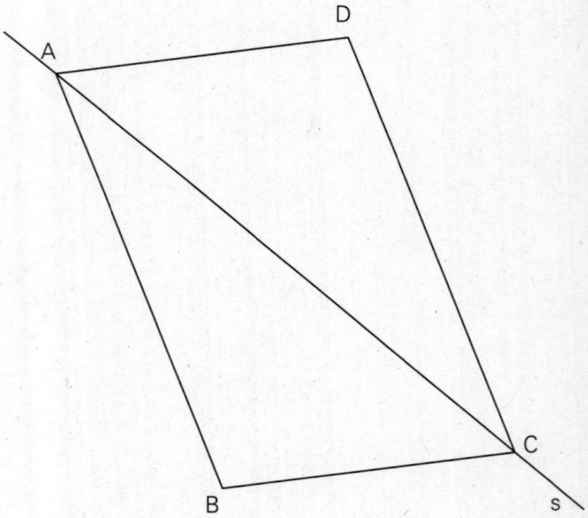

h

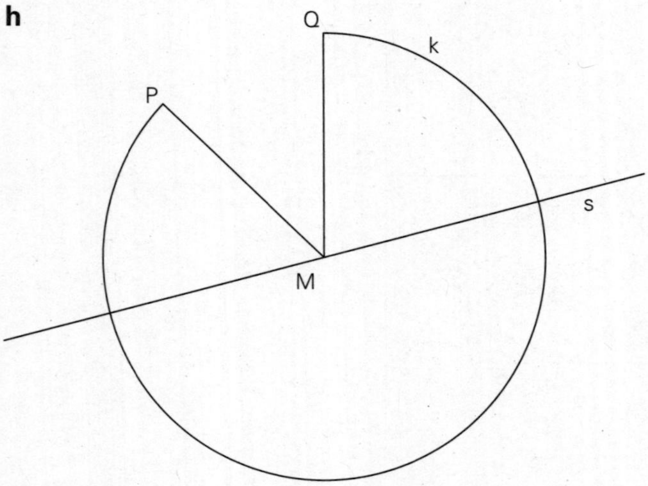

7.1 Konstruiere die Spiegelachse und, wo nötig, die fehlenden Elemente der Bildfigur.

a

b

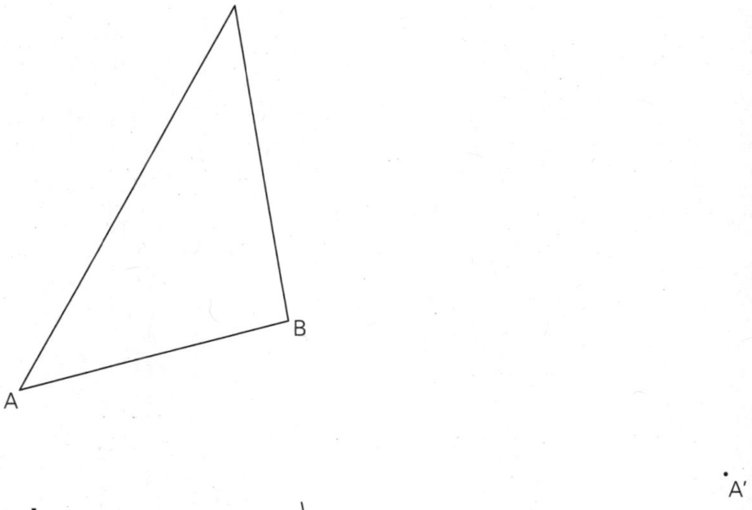

c

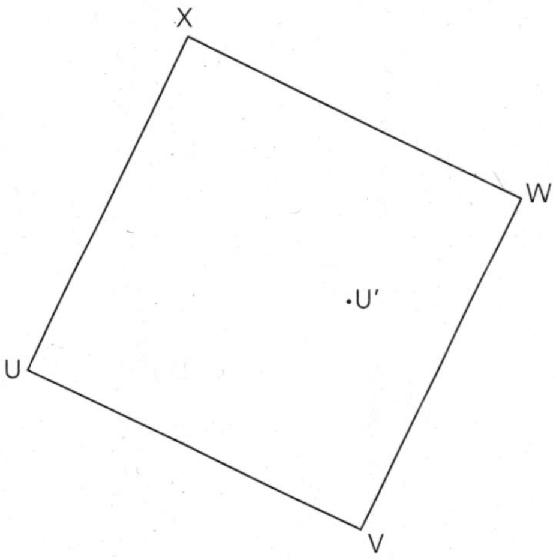

d

7.2 **a** Konstruiere den Kreismittelpunkt.

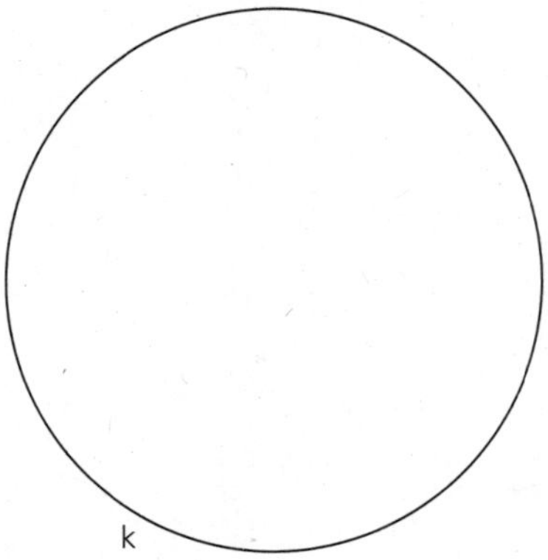

b Konstruiere die Spiegelachse.

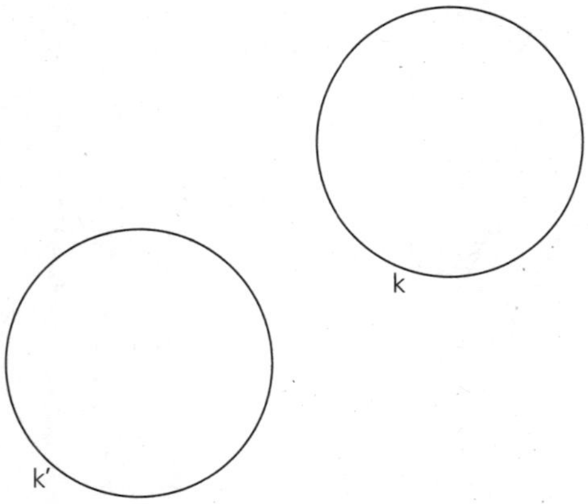

8.1 Konstruiere die Winkelhalbierenden und die Mittelparallelen.

a

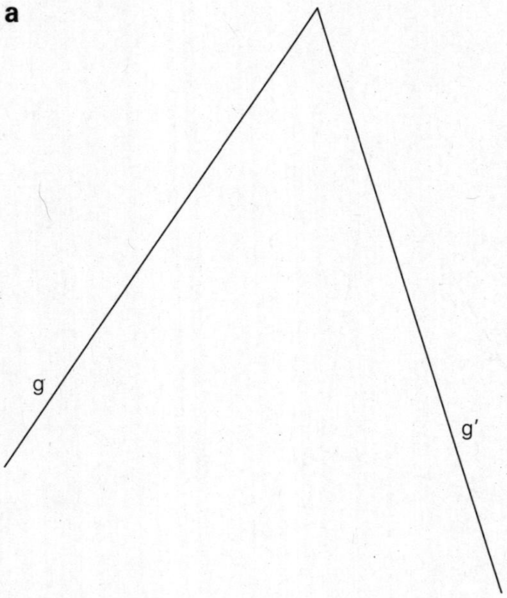

b

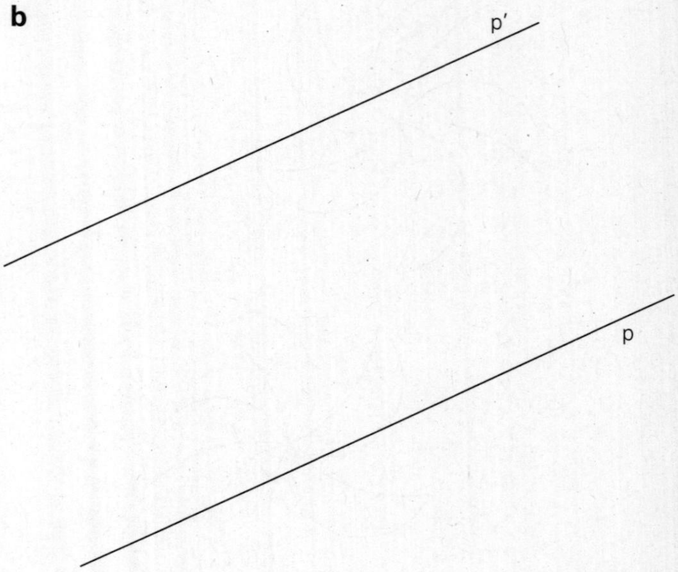

c

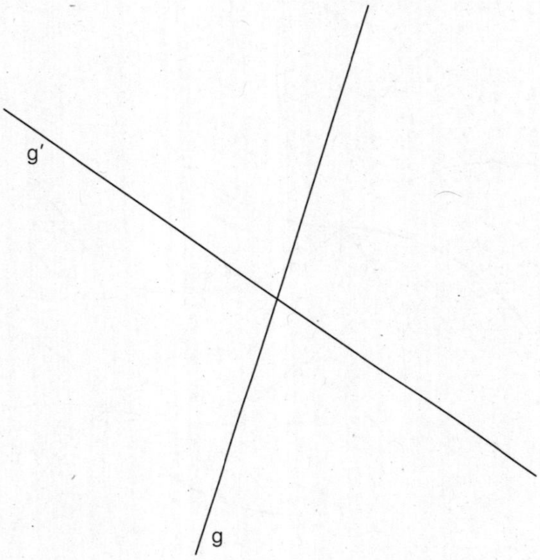

d

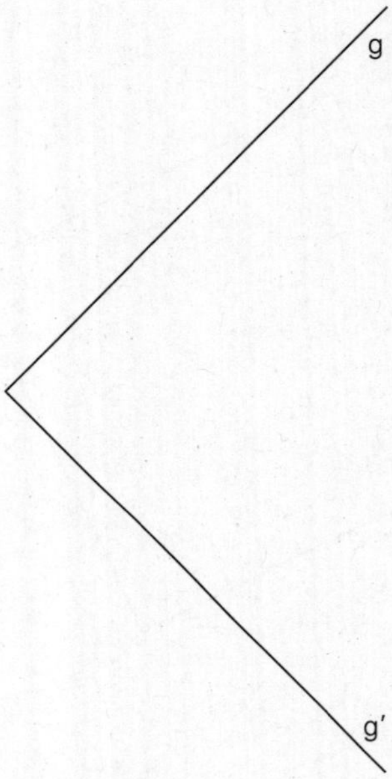

e

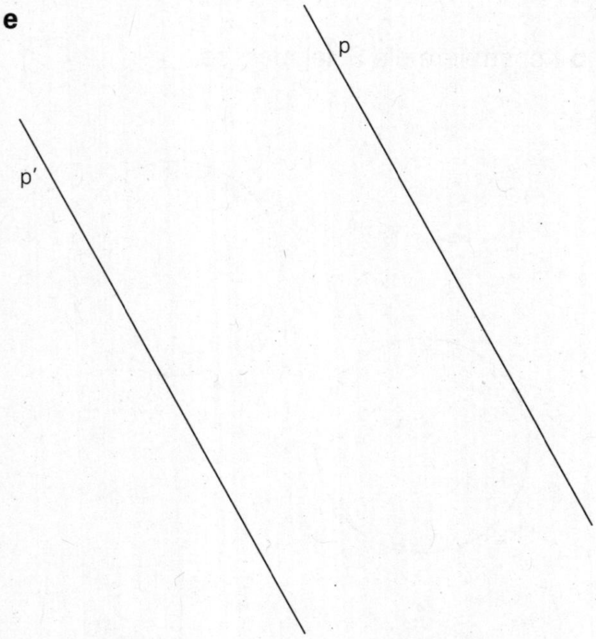

f

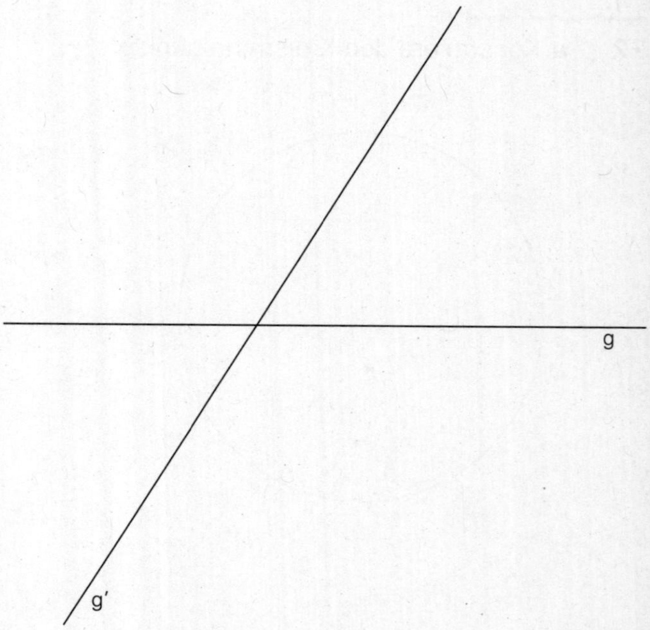

8.2 Konstruiere das Spiegelbild.

a Gesucht: g′

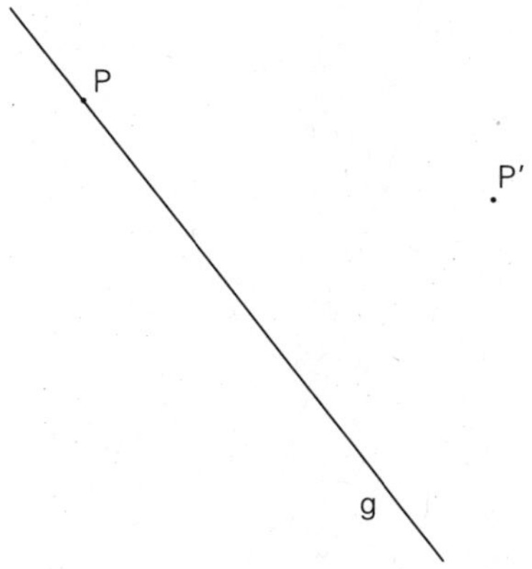

b Gesucht: Dreieck A′B′C′

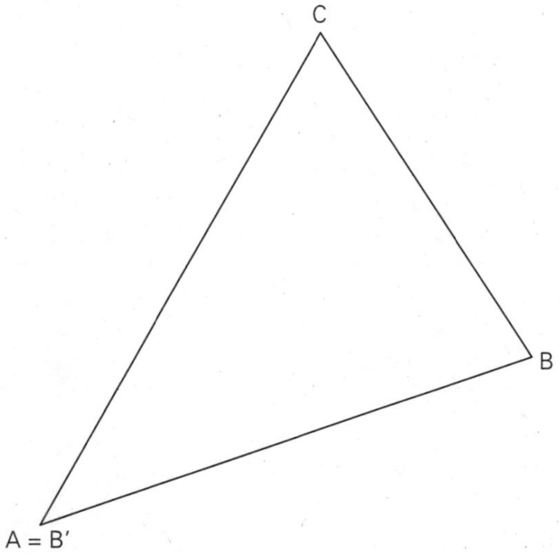

c Gesucht: Quadrat A′B′C′D′

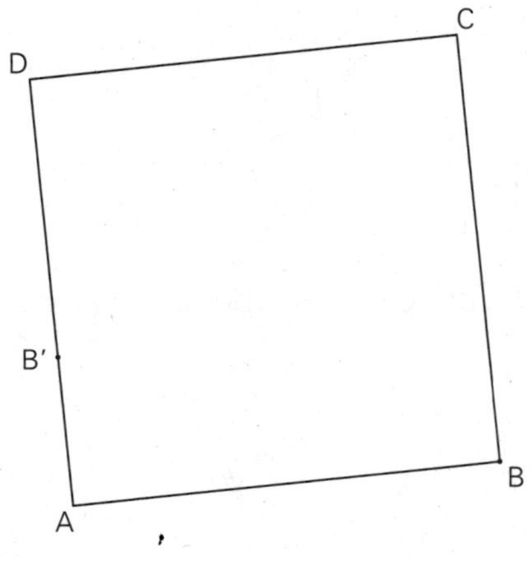

d Gesucht: Kreis k′

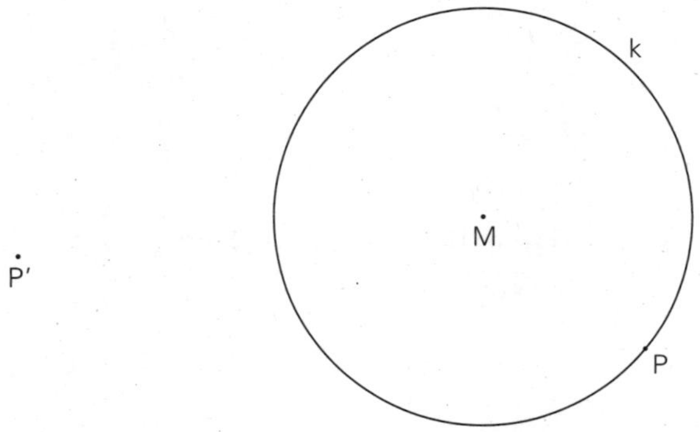

e Gesucht: α'

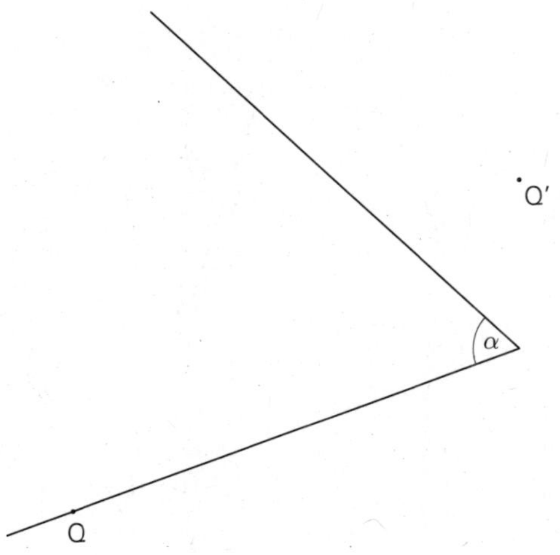

f Gesucht: E′F′

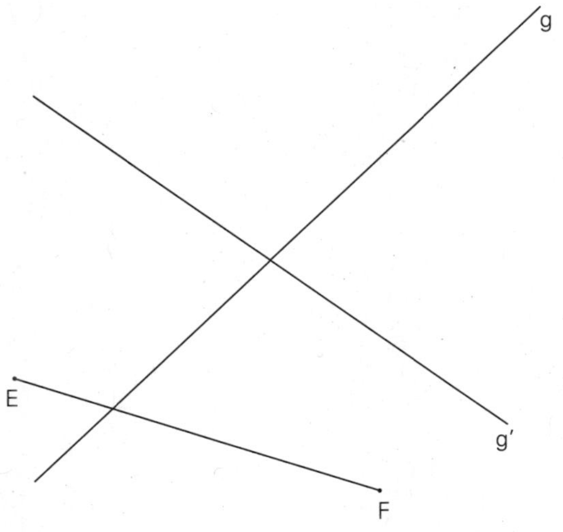

8.3 Konstruiere die gespiegelten Figuren.

a Gesucht: Parallelenviereck A′ B′ C′ D′

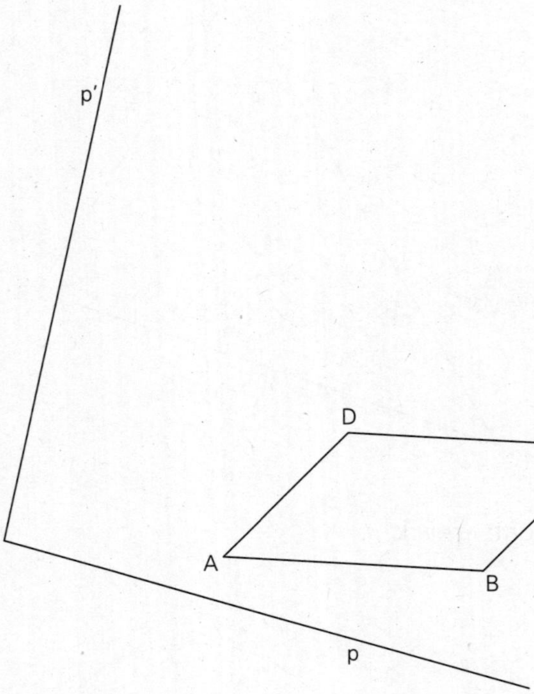

b Gesucht: Kreis k′

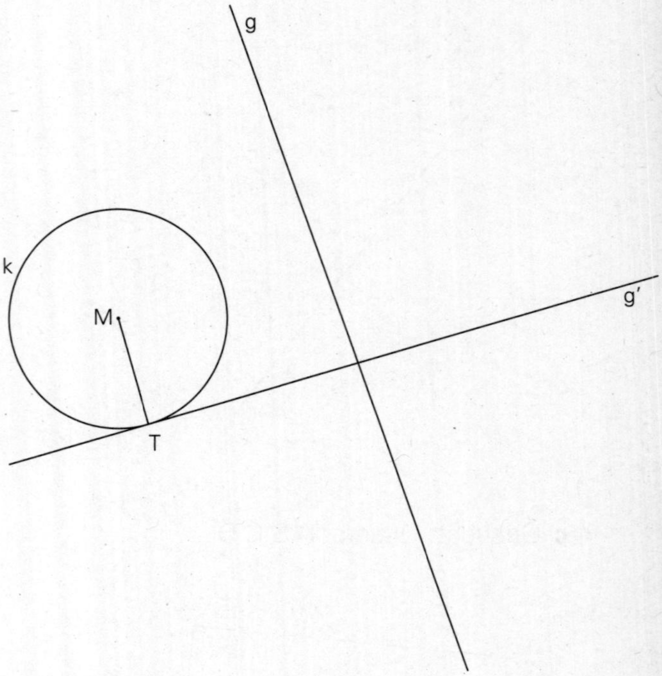

c g und g′ sind parallele Geraden.
Gesucht: Dreieck A′ B′ C′

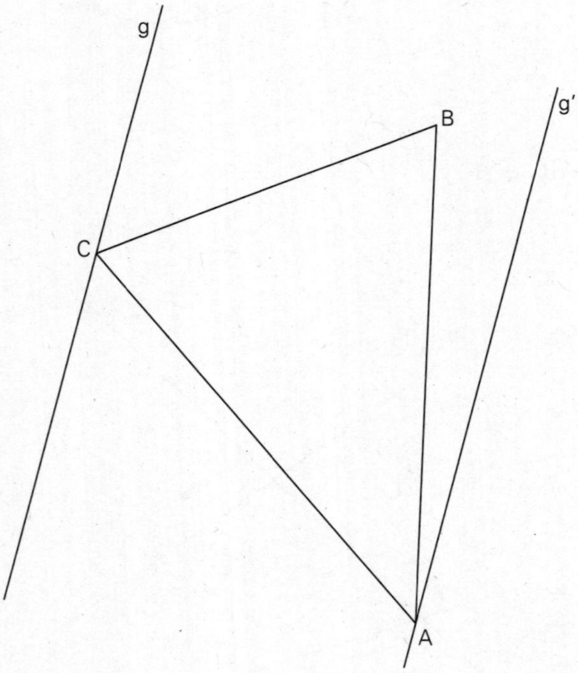

d Gesucht: Dreieck A′ B′ C′, wobei C′ auf g liegen soll.

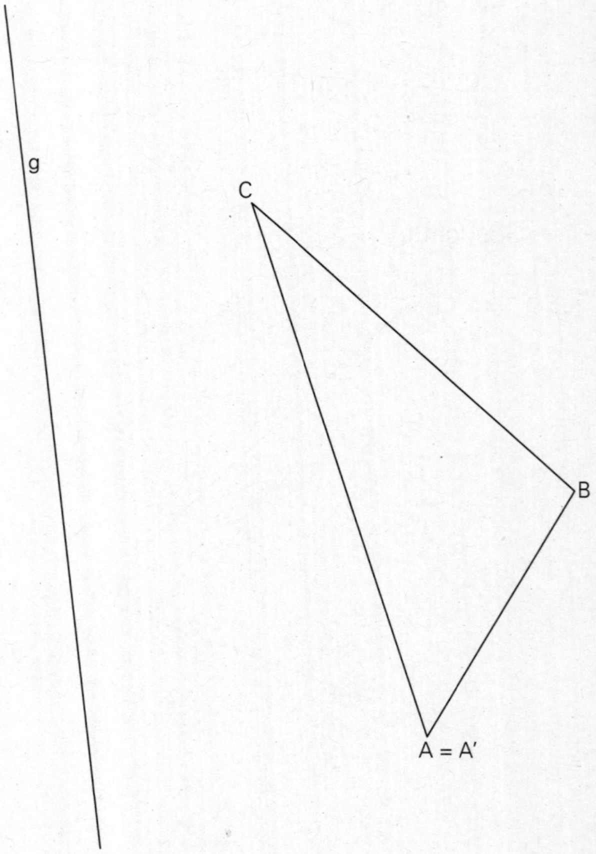

8.4 **a** Konstruiere das Dreieck A'B'C', sodass A'C' auf g liegt.

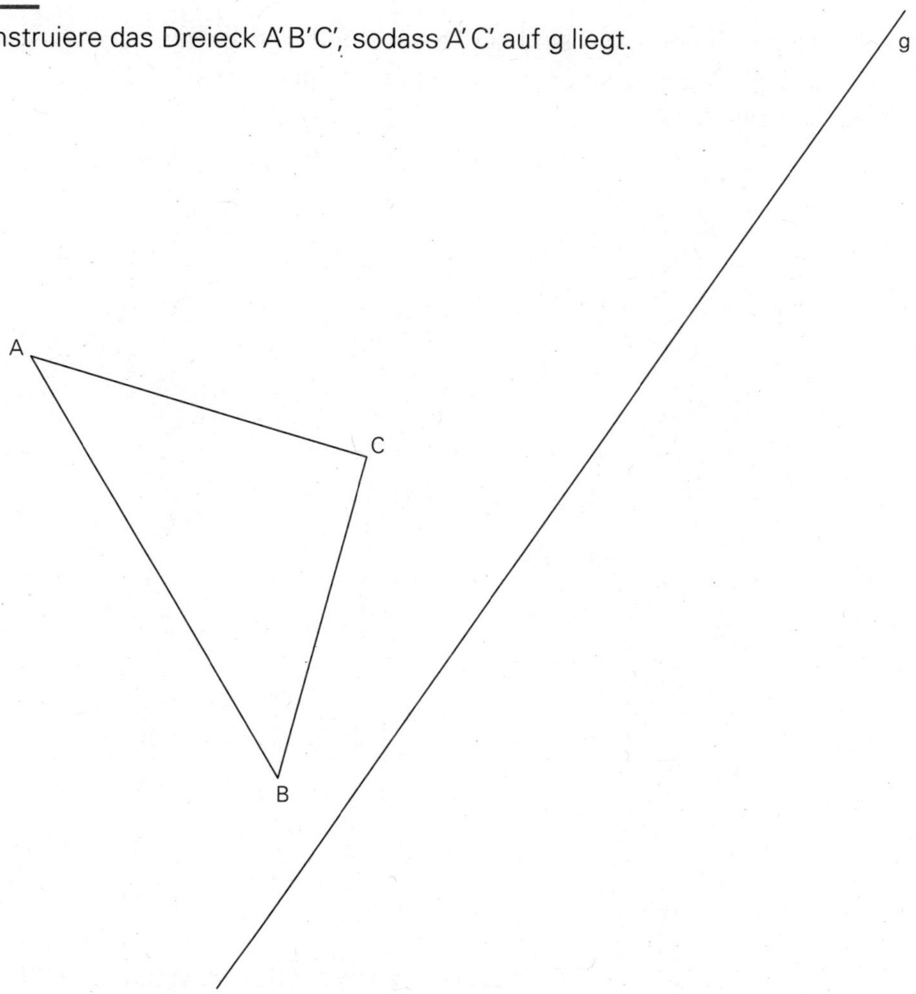

b Konstruiere das Quadrat A'B'C'D', sodass B'D' auf g liegt.

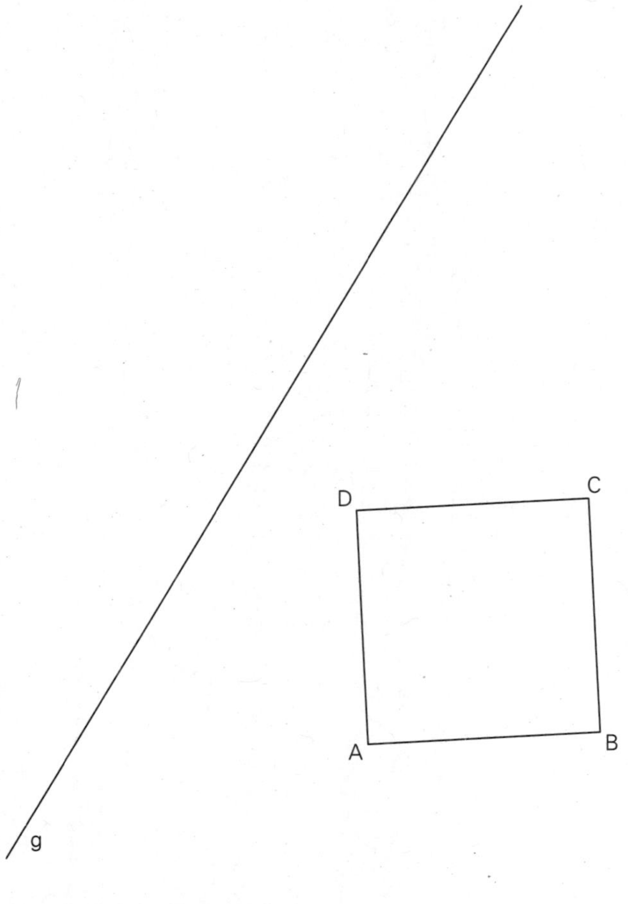

c Bei einem gleichschenkligen Dreieck ABC sind die Seiten a und b gleich lang. Vom gespiegelten Dreieck A'B'C' ist die Ecke C' gegeben. Die Entfernung CC' beträgt 3 cm.
Konstruiere die Dreiecke ABC und A'B'C'.

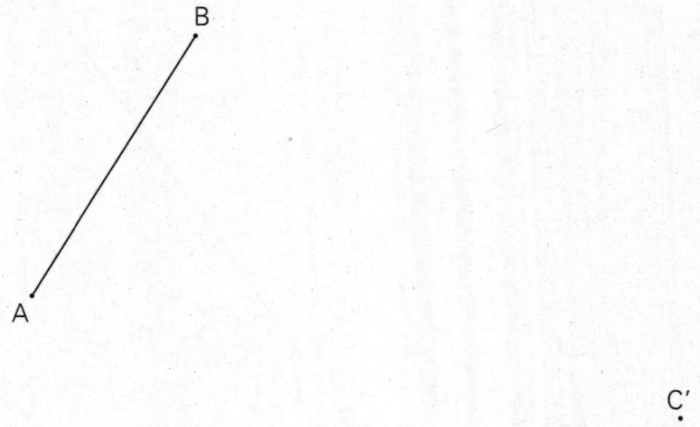

d Konstruiere das regelmässige Fünfeck A'B'C'D'E', sodass A = A' und der Mittelpunkt M' auf g liegt.

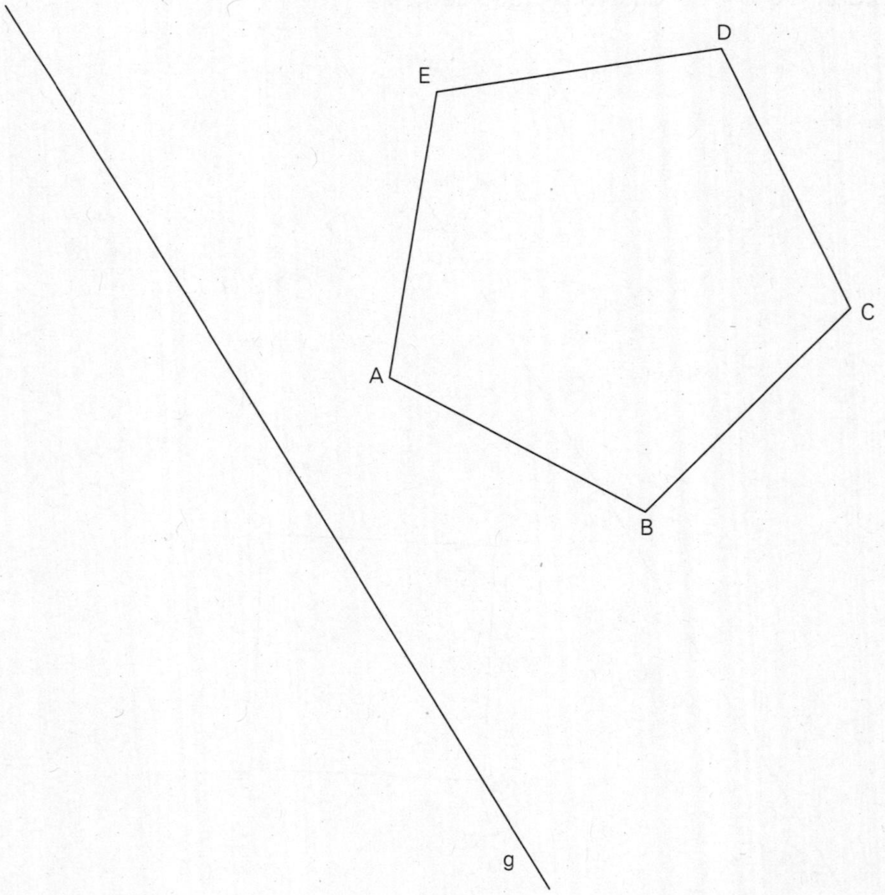

9.1 In jeder achsensymmetrischen Figur steckt ein kleinster Figurenteil (Original), aus dem die ganze Figur durch eine oder mehrere Spiegelungen erzeugt werden kann.
Bei jeder Spiegelung darf nur das Original gespiegelt werden.
- Kennzeichne den kleinsten Figurenteil mit Farbe.
- Notiere, wie oft der kleinste Figurenteil gespiegelt werden muss.

a

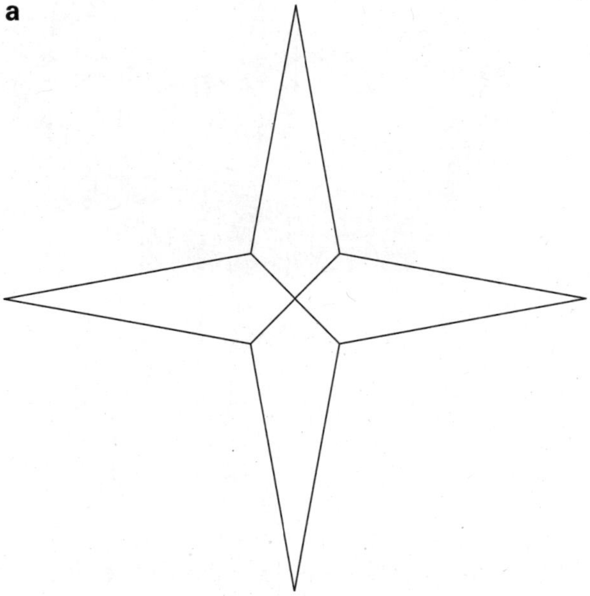

Anzahl Spiegelungen:

....

b

Anzahl Spiegelungen:

....

c

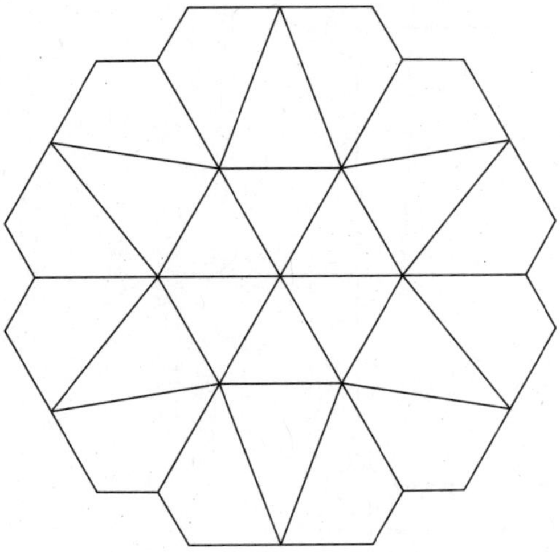

Anzahl Spiegelungen:

....

d Scherenschnitt

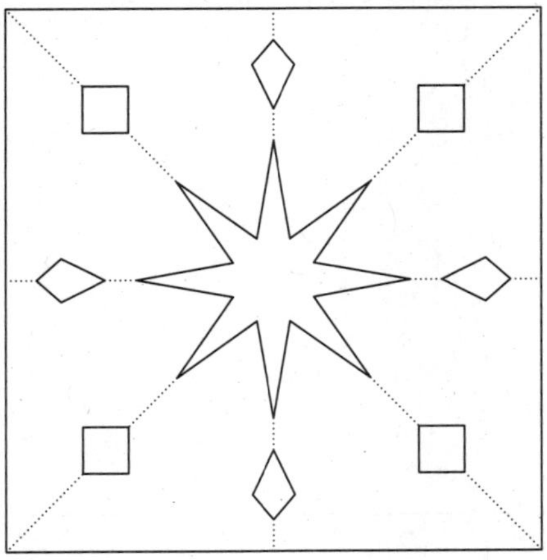

Anzahl Spiegelungen:

....

9.2↗ Welche Stelle der Umrandung (Bande) des Billardtisches musst du mit der schwarzen Kugel treffen, damit diese nach dem Aufprall in einem Loch verschwindet?

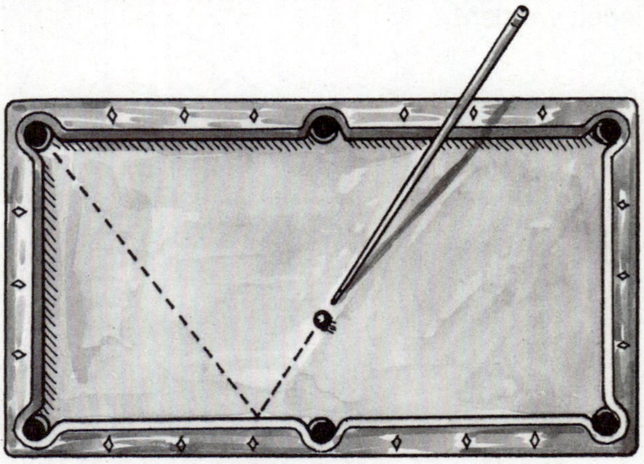

Untersuche diesen Zusammenhang am Computer.

Billard 1
Billard 2

9.3 Die schwarze Kugel soll nach dem Stoss in einem der beiden Löcher auf der linken Seite des Billardtisches verschwinden.
Konstruiere die Wege aller Stösse, bei denen die Bande einmal berührt wird.

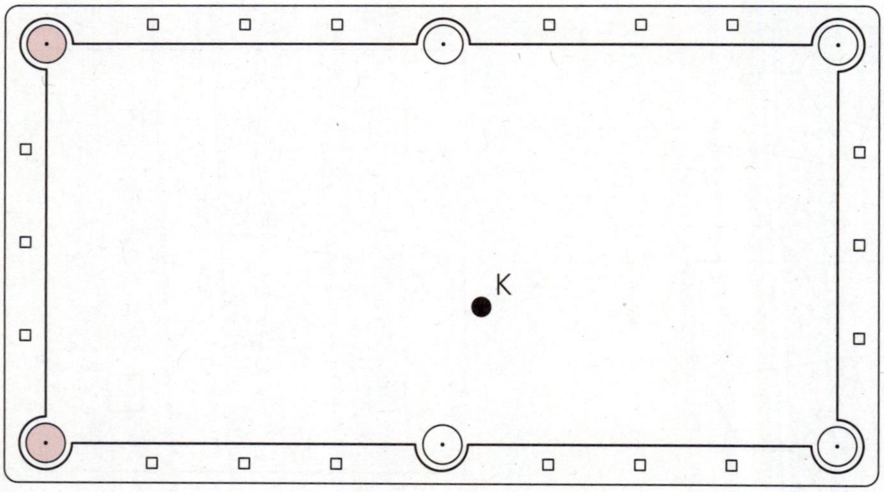

9.4 – Spiegle das regelmässige Sechseck an jeder Seite. Was stellst du fest?
– Lässt sich das gleiche Resultat auch erzielen, wenn man ein Quadrat oder ein gleichseitiges Dreieck an jeder Seite spiegelt? Begründe deine Antwort.

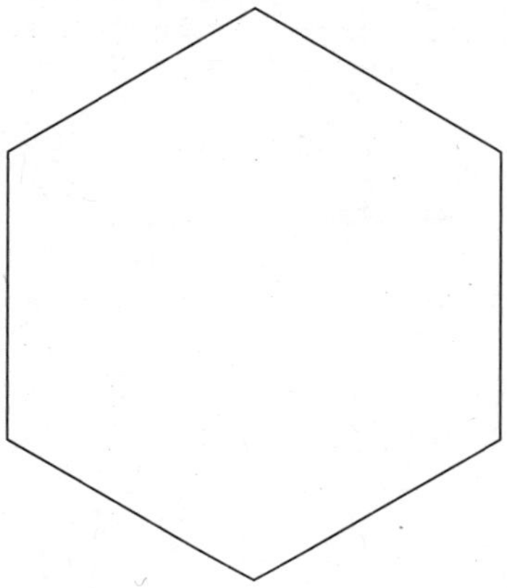

....

....

....

1.1 ↗ Die Skizze unten zeigt dir ein Gerät, das erstaunliche Figuren zeichnen kann. Es besteht aus vier «Armen», die beweglich in den Punkten M_1, A, M_2 und Z miteinander verbunden sind. An den freien Enden der «langen Arme» sind Zeichenstifte montiert. M_1 und M_2 sind die Mittelpunkte der «langen Arme». Die «langen Arme» sind doppelt so lang wie die «kurzen Arme». Das Zeichengerät ist im Punkt Z fest mit dem Zeichenpapier verbunden.
Was für eine Bildfigur entsteht links, wenn du mit dem Zeichenstift der Originalfigur rechts entlang fährst?
Untersuche diese Frage mit Hilfe des Computers.

Das spezielle Zeichengerät

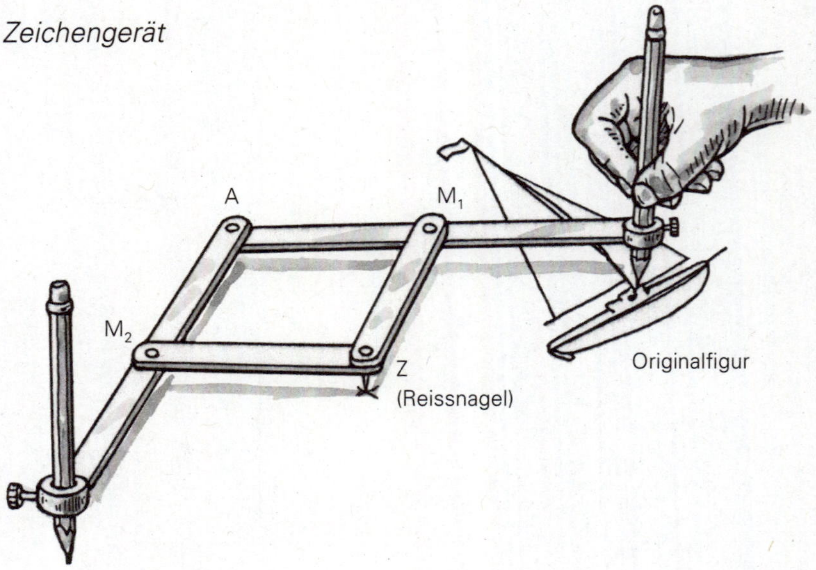

1.2 Beim Volleyballspiel sind die Spielpositionen nummeriert. Am Ende eines Satzes wechseln die Mannschaften punktsymmetrisch zum Spielfeldmittelpunkt in die andere Spielfeldhälfte.
Skizziere die neuen Spielpositionen.

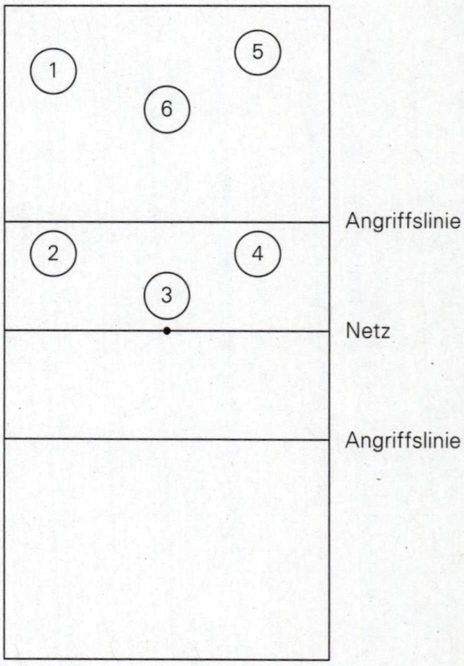

2 –

3.1 Wurde hier jeweils richtig gespiegelt? Untersuche die drei Aufgaben mit dem Geodreieck. Begründe deine Antworten.

a

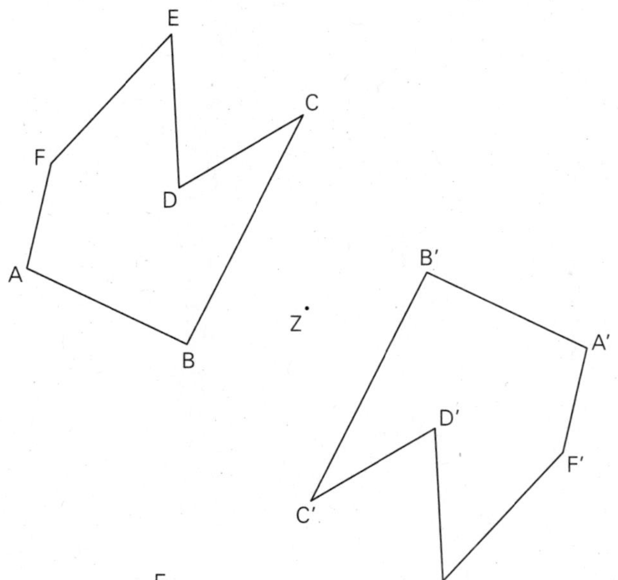

b

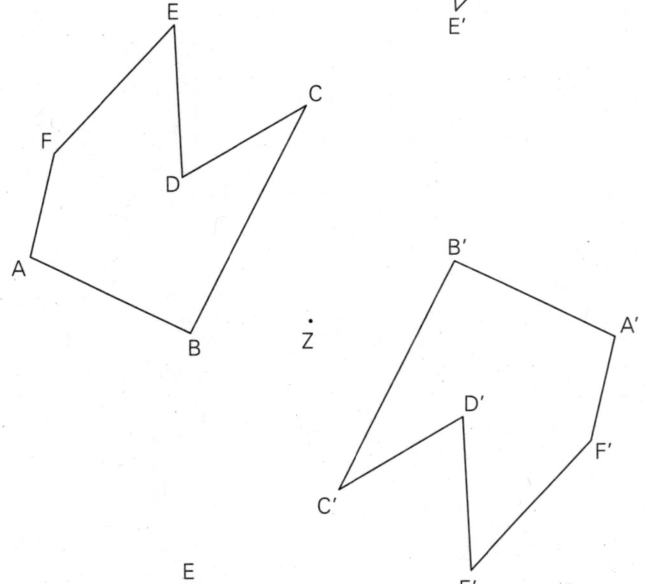

c

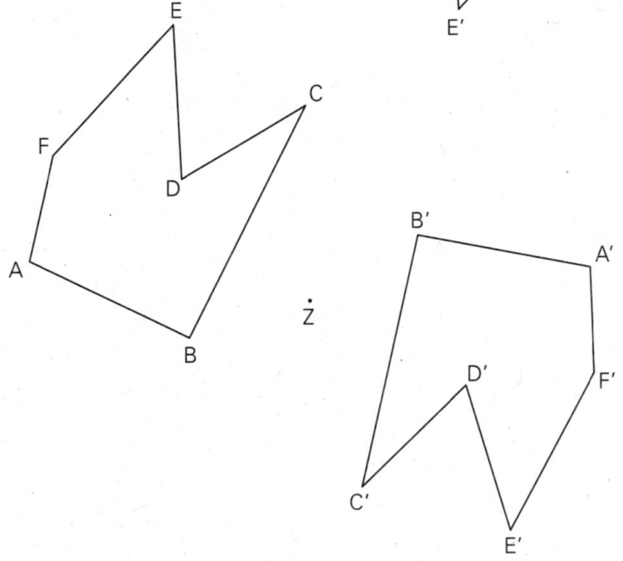

3.2↗ Am Computer kannst du den Zusammenhang zwischen Punktspiegelung und Drehwinkel untersuchen.

Zusammenhang Punktspiegelung–Drehwinkel

4.1 Konstruiere die an Z gespiegelte Figur.

a

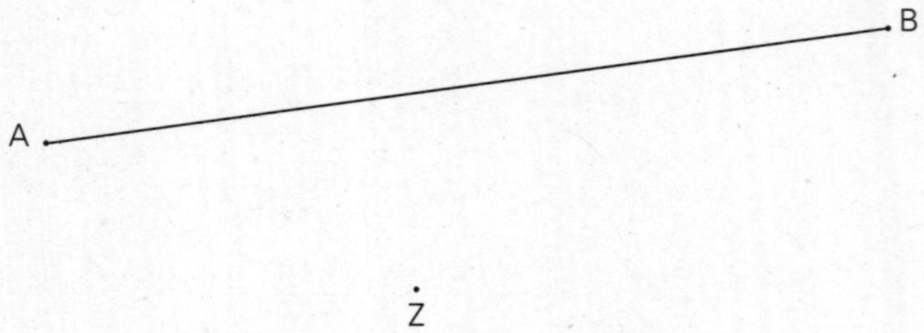

b

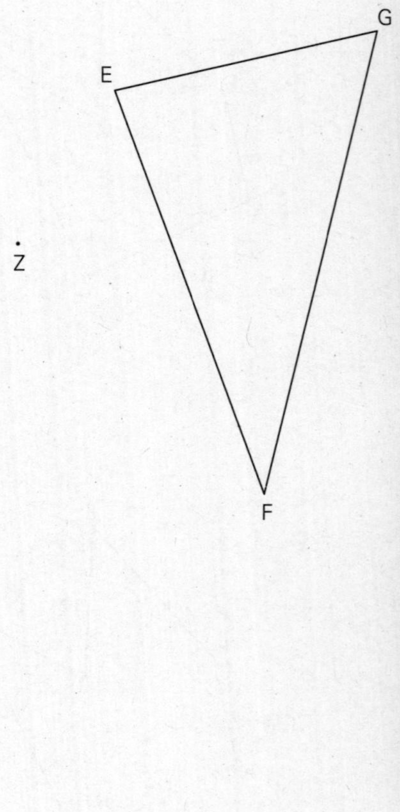

c

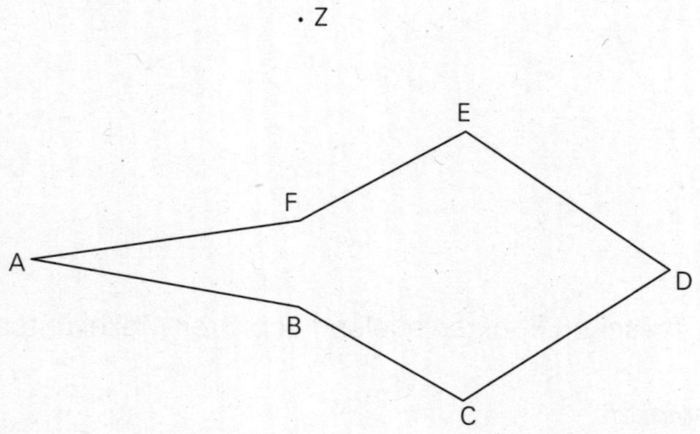

d

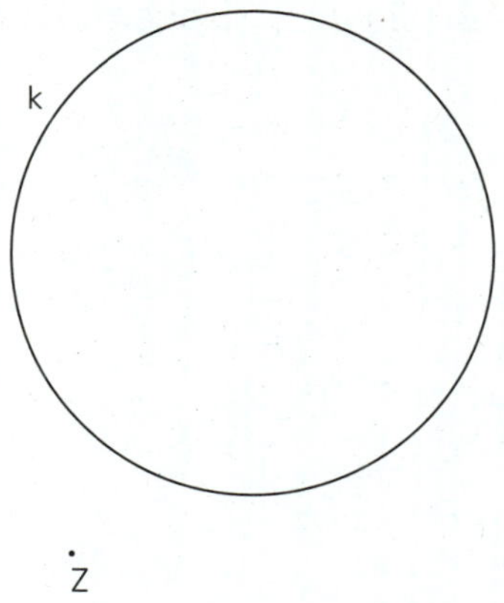

5.1 Bilde auf deinem Geobrett eine Figur. Eine Mitschülerin oder ein Mitschüler soll nun mit einem anders gefärbten Gummiband die am Mittelpunkt des Geobretts gespiegelte Figur aufspannen.
Skizziere anschliessend die Lage der verschiedenen Gummibänder. Verwende unterschiedliche Farben für Original und Bild.

a 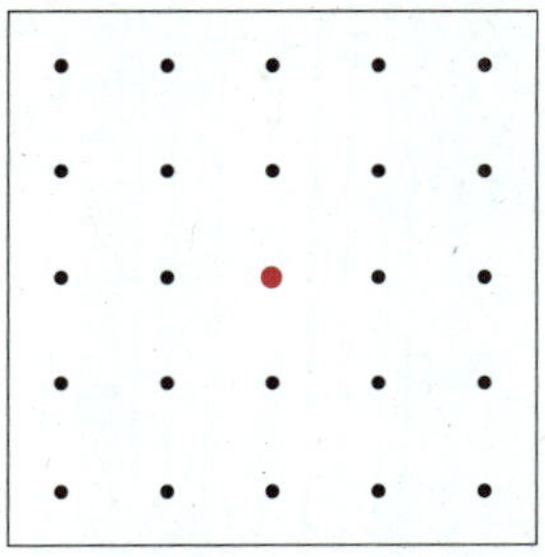 **b** 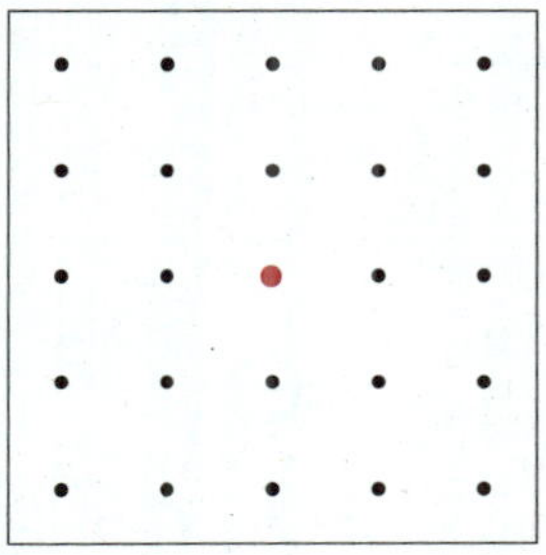 **c** 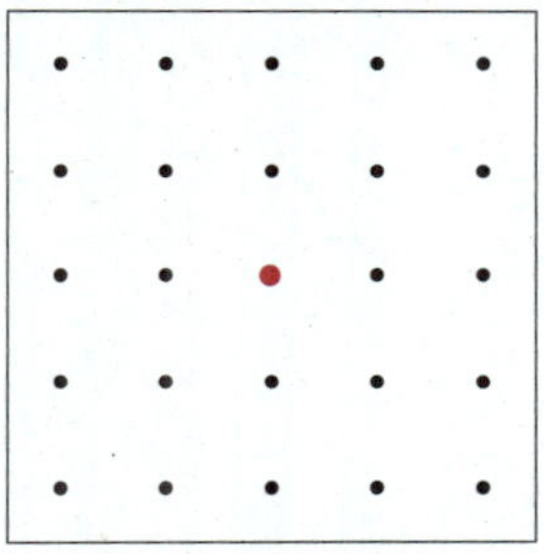 **d** 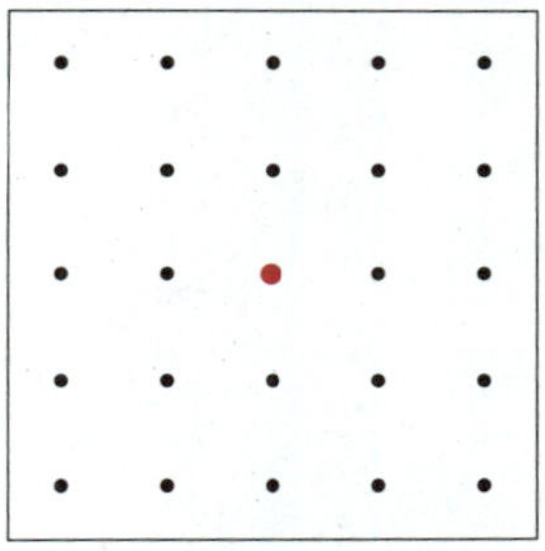

5.2↗ Kopiere Figuren, Bilder oder Schriftzüge je zweimal. Wähle ein Spiegelzentrum und ordne die beiden Kopien punktsymmetrisch an.

Beispiel:

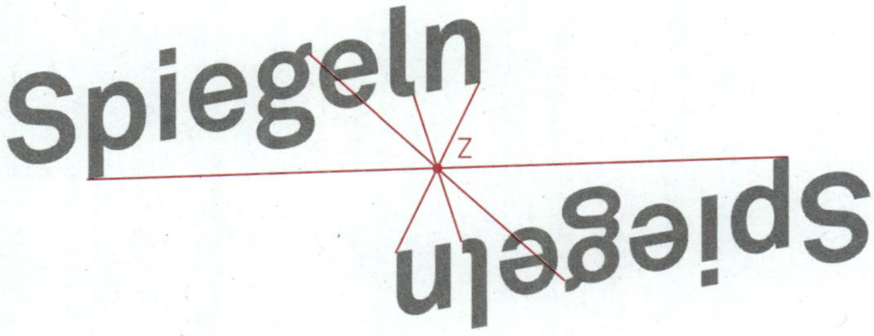

6.1 Konstruiere die gespiegelte Bildfigur (Z: Spiegelzentrum).

a

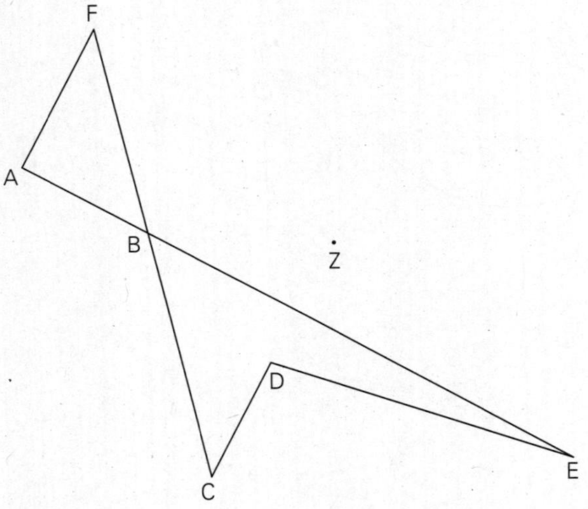

b

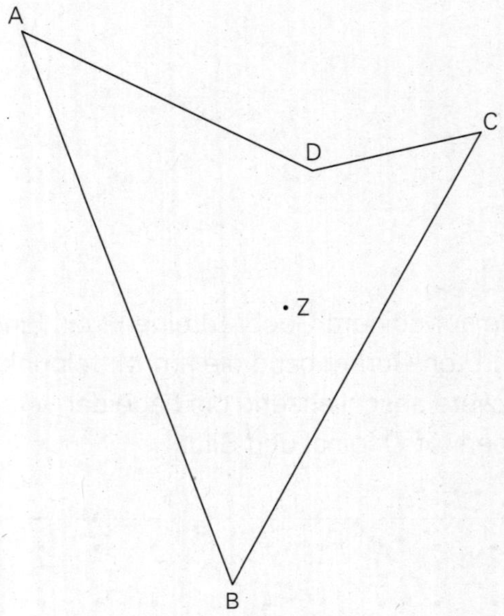

c

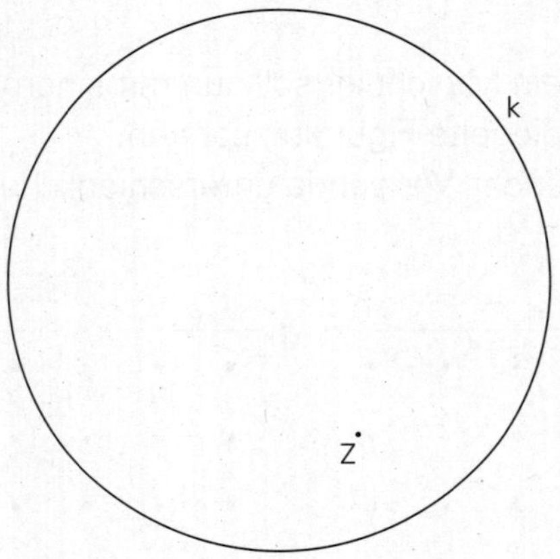

d

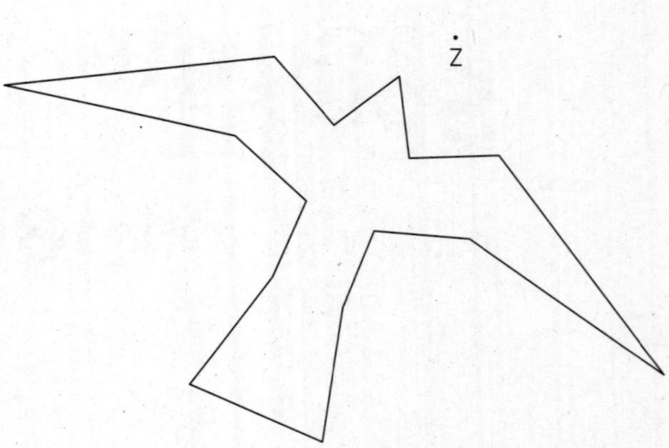

7.1 Konstruiere das Spiegelzentrum Z.

a

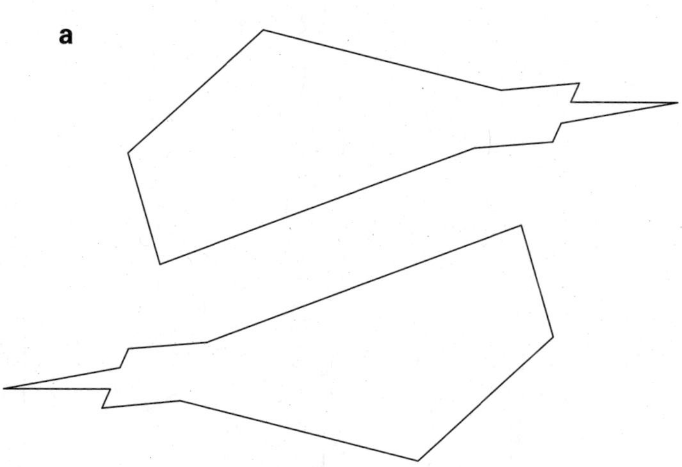

b

c

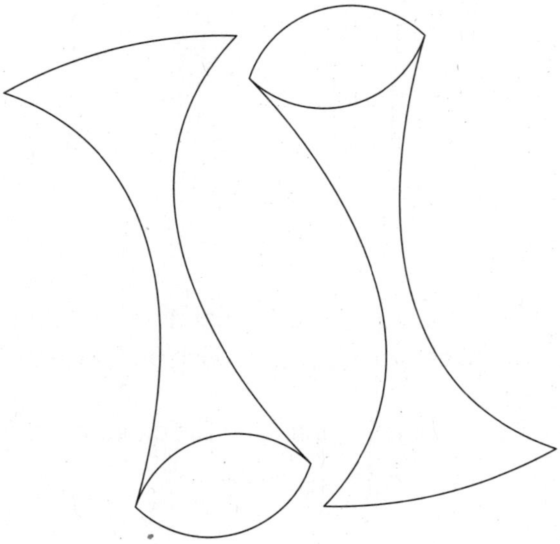

d

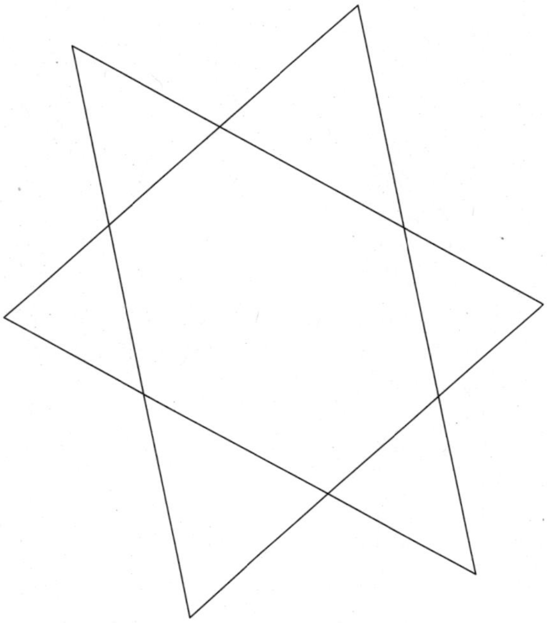

e

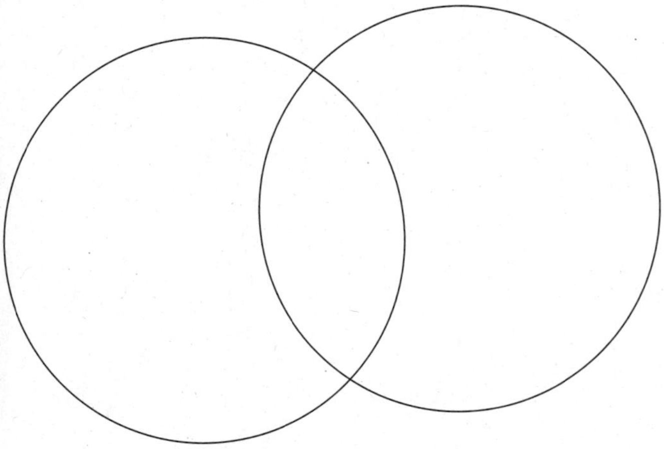

f

7.2 Eine Figur wurde an Z gespiegelt. Vom Original und vom Bild sind Figurenteile verloren gegangen. Vervollständige Original- und Bildfigur.

a

b

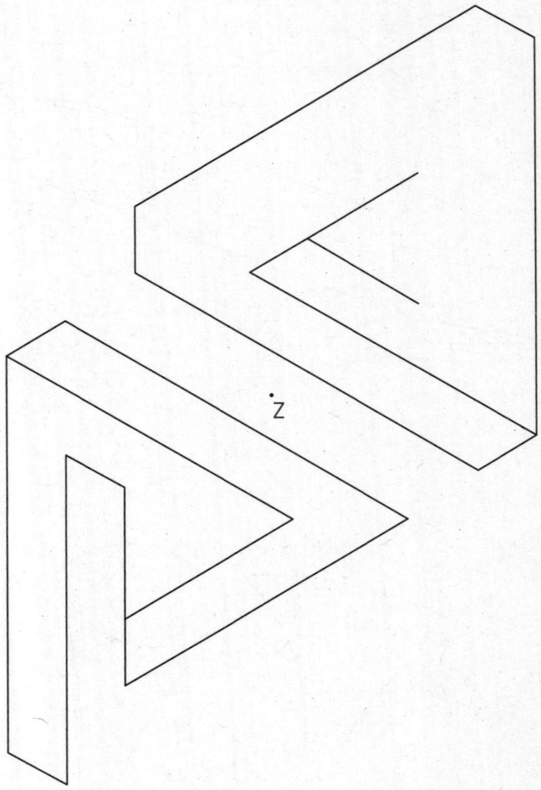

7.3 **a** Konstruiere das Spiegelzentrum und die fehlenden Elemente der Bildfigur.

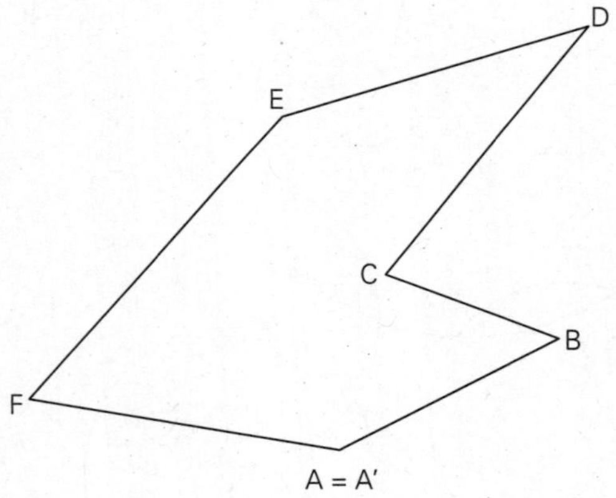

b Vom Quadrat ABCD kennst du die Diagonale BD. B′ sei der punktsymmetrisch gespiegelte Bildpunkt von B.
Konstruiere Original- und Bildquadrat.

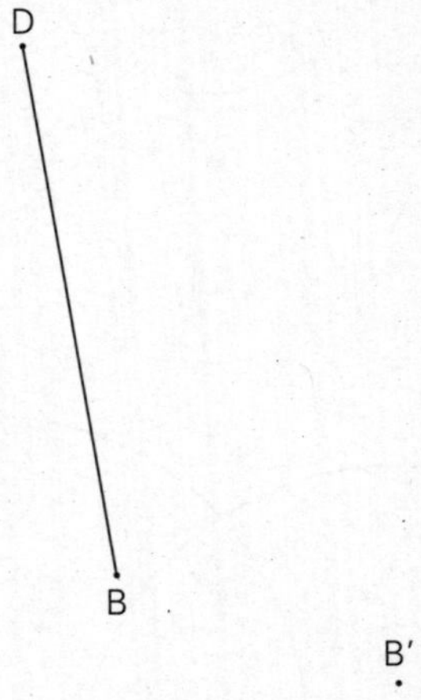

8.1 Das Dreieck ABC soll an einem Punkt Z so gespiegelt werden, dass A′ auf g liegt.
- Konstruiere drei mögliche Spiegelzentren.
- Spiegle das Dreieck ABC an einem der drei Spiegelzentren.
- Was fällt dir bezüglich der Spiegelzentren auf?
  Notiere deine Überlegungen.

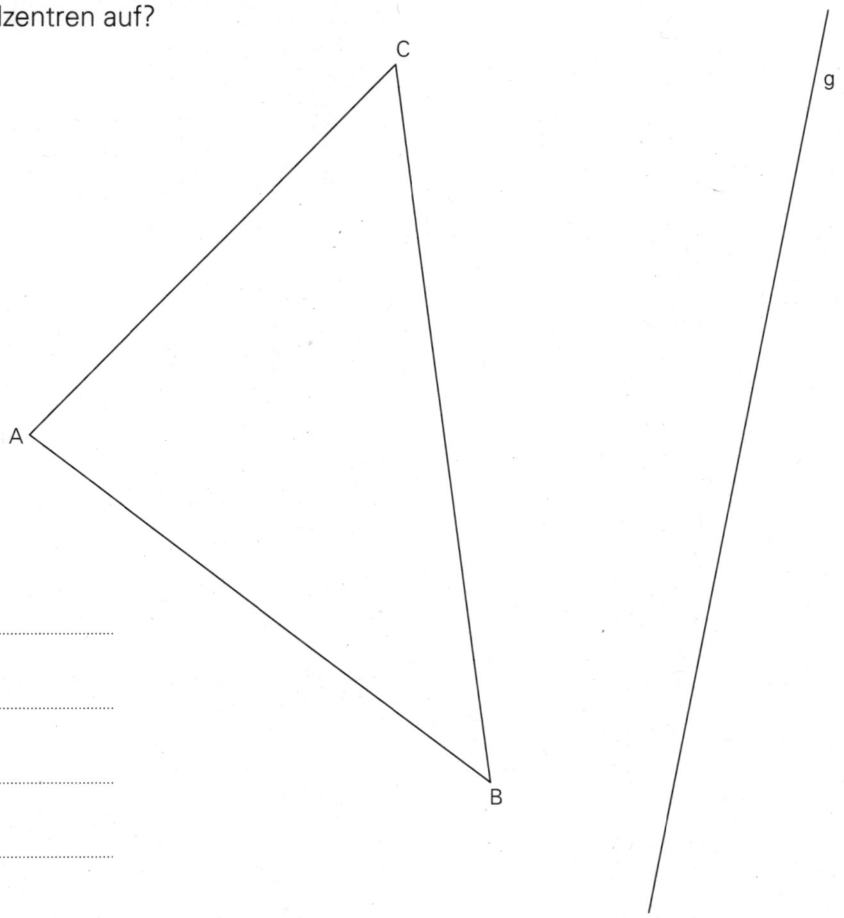

8.2 **a** Konstruiere eine Strecke AB mit Mittelpunkt M. Dabei soll A auf der Geraden a und B auf der Geraden b liegen.

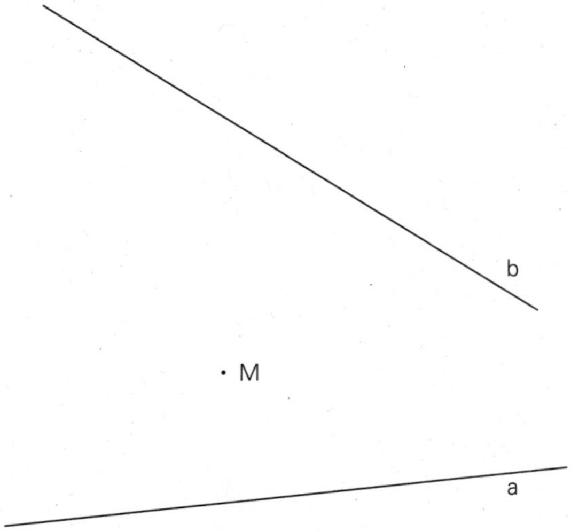

b Konstruiere eine Strecke AB mit Mittelpunkt M. Dabei soll A auf dem Kreis k und B auf der Geraden g liegen.

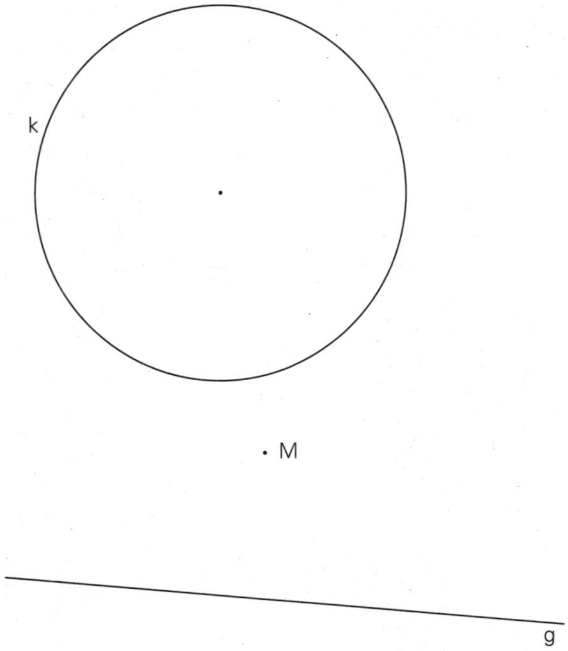

c Konstruiere eine Strecke EF durch P, sodass E auf k_1 und F auf k_2 liegt. P soll der Mittelpunkt von EF sein.

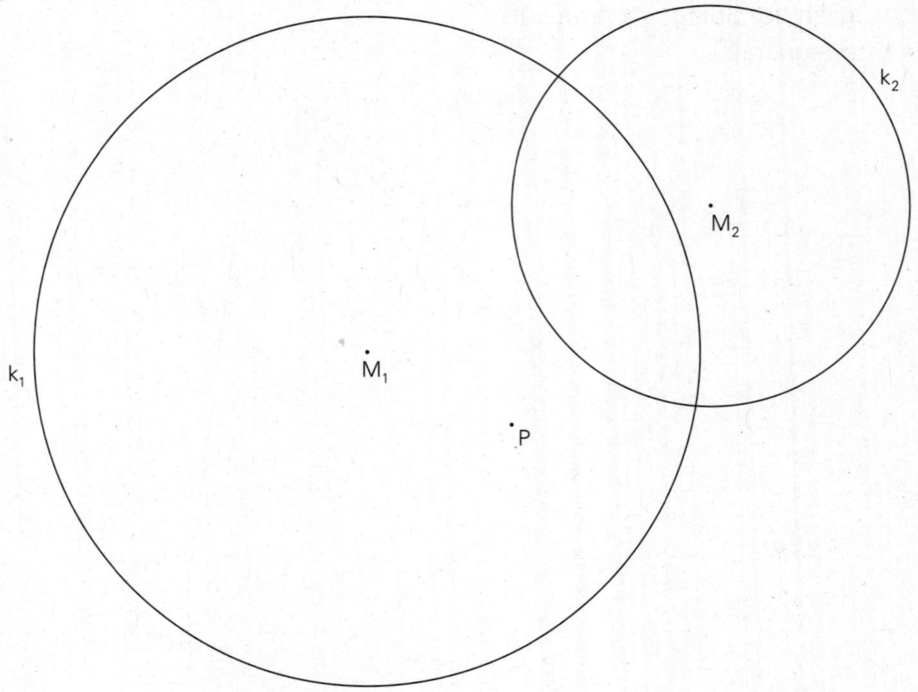

d Konstruiere eine Strecke AB durch T, sodass A auf k_1 und B auf k_2 liegt. T soll der Mittelpunkt von AB sein.

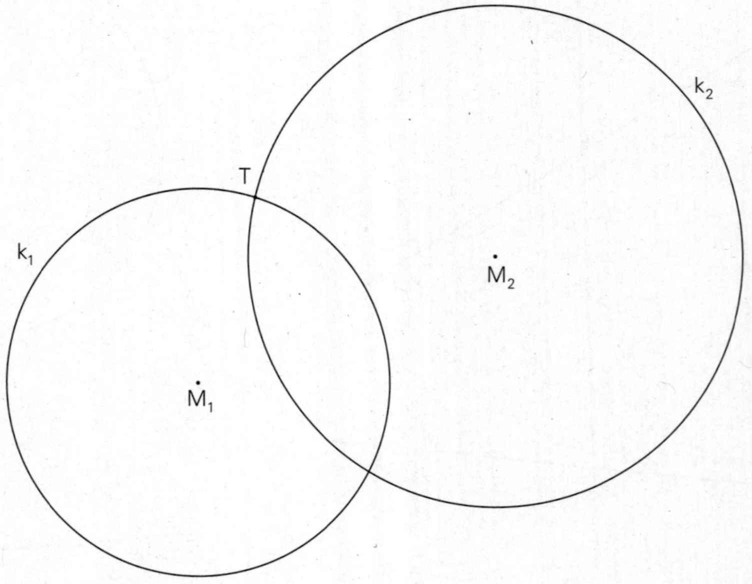

8.3↗ Gestalte mit den geometrischen Figuren deiner Schablone ein Aufgabenblatt zum Thema Achsen- und Punktspiegelung. Lass deine Aufgaben von einer Mitschülerin oder einem Mitschüler lösen und korrigiere die Lösungen.

8.4 *Zum Tüfteln:*

a Das Dreieck ABC wurde an Z gespiegelt. Versuche, das Bilddreieck A'B'C' mit Hilfe von zwei aufeinanderfolgenden Achsenspiegelungen zu erzeugen. Was stellst du bezüglich der beiden Spiegelachsen fest?

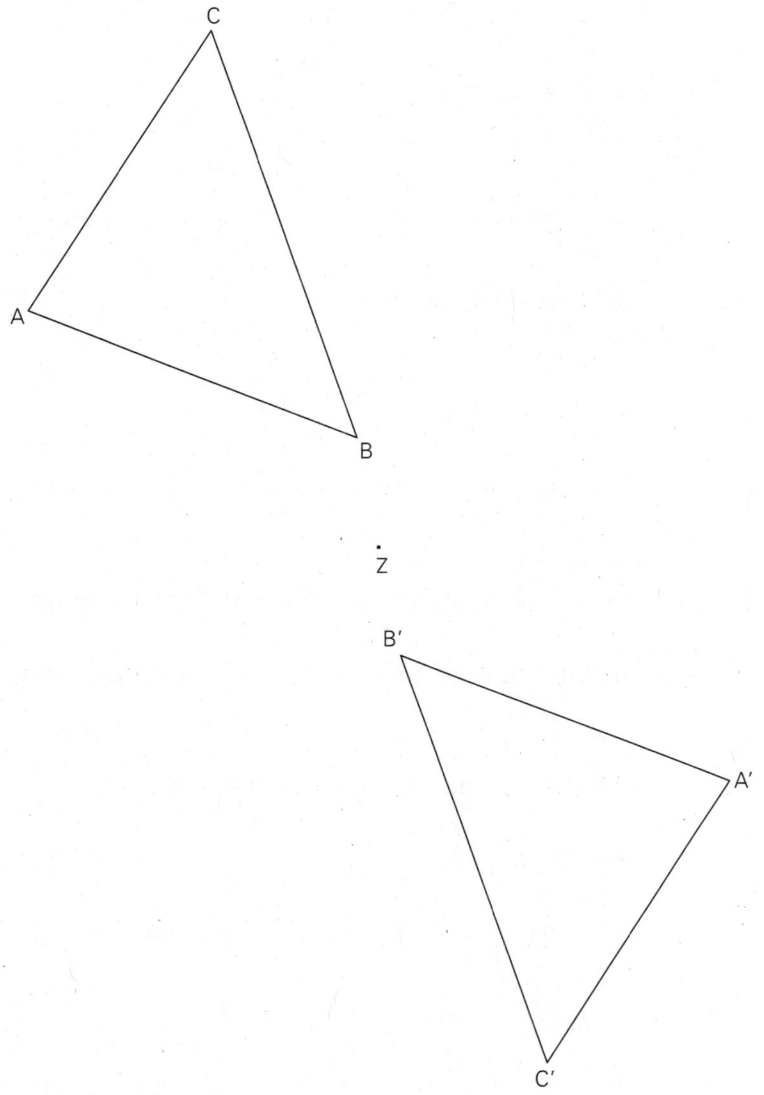

....

....

....

↗ **b** Untersuche den Zusammenhang zwischen Achsen- und Punktspiegelung am Computer.

Zusammenhang Achsenspiegelung – Drehwinkel
Zusammenhang Achsenspiegelung – Punktspiegelung

1 –

2.1 ↗ Rechne die Potenz aus.

a 8^4	**c** 1.2^3	**e** 0.9^4
b 9^3	**d** 0.5^3	**f** 1.1^5

Potenzen ausrechnen

2.2 ↗ Notiere als Potenz und rechne aus.

a $23 \cdot 23 \cdot 23 \cdot 23 \cdot 23$	**c** $15.3 \cdot 15.3 \cdot 15.3$	**e** $1.2 \cdot 1.2 \cdot 1.2$
b $117 \cdot 117$	**d** $0.8 \cdot 0.8 \cdot 0.8 \cdot 0.8$	**f** $10.1 \cdot 10.1 \cdot 10.1 \cdot 10.1$

Als Potenz schreiben

3.1 ↗ **a** Wie viele Faktoren 9 benötigst du, bis das Produkt die Zahl 100 000 überschreitet?

b Und wenn du 9 als Summanden nimmst:
Wie viele Summanden benötigst du dann, um die Summe 100 000 zu überschreiten?

c Welche der beiden Aufgaben a oder b kannst du ganz leicht im Kopf lösen? Warum?

3.2 Grösser, kleiner oder gleich? Setze das richtige Zeichen >, < oder = ein.

a $4 \cdot 3$ ⬡ 4^3	**e** 6^2 ⬡ 6^3	**i** 5.1^2 ⬡ 5.2^2
b 10^9 ⬡ $10 \cdot 9$	**f** 921^3 ⬡ 920^3	**k** 19^3 ⬡ 19^4
c $5 \cdot 2$ ⬡ 5^2	**g** 920^3 ⬡ 920^4	**l** $0.9 \cdot 5$ ⬡ 0.9^5
d 2^2 ⬡ $2 \cdot 2$	**h** 15^3 ⬡ 3^{15}	**m** 3.4^0 ⬡ 1^{15}

Potenzen vergleichen

4.1↗ **a** Im Kettenmail wird behauptet, du würdest 64 Ansichtskarten erhalten. Überprüfe, ob das stimmt.

b Wenn im Kettenmail stehen würde, man solle die E-Mail immer an drei Personen weitersenden: Wie viele Runden sind dann (theoretisch) nötig, bis alle Personen in der Schweiz in einer der Runden eine E-Mail erhalten?

c Wenn immer doppelt so viele, also sechs Personen, «bedient» würden, braucht es dann nur halb so viele Runden? Zeige, wie viele Runden es braucht, um die ganze Schweiz «einzudecken».

d Was hältst du von der Idee «Kettenmail» (oder früher auch «Kettenbrief»)?

4.2↗ Dieses etwa 300 Jahre alte Kinderlied basiert auf einem uralten mathematischen Problem aus der Pharaonen-Zeit in Ägypten (~1650 v. Chr.). Frei übersetzt:

AS I WAS GOING TO ST. IVES.
I MET A MAN WITH SEVEN WIVES.
AND EVERY WIFE HAD SEVEN SACKS.
AND EVERY SACK HAD SEVEN CATS.
AND EVERY CAT HAD SEVEN KITS.
KITS, CATS, SACKS, WIVES:
HOW MANY WERE GOING TO ST. IVES?

Ich ging nach St. Ives im Morgengrauen
und traf 'nen Mann mit sieben Frauen.
Jede Frau trug sieben Sack',
drin sieben Katzen huckepack.
Sieben Kätzchen jede Katze hat.
Kätzchen, Katzen, Säcke, Frauen:
Wie viele gingen nach St. Ives im
Morgengrauen?

a Löse das Problem.

b Erfinde selber eine ähnliche Geschichte, die du einer Kollegin oder einem Kollegen zum Lösen gibst.

4.3↗ Nimm an, du möchtest etwas Grösseres kaufen. Deshalb sparst du Geld.

A *Du sparst 10 Wochen lang jede Woche gegenüber der vorhergehenden Fr. 5.– mehr. Starte in der ersten Woche mit Fr. 10.–.*

B *Du sparst 10 Wochen lang jede Woche gegenüber der vorhergehenden den doppelten Betrag. Starte in der ersten Woche mit Fr. –.50.*

a Welche Variante (A oder B) ziehst du vor?

b Wie gross ist der Unterschied zur anderen Variante?

c Wie gross müsste der Startbetrag in der ersten Woche bei der ungünstigeren Variante mindestens sein, damit die beiden Varianten ebenbürtig wären?

4.4↗ *Zum Tüfteln:*

a Für welche natürliche Zahl gilt, dass ihre Potenz mit sich selber gleich gross ist wie die Summe mit sich selber oder auch wie das Produkt mit sich selber?

b Suche drei verschiedene Exponenten, sodass gilt: $5^{\dots} - 1^{\dots} = 2^{\dots}$

5.1 Rechne aus. Unterstreiche die Rechnung, die du besser im Kopf ausrechnen kannst.

	1. Rechnung		*2. Rechnung*	
a	65 + 27 + 5	=	65 + 5 + 27	= ....
b	81 – 11 + 19	=	81 + 19 – 11	= ....
c	74 + 6 – 35	=	74 – 35 + 6	= ....
d	108 – 39 – 18	=	108 – 18 – 39	= ....

5.2↗ Vertausche wenn nötig Operatoren, damit du im Kopf einfacher rechnen kannst.

a 168 + 53 – 18
b 234 + 289 + 166
c 418 – 163 – 218
d 84 – 35 + 16
e 539 – 49 + 17
f 79 – 82 + 21
g 143 + 47 + 27
h 214 – 225 + 86
i 135 + 78 – 65

«Strich»-Operatoren vertauschen

6.1↗ Rechne im Kopf.

a 15 · 7 · 4
b 5 · 12 : 3
c 14 · 7 : 2
d 9 · 4 : 6
e 15 · 5 : 25
f 69 · 2 : 23
g 51 · 8 : 17
h 76 : 19 : 2
i 64 · 9 : 16

«Punkt»-Operatoren vertauschen

6.2↗ Rechne ebenfalls im Kopf.

a 42 : 12 · 2
b 20 : 3 · 12
c 172 – 195 + 28
d 19 – 22 + 21
e 24 – 34 + 17
f 38 – 58 + 32
g 132 : 12 : 11
h 8.5 : 17 · 10
i 7.8 · 3 : 13

7 –

8.1 Beachte die Abmachungen; kontrolliere und setze (weitere) Klammern, wenn nötig. Begründe, warum du korrigierst.

a $8 \cdot 6 + 12 : 4 = 15$ ....

b $43 - (2 \cdot 5) \cdot 3 = 99$ ....

c $4 \cdot 3 - 2 \cdot 6 = 60$ ....

d $(5 \cdot 4 - 3) \cdot 7 = 119$ ....

«Punkt» vor «Strich»

8.2 **a** Rechne aus.

$5 \cdot (7 + 8) =$	$5 \cdot 7 + 5 \cdot 8 =$ ....
$9 \cdot (8 - 5) =$	$9 \cdot 8 - 9 \cdot 5 =$ ....
$4 \cdot (6 + 4) =$	$4 \cdot 6 + 4 \cdot 4 =$ ....
$11 \cdot (3 - 2) =$	$11 \cdot 3 - 11 \cdot 2 =$ ....

b Vergleiche in der Aufgabe a die Rechnung links mit der entsprechenden Rechnung rechts. Was stellst du fest?

....

....

....

8.3 **a** Rechne aus.

$(18 + 9) : 3 =$	$18 : 3 + 9 : 3 =$ ....
$(42 - 14) : 7 =$	$42 : 7 - 14 : 7 =$ ....

b Was stellst du bei der Aufgabe a fest?

....

....

....

8.4 Die beiden Darstellungen unten deuten das sogenannte **Distributivgesetz** an.

$6 \cdot (5 + 11) = \dots$

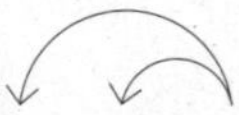
$(45 + 15) : 5 = \dots$

a Notiere die beiden Rechnungen zuerst so, wie in den Aufgaben 8.2 und 8.3 rechts.
Rechne anschliessend aus.

$6 \cdot (5 + 11)$ = ... = ...

$(45 + 15) : 5$ = ... = ...

b – Lies im Begleitheft auf Seite 26 den Text zum Distributivgesetz.
– Erkläre einer Klassenkameradin oder einem Klassenkameraden das Distributivgesetz an selber gewählten Beispielen.

c Notiere vier eigene Rechnungen, die mit Hilfe des Distributivgesetzes anders geschrieben und dann ausgerechnet werden können.

....

....

....

....

....

8.5 Bei den folgenden Aufgaben wurde das Distributivgesetz angewendet.
Fülle alle Lücken.

a $6 \cdot (3 + 2)$ = ... · 3 + 6 · .... = 18 + ... = ...

b $3 \cdot (12 + 8)$ = 3 · .... + 3 · .... = ... + 24 = ...

c $(20 - 16) : 4$ = 20 : .... – 16 : .... = 5 – .... = ...

d $(32 + 24) : 8$ = ... : 8 + ... : .... = ... + 3 = ...

8.6 Arbeite mit dem Distributivgesetz. Fülle alle Lücken.

a 11 · (2 + ……) = …… · 2 + …… · 8 = 22 + …… = ……

b …… · (…… – ……) = 4 · 12 – …… · 3 = …… – 12 = ……

c (56 + ……) : 8 = …… : 8 + 64 : …… = 7 + …… = ……

d (…… – ……) : …… = 108 : …… – 81 : …… = 12 – …… = 3

8.7 Löse wie Aufgabe 8.6:

a …… · (…… + ……) = …… · 3 + 14 · …… = …… + 70 = 112

b (…… – ……) · …… = …… · …… – 2 · 11 = 77 – …… = ……

c (…… + ……) : …… = …… : …… + 81 : 9 = …… + …… = 13

d (…… – ……) : …… = 72 : …… – …… : 8 = …… – 5 = ……

8.8↗ Rechne aus.
Schreibe die Rechnung dann nochmals und lass alle Klammern weg, die nicht unbedingt nötig sind.

a (15 : 3) + (2 · 8)

b ((2 · 17) – 4) : 5

c (11 · 3) + (14 : 2)

d (29 – 1) : 7 + (2 · 3)

e ((26 + 10) · 2) : 8

f 65 : (15 : 3) – (9 – 6)

g 81 : (18 : 2) + (5 + 6)

h (7 · (3 + 4) + 1) : (2 · 5)

i ((45 : 9) · 6) – (2 · (4 + 3))

Mit und ohne Klammern

8.9 Wenn du in jeder Teilaufgabe ein Klammerpaar setzt, wird die Rechnung korrekt.

a 13 + 2 · 5 : 25 – 3 = 0

……………………………………

b 100 – 1 : 33 · 8 = 24

……………………………………

c 68 + 4 · 3 : 4 = 20

……………………………………

d 72 : 3 · 7 – 5 = 48

……………………………………

9.1 ↗ Notiere die Rechnung und bestimme das Ergebnis.

a Bilde die Summe von 15 und 25. Dividiere dann durch 10.

b Addiere 10 zum Produkt der beiden Zahlen 14 und 3.

c Bilde das Produkt von 11 und 4. Subtrahiere dann die Summe dieser beiden Zahlen.

d Teile 144 durch 12. Dividiere dann durch die zweite Potenz von 2.

e Bilde die 4. Potenz von 5. Subtrahiere dann 25 und teile das Resultat durch 100.

f Subtrahiere 34 von 74. Quadriere das Ergebnis.

g Addiere zum Produkt der beiden Zahlen 11 und 9 ihre Differenz.

h Multipliziere 3 mit der 4. Potenz von 2.

9.2 Mache das Umgekehrte. Beschreibe mit mathematischen Worten, was du hier rechnest; rechne danach auch noch aus.

a $62 - (18 + 4) =$ ....

....

b $4 \cdot (35 - 15) =$ ....

....

c $2^7 - 4 =$ ....

....

d $(65 : 13) - 2 =$ ....

....

10.1 Altbekannt? Also zuerst mal ausrechnen …

a	$18 + 5 = 5 + 18 =$	$18 \cdot 5 = 5 \cdot 18 =$	......
b	$34 + (16 + 7) = (34 + 16) + 7 =$	$8 \cdot (5 \cdot 13) = (8 \cdot 5) \cdot 13 =$	......
c	$5 \cdot 19 = 5 \cdot (10 + 9) = 5 \cdot 10 + 5 \cdot 9 =$	$5 \cdot 19 = 5 \cdot (20 - 1) = 5 \cdot 20 - 5 \cdot 1 =$	......
d	$(27 + 12) : 3 = (27 : 3) + (12 : 3) =$	$(27 - 12) : 3 = (27 : 3) - (12 : 3) =$	......

… dann entscheiden: Welches Gesetz wird bei jeder Teilaufgabe angewendet?
Notiere A, K oder D.

A Assoziativ-Gesetz
K Kommutativ-Gesetz
D Distributiv-Gesetz

10.2 ↗ **a** Vom Kopfrechnen kennst du folgende Verfahren:

$80 - 37 = 80 - (30 + 7) = 80 - 30 - 7 = \ldots$

$80 - 37 = 80 - (40 - 3) = 80 - 40 + 3 = \ldots$

$480 : 2 : 5 = 480 : (2 \cdot 5) = 480 : 10 = \ldots$

$360 : 5 = 360 : (10 : 2) = 360 : 10 \cdot 2 = \ldots$

Rechne im Kopf aus.

b Formuliere Regeln darüber, wie man
- Summen oder Differenzen subtrahieren kann.
- mit Produkten oder Quotienten dividieren kann.

10.3 ↗ Wende die Regeln von Aufgabe 10.2 an und notiere folgende Rechnungen in Teilschritten, die zeigen, wie du rechnest.

a	$154 - 46$	**e**	$3200 : 25 : 4$	**i**	$555 - 29$
b	$318 - 22$	**f**	$860 : 4 : 5$	**k**	$780 - 82$
c	$235 - 27$	**g**	$2100 : 25$	**l**	$1450 : 5$
d	$252 - 68$	**h**	$6000 : 125$	**m**	$990 : 5 : 6$

Geschickt rechnen

11.1 Markiere auf diesem Zahlenstrahl alle natürlichen Zahlen, die Potenzen sind

a von 2, mit grüner Farbe.

b von 3, mit roter Farbe.

c von 4, mit blauer Farbe.

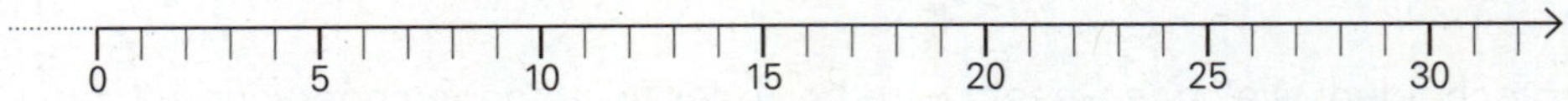

11.2 **a** Auf diesem Zahlenstrahl markierst du möglichst viele natürliche Zahlen, die Zweierpotenzen sind, mit grüner Farbe. Beschreibe deine Beobachtung.

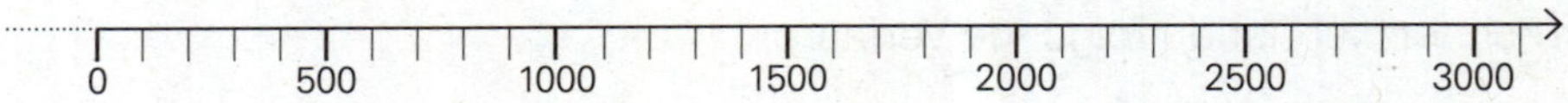

....

....

b In der Computerbranche benützt man die Einheit 1 KB (Kilo-Byte) und meint damit 2^{10} Byte. Was meinst du dazu, wenn du KB beispielsweise mit km oder kg vergleichst?

....

....

12.1 **a** Fülle die beiden Zahlengitter vollständig aus.

↑ + 13 (nach oben), → + 7 (nach rechts)

			62	69
				56

↑ · .... (nach oben), → · 3 (nach rechts)

	750		
	6		

b Erkläre anhand der beiden ausgefüllten Zahlengitter, warum Folgendes gilt:

29 + 7 + 13 = 29 + 13 + 7 ....

35 + 7 – (2 · 13) = 35 – 26 + 7 ....

30 · 3 · 5 = 30 · 5 · 3 ....

450 : (3 · 3) · 5 = 450 · 5 : 9 ....

....

....

12.2 Fülle die Zahlengitter aus.

	18			
10				
	9			

↑ (+ ....) → (+ ....)

			46			
	19					
				32		

↑ (+ ....) → (+ ....)

12.3↗ Begründe, warum in einem Zahlengitter nie in der einen Richtung mit einem «Mal»-Operator und in der anderen Richtung mit einem «Plus»-Operator gerechnet werden kann.
Mit anderen Worten:
Warum müssen immer beide Operatoren entweder «Strich»- oder «Punkt»-Operatoren sein?

12.4 *Zum Tüfteln:*

a

				26
	11			
			16	

↑ (+ ....) → (+ ....)

b

	83			
		81		
100				

↑ (– ....) → (– ....)

c

1				
				12
	10			

↑ – .... (vertikal)

→ + ... (horizontal)

d

				15.625
0.1				
	1			

↑ · .... (vertikal)

→ · .... (horizontal)

13.1 Wenn Zahlen riesig gross werden, also 20, 30 oder noch mehr Stellen haben, so
- kann sie der Taschenrechner nicht mehr vollständig anzeigen;
- interessiert man sich häufig nur für die Grössenordnung und nicht für jede einzelne Stelle.

Im Begleitheft auf Seite 28 findest du die wichtigsten Zahlwörter für grosse Zahlen. Du siehst auch, wie du grosse Zahlen mit Hilfe von Zehnerpotenzen schreiben kannst.

a Wie viele Nullen haben

- 1 Milliarde? ....
- 1 Billion? ....
- 1 Trillion? ....

b Notiere die Zahlen mit Hilfe einer Zehnerpotenz, sodass vor dem Dezimalpunkt nur *eine* Ziffer ≠ 0 steht.

Beispiele:
1 Billiarde = $1 \cdot 10^{15}$
5.32 Mio. = $5.32 \cdot 10^{6}$
74.8 Mia. = $7.48 \cdot 10^{10}$

3 Milliarden = ...

45.2 Mio. = ...

376 500 = ...

512.75 = ...

12 Billionen = ...

219.075 Mia. = ...

45 013.98 = ...

164.25 Bio. = ...

13.2 Vervollständige, wie das Beispiel zeigt.

Beispiel:	*517 000 000*	=	*517 Mio.*	=	*517*	$\cdot 10^6$	=	$5.17 \cdot 10^8$
a	86 000 000	=	………	=	………	$\cdot 10^{…}$	=	……… $\cdot 10^{…}$
b	………	=	370 Mio.	=	………	$\cdot 10^{…}$	=	……… $\cdot 10^{…}$
c	………	=	18 Bio.	=	………	$\cdot 10^{…}$	=	……… $\cdot 10^{…}$
d	123 000 000	=	………	=	………	$\cdot 10^{…}$	=	……… $\cdot 10^{…}$
e	4 000 000 000 000 000 000	=	………	=	………	$\cdot 10^{…}$	=	……… $\cdot 10^{…}$
f	………	=	………	=	36	$\cdot 10^9$	=	……… $\cdot 10^{…}$
g	………	=	………	=	………	$\cdot 10^{…}$	=	$7.89 \cdot 10^{11}$
h	………	=	………	=	607	$\cdot 10^{12}$	=	……… $\cdot 10^{…}$

13.3 Teste die Grenzen deines Taschenrechners.
Tippe ein:
$9 \cdot 9 \cdot 9 \cdot \ldots$ bis die Darstellung in der Anzeige ein Produkt mit einer Zehnerpotenz anzeigt.
Bei welchem Exponenten von $9^{\square}$ ist dies der Fall?

……………………………………………………………………………………

1.1 Diese drei Säcke enthalten Kugeln; es ist nicht bekannt, wie viele Kugeln sich im Sack A befinden.

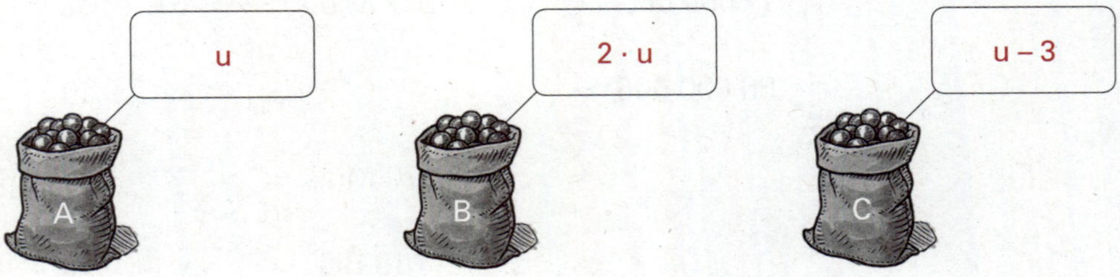

a Aus den **Termen** auf den Etiketten kannst du etwas ablesen über die Anzahl Kugeln in den Säcken B und C. Beschreibe:

B ....

C ....

b Nimm an, im Sack A habe es 13 Kugeln.

- Dann kannst du berechnen, wie viele Kugeln sich im Sack B, im Sack C und in allen Säcken zusammen befinden. Trage deine Resultate in der ersten Zeile der Tabelle ein.
- Jede Zeile beschreibt eine neue Situation: Trage jeweils die fehlenden Kugelanzahlen ein.
- Durch geschicktes Probieren findest du sicher auch die Zahlen in den letzten beiden Zeilen heraus.

A	B	C	Total
13	......	......	......
6	......	......	......
......	......	33	......
......	22	......	......
......	......	16	......
......	14	......	......
......	......	......	97
......	......	......	41

c Hier sind die Terme für die Anzahl Kugeln in den drei Säcken bildlich dargestellt:

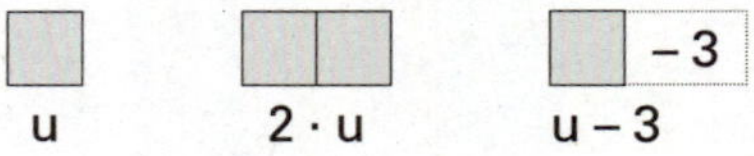

Skizziere ein Bild für die Totalzahl aller Kugeln und notiere einen entsprechenden Term.

Bild:

Term: ....

d Begründe, warum die Totalzahl aller Kugeln in den drei Säcken sicher nicht 42, 30 oder 104 sein kann. Welche Zahlen kommen in Frage? Beschreibe sie.

1.2 **a** Beschreibe die Anzahl Kugeln mit einem passenden Term:

- Im Sack B hat es 7 Kugeln mehr als im Sack A.
- Im Sack B hat es doppelt so viele Kugeln wie im Sack A.
- Im Sack B hat es 1 Kugel mehr als die dreifache Zahl der Kugeln im Sack A.
- Im Sack B hat es 3 Kugeln weniger als die vierfache Zahl der Kugeln im Sack A.
- Im Sack B hat es halb so viele Kugeln wie im Sack A.

b Im Sack A hat es k Kugeln.
Beschreibe je mit einem Term, wie viele Kugeln es in den anderen Säcken hat.

k ....

c Finde einen Term für die Gesamtzahl aller Kugeln in den vier Säcken von Aufgabe b.

....

Wie viele Kugeln sind im Sack A, wenn sich total 68 Kugeln in den Säcken befinden?

....

Formuliere drei weitere solche Fragen und gib sie jemanden aus deiner Klasse zum Lösen.

....

....

....

....

1.3 Diese vier Säcke enthalten Kugeln. Die Anzahl steht bei drei Säcken auf der Etikette.

a Im Sack D hat es 3 Kugeln mehr als im Sack C. Trage den Term ein.

b Vervollständige folgende Beschreibungen:

– Im Sack .... hat es 3-mal so viele Kugeln wie im Sack ....

– Im Sack .... hat es 2 Kugeln mehr als im Sack ....

– Im Sack .... hat es 1 Kugel weniger als im Sack ....

– Im Sack C hat es .... Kugeln .... als im Sack D.

2.1 **a** Jemand telefoniert immer mit der gleichen Telefongesellschaft. Berechne die Anrufkosten und trage sie in der Tabelle ein.

Grundgebühr pro Anruf (in Rp.)	15	15	15	15	15
Minutengebühr (in Rp.)	48	48	48	48	48
Gesprächsdauer in Minuten	5	6	7	3	1
Anrufkosten (in Rp.)	....	....	....	....	....

b Ordne die folgenden Rechnungen den richtigen Spalten zu. Ziehe Verbindungslinien.

①	②	③	④	⑤
$15 + 1 \cdot 48$	$15 + 3 \cdot 48$	$15 + 48 \cdot 7$	$48 \cdot 5 + 15$	$6 \cdot 48 + 15$
....	....	....	....	....

c In der Aufgabe a ist die Gesprächsdauer veränderlich, also variabel; nimm für sie die Variable **t** und notiere unter jeder Rechnung einen Term.

d Begründe, warum es nicht darauf ankommt, welchen der fünf Terme man nimmt.

....

....

....

2.2 **a** Wenn du die Angebote verschiedener Telefongesellschaften vergleichen möchtest, könnte eine Tabelle zum Beispiel so aussehen:

Gesellschaft	A	B	C	D
Grundgebühr pro Anruf (in Rp.)	15	20	23	25
Minutengebühr (in Rp.)	45	40	30	32
Gesprächsdauer in Minuten	5	5	5	5
Anrufkosten (in Rp.)	....	....	....	....

Berechne die Anrufkosten und trage sie in der Tabelle ein.
Welches Angebot ist für ein 5-Minuten-Gespräch das beste?

....

b Grundgebühr und Minutengebühr sind verschieden, also variabel. Nimm für die Grundgebühr die Variable g und für die Minutengebühr die Variable m.
Stelle einen Term auf, mit dem du die Anrufkosten für ein 5-Minuten-Gespräch für verschiedene Angebote berechnen kannst.

....

2.3↗ Dies ist die Preistabelle der Vereinigten Bergbahnen AG.

Tarife	einfache Fahrt	Retourfahrt
Erwachsene	Fr. 8.–	Fr. 15.–
Kinder bis 12 Jahre	Fr. 5.–	Fr. 9.–
keine Ermässigung auf Halbtax und GA		

a Wie viel kostet ein Ausflug (immer einfache Fahrt)
- einer Familie mit 2 Erwachsenen und 2 Kindern,
- einer Familie mit 2 Erwachsenen und 3 Kindern,
- einer Wandergruppe mit 6 erwachsenen Personen,
- einer 3. Primarschulklasse mit Lehrerin, 2 Begleitpersonen und 25 Kindern?

Erstelle eine übersichtliche Tabelle, in der du deine Resultate eintragen kannst.

b In einer Gruppe reisen k Kinder und e Erwachsene.
Wie lautet ein Term, mit dem der Preis für eine einfache Fahrt der ganzen Gruppe berechnet werden kann?

c Und wie lautet der Term, falls die Gruppe Retour-Billette löst?

3.1 ↗ Du kennst diese Aufgabe aus dem Themenbuch.

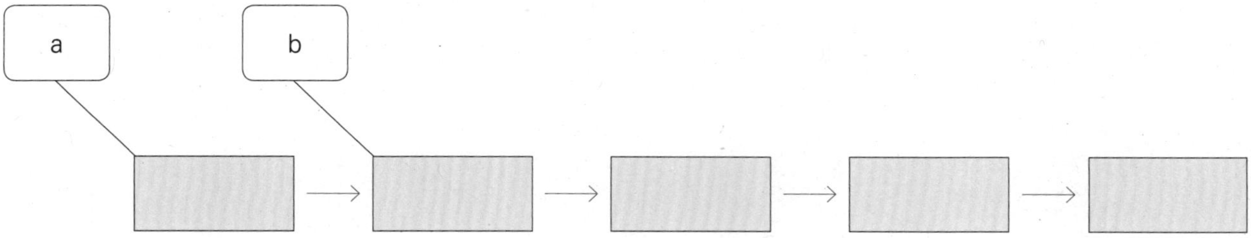

Man kann diese Aufgabe ganz verschieden angehen und lösen, es gibt also verschiedene Lösungswege. In den Aufgaben a bis g lernst du unterschiedliche Wege kennen.

a Maja setzt Zahlen in die Variablen a und b ein und versucht so, 100 zu erreichen.
Sie startet zuerst mit a = 14 und b = 30
Dann probiert sie es mit a = 14 und b = 10
Danach wählt sie a = 14 und b = 15 … und so weiter.

a	b	3. Feld	4. Feld	letztes Feld
14	30			
14	10			
14	15			
14	20			
14				

Arbeite mit einer solchen Tabelle.
Berechne für Majas Versuche die Zahl im letzten Feld.
Wie ist Maja vorgegangen? Beschreibe.

b Auch Jérôme setzt Zahlen für a und b ein.
Er startet mit a = 10, b = 18
Dann probiert er a = 30, b = 18
Danach: a = 20, b = 18

Untersuche das Vorgehen von Jérôme wie bei Aufgabe a und führe es weiter, bis du zu einer Lösung gelangst. Worin besteht der Unterschied zum Vorgehen von Maja?

c Céline setzt für a und b folgende Zahlen ein und berechnet jeweils die Zahl im letzten Feld:
a = 17, b = 16
a = 18, b = 16
a = 19, b = 16
a = 20, b = 16

Wie verändert Céline die Startzahlen und wie wirkt sich das auf die Zahl im letzten Feld aus? Verändere die Startzahlen so, dass du direkt mit einem nächsten Versuch im letzten Feld 100 erreichst.

d Jonas setzt folgende Zahlen für a und b ein:
a = 29, b = 8
a = 29, b = 9
a = 29, b = 10
a = 29, b = 11

Mache das Gleiche wie in Aufgabe c.
Worin besteht der Unterschied zwischen dem Vorgehen von Jonas und jenem von Céline?

e Nick ist anders vorgegangen; er schreibt 100 ins letzte Feld und zerlegt 100 in die zwei Summanden 40 und 60, die er in die beiden Felder davor schreibt. Dann rechnet er zurück bis zum ersten Feld. Mach das auch so und finde mit diesem Vorgehen, dem Aufteilen von 100 in zwei Summanden, weitere Lösungen.
Beschreibe, worauf du bei diesem Verfahren achtest, damit du überhaupt eine Lösung erhältst.

f Der Term $2 \cdot a + 3 \cdot b$ beschreibt, wie oft die beiden Variablen a und b im letzten Feld enthalten sind. Anja arbeitet mit diesem Term. Sie setzt in die Variablen a und b Zahlen ein und rechnet aus. Sie hat bereits die Lösung a = 35 und b = 10 gefunden.
Überprüfe ihre Lösung.

Anja überlegt sich eine weitere Lösung:
«Wenn ich für a nun 38 statt 35 einsetze, so würde im letzten Feld 106 herauskommen, nämlich $2 \cdot 3 = 6$ mehr als vorher. Wenn ich aber für b statt 10 die Zahl …»
Führe Anjas Überlegung weiter und finde auf diese Art möglichst viele weitere Lösungen.

g Auch Mike arbeitet mit dem Term $2 \cdot a + 3 \cdot b$.
Er hat bereits die Lösung a = 17, b = 22 gefunden und überlegt sich:
«Egal, welche Zahl ich für a einsetze, $2 \cdot a$ – also der erste Summand – ist immer eine gerade Zahl. Damit die Summe 100 ergibt, muss auch $3 \cdot b$ – also der zweite Summand – eine gerade Zahl sein. Somit muss ich für b …»

Beende die Überlegung von Mike.
Wie findet Mike mit seiner Überlegung nun weitere Lösungen?

h Vergleiche die Lösungsvorgehen in den Aufgaben a bis g.
Welchen Weg hast du im Themenbuch gewählt?
Hast du oder haben deine Klassenkameradinnen und -kameraden einen anderen Weg benützt?

i *Zum Tüfteln:*
- Wie viele verschiedene Paare von Zahlen für a und b kannst du finden, um im letzten Feld 100 zu erhalten?
- Du könntest doch statt 100 im letzten Feld eine andere Zahl wählen …
  Welches ist die kleinste Zahl, die du mit geeigneten Startzahlen a und b erreichen kannst?
  Kannst du zwischen dieser kleinsten Zahl und 100 alle Zahlen erreichen?
- Hast du dir noch andere Fragen gestellt in diesem Zusammenhang? Welche?

4.1 Je ein Term von rechts passt zu einem Problem links. Zeichne Verbindungslinien ein.

a Der Eintrittspreis für Kinder beträgt b Franken, für Erwachsene a Franken; drei Erwachsene und drei Kinder kaufen Tickets für die Vorstellung im Zirkus.	$50 - (3a + 2b)$
b Im Einkaufskorb liegen a Schokoladen zu je Fr. 3.– und b Brötchen zu je Fr. 2.–. Du bezahlst mit einer 50-Franken-Note. Wie viel Herausgeld erhältst du?	$3a + 3b$
c Bei einer Ausstellung kaufst du drei CDs, die normalerweise je a Franken kosten würden. Für die Ausstellungsbesucherinnen und -besucher wurde der Preis aber um b Franken gesenkt.	$50 - 2b + 3a$
d Zieht man von der Hälfte von 100 zweimal die Zahl b ab und zählt dreimal die Zahl a hinzu, so erhält man die gesuchte Zahl.	$3a - 3b$

4.2 Notiere entsprechende Terme.
Die Variablen a und b stehen für beliebige Zahlen. Wie lautet dann der Term für

a die Summe der beiden Zahlen? ....

b die Differenz «a minus dritte Potenz von b»? ....

c das Produkt aus a und der Zahl, die um 1 grösser ist als b? ....

d den Quotienten «Zahl a durch fünfte Potenz von b»? ....

4.3 Welcher Term passt zu welchem Satz?
Zeichne Verbindungslinien ein:

$3 \cdot b + 1 \cdot a + 3$	das Doppelte der Summe von a und b plus 2
$3 \cdot a + 2 \cdot b$	1 mehr als das Doppelte von a
$2 \cdot a + 1$	die Summe gebildet aus «drei mal b», aus a und aus 3
$2 \cdot (a + b) + 2$	«drei mal a» addiert zum Doppelten von b

Die Welt der natürlichen Zahlen: 2c Teiler, Vielfache und Primzahlen

1 –

2.1 **a** $17 \cdot 23 = 391$

– In dieser Rechnung ist 17 ein .... von 391.

– 391 ist sowohl .... von 17 als auch von 23.

b Setze passende Zahlen ein:

– Weil .... ein Vielfaches von .... ist, so ist .... ein Teiler von ....

– Ist die Zahl a (Beispiel: ....) Teiler der Zahl n (Beispiel: ....),

so ist auch n : a (Beispiel: ....) Teiler von n.

Mit Hilfe dieser Überlegung kannst du meistens einen *neuen* Teiler einer Zahl finden.

c Kennst du Zahlen, bei denen man, so wie in Aufgabe b beschrieben, keinen neuen Teiler findet? Was für Zahlen sind das?

....

....

3.1 Zerlege die folgenden Zahlen in Primfaktoren; verwende wenn möglich Potenzen.

Beispiel: $1836 = 2 \cdot 2 \cdot 3 \cdot 3 \cdot 3 \cdot 17 = 2^2 \cdot 3^3 \cdot 17$

a 130 = ... **e** 1024 = ...

b 110 = ... **f** 442 = ...

c 550 = ... **g** 884 = ...

d 1001 = ... **h** 10 010 = ...

Primfaktorzerlegung

4.1

1	2	3	4	5	6
7	8	9	10	11	12
13	14	15	16	17	18
19	20	21	22	23	24
25	26	27	28	29	30
31	32	33	34	35	36
37	38	39	40	41	42
43	44	45	46	47	48
49	50	51	52	53	54
55	56	57	58	59	60
61	62	63	64	65	66
67	68	69	70	71	72
73	74	75	76	77	78
79	80	81	82	83	84
85	86	87	88	89	90
91	92	93	94	95	96
97	98	99	100	101	102

Kreise in diesem Zahlengitter alle Primzahlen ein.
Was fällt dir auf?

....

....

....

....

Suche eine Erklärung dafür.

....

....

....

....

4.2 **a** Beschreibe, wie in diesem Zahlengitter die natürlichen Zahlen angeordnet wurden.

....

....

197	196	195	194	193	192	191	190	189	188	187	186	185	184	183	240
198	145	144	143	142	141	140	139	138	137	136	135	134	133	182	239
199	146	101	100	99	98	97	96	95	94	93	92	91	132	181	238
200	147	102	65	64	63	62	61	60	59	58	57	90	131	180	237
201	148	103	66	37	36	35	34	33	32	31	56	89	130	179	236
202	149	104	67	38	17	16	15	14	13	30	55	88	129	178	235
203	150	105	68	39	18	5	4	3	12	29	54	87	128	177	234
204	151	106	69	40	19	6	1	2	11	28	53	86	127	176	233
205	152	107	70	41	20	7	8	9	10	27	52	85	126	175	232
206	153	108	71	42	21	22	23	24	25	26	51	84	125	174	231
207	154	109	72	43	44	45	46	47	48	49	50	83	124	173	230
208	155	110	73	74	75	76	77	78	79	80	81	82	123	172	229
209	156	111	112	113	114	115	116	117	118	119	120	121	122	171	228
210	157	158	159	160	161	162	163	164	165	166	167	168	169	170	227
211	212	213	214	215	216	217	218	219	220	221	222	223	224	225	226

b Markiere die Primzahlen. Was fällt dir auf?

....

....

c $4 \cdot n^2 + 3$

Setze in diesem Term für n ein: 1, 2, 3, 4, 5, 6 und 7. Rechne jeweils aus.
Markiere deine Resultate im Zahlengitter oben. Was stellst du fest?

....

....

d Der Mathematiker Stanislaw M. Ulam (1909–1984) hat im Jahr 1963 Regelmässigkeiten über Primzahlen in Zahlengittern entdeckt. Eine Regelmässigkeit hast du in Aufgabe c angetroffen. Hatte er damit eine Primzahlenformel gefunden, eine Formel also, die bei allen Einsetzungen in n immer eine Primzahl liefert?

....

....

4.3 **a** Vergleiche das Zahlengitter unten mit jenem von Aufgabe 4.2.
Worin unterscheiden sich die beiden Zahlengitter?

....

....

237	236	235	234	233	232	231	230	229	228	227	226	225	224	223	280
238	185	184	183	182	181	180	179	178	177	176	175	174	173	222	279
239	186	141	140	139	138	137	136	135	134	133	132	131	172	221	278
240	187	142	105	104	103	102	101	100	99	98	97	130	171	220	277
241	188	143	106	77	76	75	74	73	72	71	96	129	170	219	276
242	189	144	107	78	57	56	55	54	53	70	95	128	169	218	275
243	190	145	108	79	58	45	44	43	52	69	94	127	168	217	274
244	191	146	109	80	59	46	41	42	51	68	93	126	167	216	273
245	192	147	110	81	60	47	48	49	50	67	92	125	166	215	272
246	193	148	111	82	61	62	63	64	65	66	91	124	165	214	271
247	194	149	112	83	84	85	86	87	88	89	90	123	164	213	270
248	195	150	113	114	115	116	117	118	119	120	121	122	163	212	269
249	196	151	152	153	154	155	156	157	158	159	160	161	162	211	268
250	197	198	199	200	201	202	203	204	205	206	207	208	209	210	267
251	252	253	254	255	256	257	258	259	260	261	262	263	264	265	266

b Markiere im Zahlengitter wiederum alle Primzahlen.
Dann untersuche wie in Aufgaben 4.2 c den folgenden Term:

$n^2 - n + 41$

....

....

....

....

....

....

Leonhard Euler in Hausrock mit Seidenkopftuch: Pastellbild von E. Handmann (1753)

Dieser Term stammt von einem der berühmtesten Mathematiker, dem Schweizer Leonhard Euler (1707–1783).

4.4↗ **a** Was haben die Zahlen links vom Gleichheitszeichen für eine gemeinsame Eigenschaft?

b Rechts steht immer eine Summe von genau zwei Zahlen. Was sind das für Zahlen?

c Stelle auch die nächsten zehn Zahlen auf diese Art als Summe dar.

d Christian Goldbach (1690–1764) äusserte in diesem Zusammenhang eine Vermutung. Welche wohl? Niemand aber weiss bis heute, ob diese Vermutung auch immer richtig ist.

$4 = 2 + 2$

$6 = 3 + 3$

$8 = 5 + 3$

$10 = 5 + 5$

$12 = 7 + 5$

$14 = 3 + 11$

⋮

5.1↗ Angenommen, du willst jemanden erklären, wie du schnell und systematisch alle Teiler einer bestimmten Zahl z bestimmst. Schreibe dazu eine kurze Anleitung; nimm ein Beispiel, etwa z = 110.

5.2↗ Wie viele Teiler haben diese Zahlen?

a	28	**c**	625	**e**	85	**g**	47
b	43	**d**	101	**f**	105	**h**	121

5.3 Fülle die Lücken:

– Alle natürlichen Zahlen grösser 1 haben mindestens .... Teiler.

– Quadratzahlen haben eine .... Anzahl Teiler.

– Genau zwei (verschiedene) Teiler haben die ....

– Eine einzige Zahl ist Teiler jeder natürlichen Zahl, nämlich die Zahl ....

– 2 ist die einzige .... P ....

6.1↗ Finde heraus, ob folgende Zahlen arm oder reich sind.

a 36 **c** 120 **e** 37

b 29 **d** 26 **f** 200

6.2↗ Beweise, dass 496 eine vollkommene Zahl ist.

6.3↗ Jede natürliche Zahl kannst du auch als Bruch schreiben.

Beispiel: $6 = \frac{6}{1}$

Und dann kannst du seinen Kehrwert notieren: $\frac{1}{6}$

a Bilde die Summe aller Kehrwerte der Teiler der vollkommenen Zahl 6.
Was stellst du fest?

b Überprüfe das auch mit der nächsten vollkommenen Zahl 28.

c Suche nach einer Begründung für deine Vermutung.

6.4↗ *Zum Tüfteln:*
Vollkommene Zahlen lassen sich als spezielle Produkte schreiben:

$6 = 2 \cdot 3 = 2^1 \cdot (2^2 - 1)$
$28 = 4 \cdot 7 = 2^2 \cdot (2^3 - 1)$

Suche diese Schreibweise auch für die nächsten beiden vollkommenen Zahlen 496 und 8128.

6.5↗ Welches ist die grösste und welches die kleinste reiche Zahl n mit $0 < n < 100$?
Was stellst du fest, wenn du alle reichen Zahlen kleiner als 100 betrachtest?
Am besten untersuchst du das gemeinsam mit anderen in der Klasse.

7.1 Fülle die folgenden Gitter aus.

a

	10	50
	5	

↑ · ....

→ · ....

b

		108
		36
	2	4

↑ · ....

→ · ....

c

			24	
	2	4		

↑ · ....

→ · ....

d

9	
	39

↑ · ....

→ · 13

7.2 **a** Bestimme alle Teiler von 108. ....

b Zerlege 108 in Primfaktoren. ....

c Fülle das Gitter aus.

1			

↑ · 2

→ · 3

d Formuliere deine Beobachtungen, wenn du deine Resultate der Aufgaben a, b und c vergleichst. Kannst du daraus eine Methode herleiten und beschreiben, wie man aus der Primfaktorzerlegung einer Zahl alle ihre Teiler bestimmen kann?

....

....

....

e Schaue dir nochmals deine ausgefüllten Gitter von Aufgabe 7.1 an.
Was fällt dir auf, was stellst du fest?

7.3 Zerlege 144 in Primfaktoren und bestimme danach alle Teiler von 144.
Du kannst mit dem Gitter unten arbeiten.

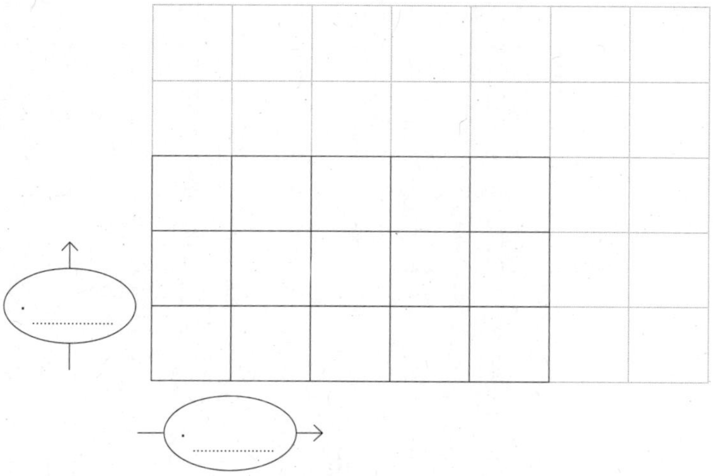

7.4↗ **a** Wenn du das Verfahren von Aufgabe 7.2 auf Zahlen wie 120 oder 150 anwenden willst, taucht eine Schwierigkeit auf. Welche?
Hast du eine Lösungsidee, die du der Klasse vorstellen könntest?

b Für Zahlen wie 6006 oder 420 ist dieses Verfahren für die Suche nach allen Teilern gar nicht mehr tauglich. Warum?

8.1 **a**

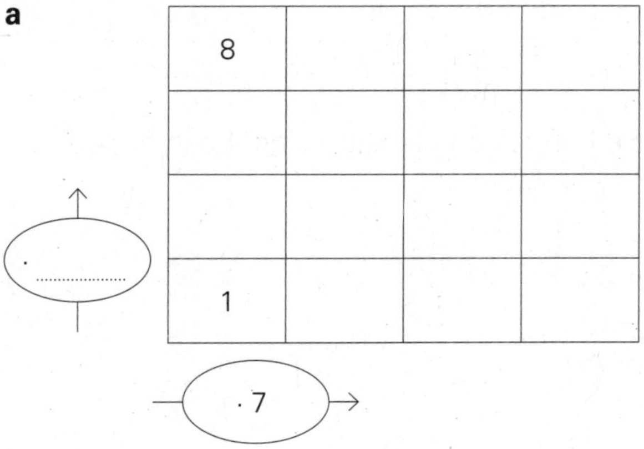

b

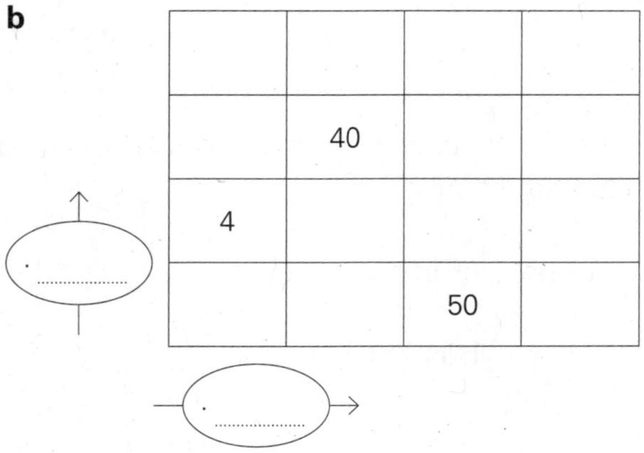

c

9			
		12	
	2		

↑ · ……………

→ · ……………

d

		1715	
	7		

↑ · 7

→ · ……………

e

9		225	
			375

↑ · ……………

→ · ……………

f

		200	
			500
	10		

↑ · ……………

→ · ……………

g

	100		
		40	
2			

↑ · ……………

→ · ……………

h

	72		
12			
			162

↑ · ……………

→ · ……………

8.2 **a** Mit deiner Lösung von Aufgabe 8.1 a kannst du die Primfaktorzerlegung einer bestimmten Zahl sofort angeben.

Welche Zahl ist das? ……………………………………

Wie viele Teiler hat diese Zahl? ……………………………………

b Bei welchen anderen Gittern von Aufgabe 8.1 kannst du das auch bestimmen? Notiere die entsprechenden Zahlen und deren Anzahl Teiler.

....

....

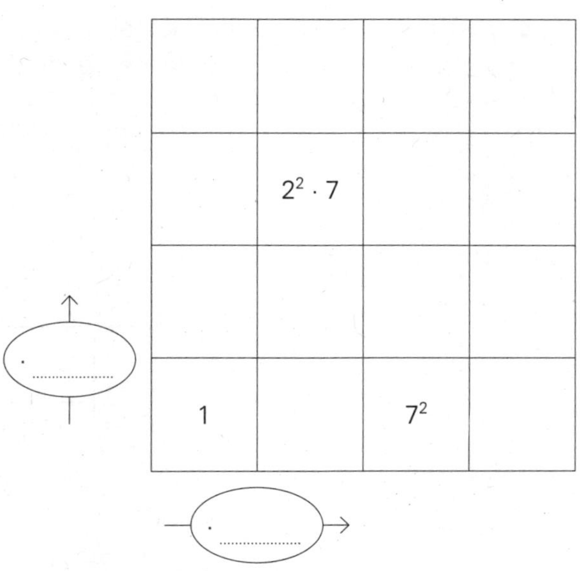

c Nenne Gründe, warum das bei den anderen Gittern nicht geht.

....

....

d Hier findest du das Gitter von Aufgabe 8.1 a nochmals. Fülle es ein zweites Mal aus, aber verwende jetzt Potenzen.

9.1 **a** Bestimme die beiden Operatoren und fülle das Gitter vollständig aus.

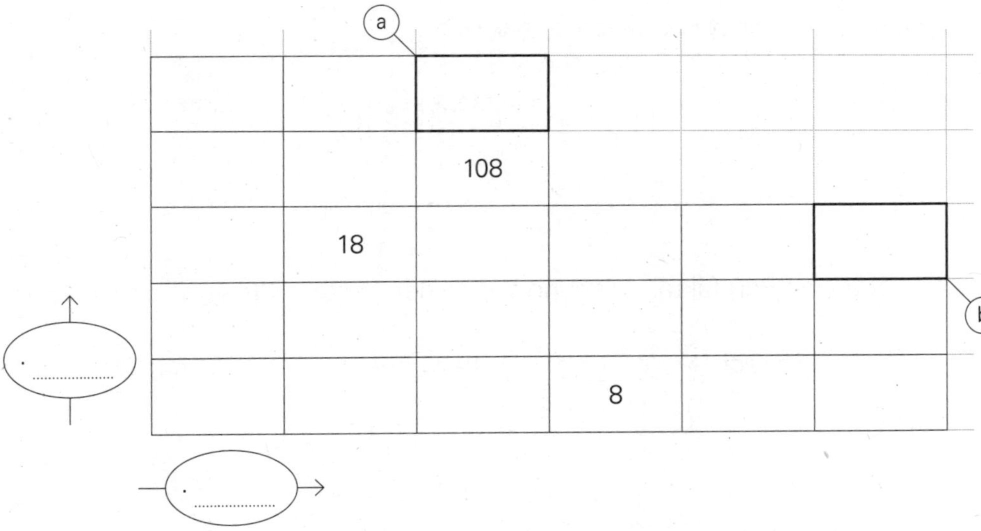

b In den fett eingerahmten Feldern ⓐ und ⓑ stehen zwei Zahlen, deren Beziehung du untersuchen kannst. Markiere alle **Teiler** der einen Zahl mit roter, die der anderen Zahl mit blauer Farbe.

Die doppelt markierten Zahlen sind darum die .... Teiler beider Zahlen.

Einer davon ist der grösste; er ist unter den doppelt markierten am weitesten rechts und am weitesten oben zu finden. Umrahme sein Feld.

Der **ggT** (der grösste .... Teiler) von .... und ....

ist also die Zahl ....

c Übertrage vom Gitter bei Aufgabe a die Zahlen in das Gitter unten und fülle die leeren Felder mit Zahlen. Wo findest du Vielfache der beiden Zahlen in den Feldern ⓐ und ⓑ? Markiere sie wiederum mit den beiden Farben.

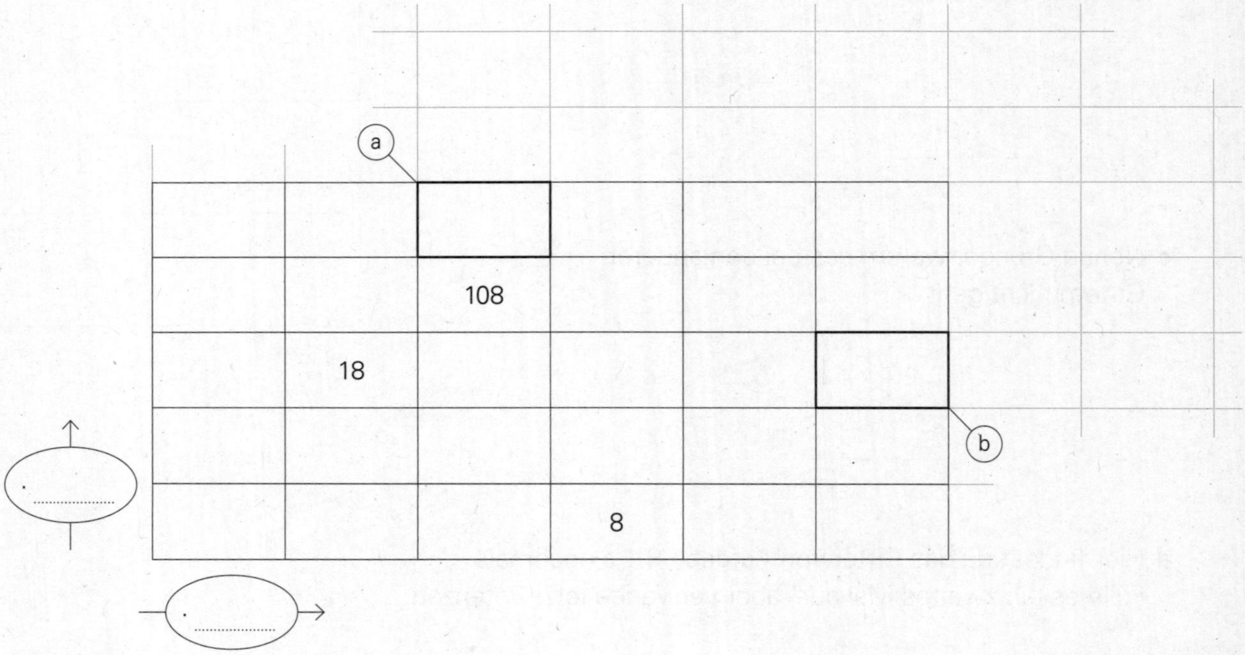

Wieder gibt es die doppelt markierten .... Vielfachen der beiden

Zahlen und unter diesen ein kleinstes Vielfaches, nämlich: ....

Das **kgV** (das kleinste .... Vielfache) von .... und ....

ist also die Zahl ....

d Lies aus dem Gitter oben die Primfaktorzerlegung der beiden Zahlen, ihres ggT und ihres kgV ab:

		nach rechts	*nach oben*	*mit Potenzen*
Zahl in ⓐ:	=	.... ·	· .... · .... · .... ·	= .... ☐ · .... ☐
Zahl in ⓑ:	=	.... · .... · .... · .... ·	· .... ·	= .... ☐ · .... ☐
ggT:	=	.... ·	· .... ·	= .... ☐ · .... ☐
kgV:	=	.... · .... · .... · .... ·	· .... · .... · .... ·	= .... ☐ · .... ☐

e Bei Aufgabe b steht: «Markiere *alle* Teiler ...».
Warum kann man bei Aufgabe c nicht auch schreiben: «Markiere *alle* Vielfachen ...»?

....

....

f Nicht von allen Zahlen lassen sich die Teiler und Vielfachen so einfach in einem Gitter zusammenstellen.
Wie kannst du direkt aus der Primfaktorzerlegung den ggT und das kgV von zwei Zahlen bestimmen? Halte dein Vorgehen in einer kurzen Notiz fest.

9.2↗ Bestimme je den ggT und das kgV der folgenden Zahlen:

a 24 und 36
b 560 und 600
c 120 und 150
d 144 und 108
e 27 und 42
f 23 und 31
g 135 und 56
h 1001 und 1210

9.3↗ *Zum Tüfteln:*

a Beschreibe den ggT und das kgV von zwei (beliebigen) Primzahlen p und q.

b Multipliziere je den ggT und das kgV der Zahlen in Aufgabe 9.2.
Vergleiche jeweils mit den beiden Ausgangszahlen.
Was findest du heraus? Wie kannst du das erklären?

9.4↗ Mit dem Computer kannst du einige Anwendungen von ggT und kgV untersuchen.

Schnüre
Rechteck-Belegung
Strecken verlängern
Drehende Räder
Blinkende Lampen

1.1 Kreuze an, ob die folgenden Aussagen zum Thema «Lieblingsfach» zutreffen.

In der Schulklasse von Mayotte ... *trifft zu* *trifft nicht zu*

	trifft zu	*trifft nicht zu*
a ... wird das beliebteste Fach 5-mal genannt.	☐	☐
b ... sind insgesamt 15 Schülerinnen und Schüler, die ihr Lieblingsfach angeben.	☐	☐
c ... nennt $\frac{1}{3}$ der Schülerinnen und Schüler Mathematik als Lieblingsfach.	☐	☐
d ... bezeichnet $\frac{1}{6}$ der Schülerinnen und Schüler Englisch als Lieblingsfach.	☐	☐
e ... nennt $\frac{1}{3}$ der Schülerinnen und Schüler eine Sprache als Lieblingsfach.	☐	☐

Lieblingsfach in Mayotte

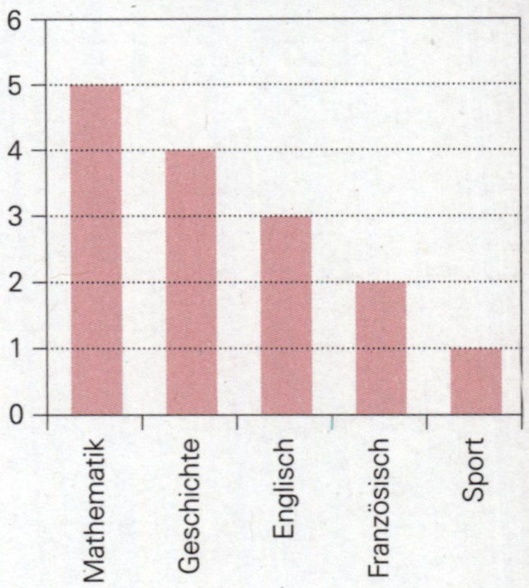

1.2 Hier siehst du das Säulendiagramm der Klasse von Mayotte zum Thema «Alter».

a Vervollständige.

– Die meisten Schülerinnen und Schüler sind .... Jahre alt.

– Zwei Schülerinnen oder Schüler sind .... Jahre alt.

– Es hat mehr 14-jährige als ....

Alter in Mayotte

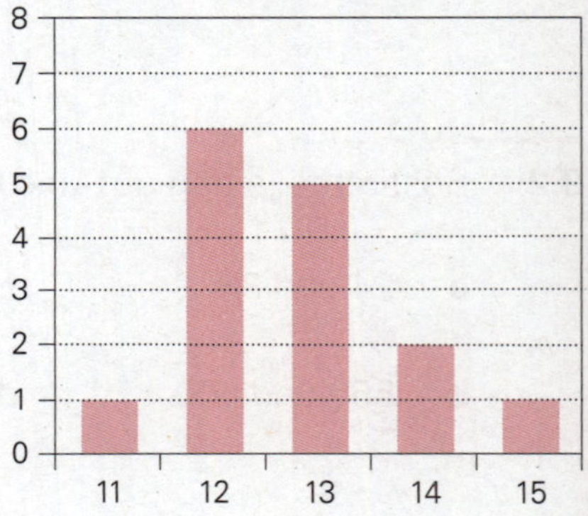

b Setze «die Hälfte», «ein Drittel» oder «ein Fünftel» ein.

– Weniger als .... der Schülerinnen und Schüler ist 12 Jahre alt.

– .... der Schülerinnen und Schüler ist 13-jährig.

– .... der Schülerinnen und Schüler ist 14- oder 15-jährig.

– Mehr als .... der Schülerinnen und Schüler ist 13, 14 oder 15 Jahre alt.

1.3↗ **a** Zeichne zum Thema «Alter» das Säulendiagramm deiner eigenen Klasse.

Alter

b Vergleiche das Säulendiagramm deiner eigenen Klasse mit dem der Klasse von Mayotte. Welche Unterschiede und Gemeinsamkeiten siehst du beim Thema «Alter»?

1.4 **a** Über den Geburtstag der 15 Schülerinnen und Schüler in der Klasse von Mayotte ist Folgendes bekannt:

- $\frac{1}{5}$ der Schülerinnen und Schüler hat von Januar bis März Geburtstag.
- $\frac{1}{5}$ der Schülerinnen und Schüler hat von April bis Juni Geburtstag.
- $\frac{4}{15}$ der Schülerinnen und Schüler haben von Juli bis September Geburtstag.
- $\frac{1}{3}$ der Schülerinnen und Schüler hat von Oktober bis Dezember Geburtstag.

Berechne, wie viele Schülerinnen und Schüler zu jeder Gruppe gehören.
Zeichne mit diesen Zahlen ein Säulendiagramm.

Geburtsmonat in Mayotte

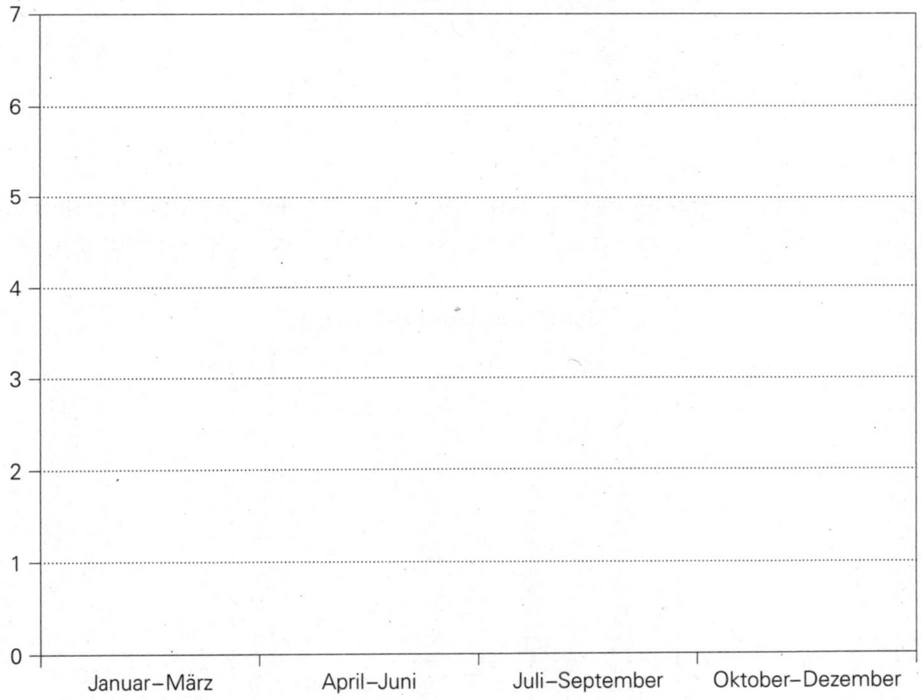

b $\frac{1}{6}$ von 24 = ...

$\frac{2}{3}$ von 21 = ...

$\frac{7}{8}$ von 48 = ...

Bruchteile berechnen

1.5↗ Wähle eines der Themen «Geschlecht», «Muttersprache», «Geschwister», «Brüder», «Schwestern», «Sportarten» oder «Hobbys».

- Zeichne das Säulendiagramm der Klasse von Mayotte.
- Zeichne das Säulendiagramm deiner Klasse.
- Vergleiche deine Klasse mit der Klasse von Mayotte und notiere Gemeinsamkeiten und Unterschiede. Verwende dazu auch Brüche.

Familie und Freizeit

1.6↗ In der Klasse von Mayotte haben 5 Knaben und 10 Mädchen an der Umfrage teilgenommen. Untersuche, wie beim Säulendiagramm zum Thema «Geschlecht» der Unterschied zwischen den Säulen

a möglichst gross,

b möglichst klein

dargestellt werden kann.

Säulendiagramm verändern

1.7↗ Aus den Daten zur Schulwegdauer der Schülerinnen und Schüler von Mayotte sind zwei verschiedene Säulendiagramme erstellt worden. Worin unterscheiden sich die beiden Diagramme?

Diagramm A

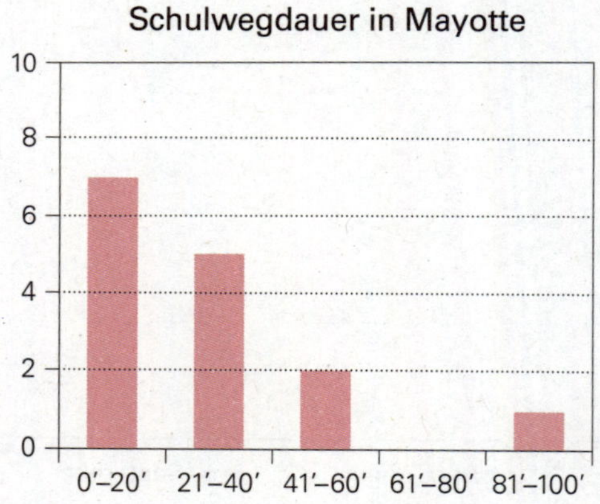

Diagramm B

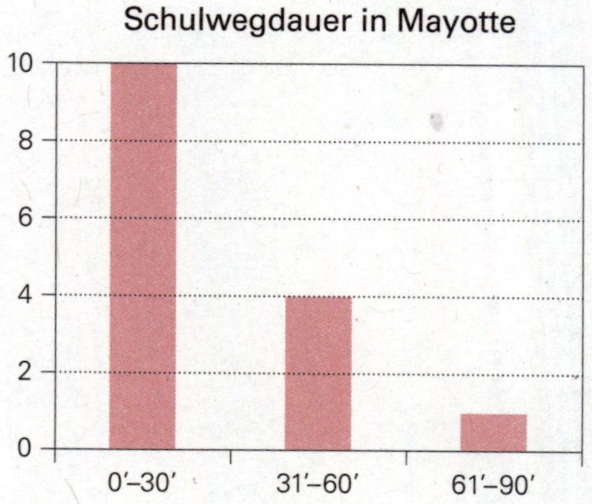

2.1 Kreuze an, ob die folgenden Aussagen zum Thema «Lieblingsfach» zutreffen.

In der Schulklasse von Mayotte ... *trifft zu* *trifft nicht zu*

a ... nennen zwei Knaben Französisch als Lieblingsfach. ☐ ☐

b ... nennen mehr Mädchen als Knaben Geschichte als Lieblingsfach. ☐ ☐

c ... nennen gleich viele Mädchen Mathematik und Geschichte als Lieblingsfach. ☐ ☐

d ... bezeichnen $\frac{2}{5}$ der Knaben Mathematik als Lieblingsfach. ☐ ☐

e ... bezeichnen $\frac{3}{5}$ der Mädchen Mathematik als Lieblingsfach. ☐ ☐

f ... nennt weniger als die Hälfte der Mädchen eine Sprache als Lieblingsfach. ☐ ☐

g ... ist der Anteil der Knaben, welche Mathematik als Lieblingsfach angeben, kleiner als der Anteil der Mädchen. ☐ ☐

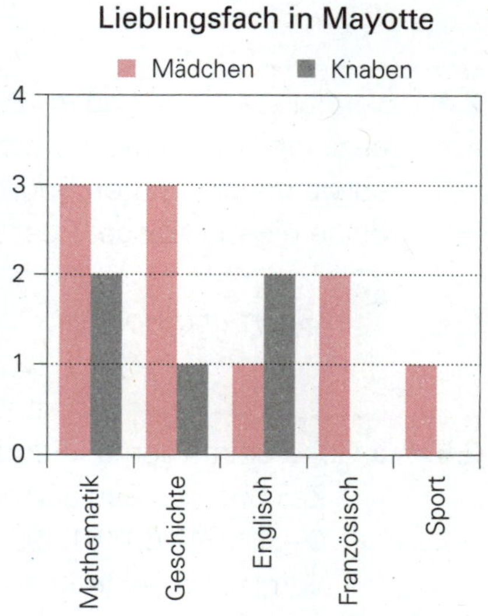

2.2 Zum Thema «Muttersprache» sieht das Säulendiagramm der Klasse von Mayotte, gruppiert nach Mädchen und Knaben, wie rechts dargestellt aus:

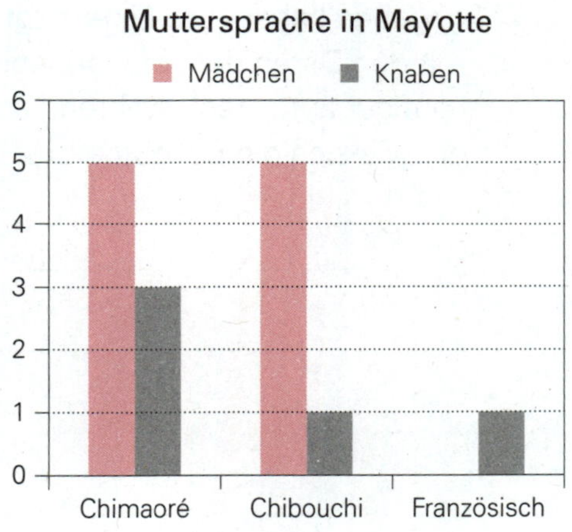

a Vervollständige.

– Nur eine Person bezeichnet .... als Muttersprache.

– Mehr .... als .... bezeichnen Chimaoré als Muttersprache.

– Gleich viele Mädchen bezeichnen ....

und .... als Muttersprache.

– Unter den Schülerinnen und Schülern, die Chimaoré als Muttersprache haben, ist der Anteil der Knaben .... als der Anteil der Mädchen.

b Setze einen gekürzten Bruch ein:

– .... der Mädchen bezeichnet Chimaoré als Muttersprache.

– .... der Knaben bezeichnet Chimaoré als Muttersprache.

– .... der Knaben hat nicht Französisch als Muttersprache.

2.3↗ Zeichne zum Thema «Muttersprache» das Säulendiagramm deiner Klasse, gruppiert nach Mädchen und Knaben.

Muttersprache

2.4↗ Vergleiche die Angaben von Mädchen und Knaben zum Thema «Sport» oder «Hobbys» und verwende dazu die Frage 11 «Ich treibe Sport: Ja/Nein» oder die Frage 12 «Ich habe weitere Hobbys: Ja/Nein» sowie die genannten Sportarten und Hobbys der Umfrage. Untersuche die Klasse von Mayotte und deine eigene Klasse. Beschreibe deine Erkenntnisse.

Sport und Hobbys

2.5↗ **a** Gehe beim Thema «Fernsehminuten» wie folgt vor:

- Zeichne das Säulendiagramm der Klasse von Mayotte und deiner Klasse mit den Kategorien 0′–30′/31′–60′/61′–90′/91′–120′/mehr als 120′.
- Vergleiche deine Klasse mit der Klasse von Mayotte und notiere Gemeinsamkeiten und Unterschiede.

Fernsehminuten

b Gib eine weitere mögliche Kategorienbildung an.
Worauf achtest du?

3.1 Im Kanton Zürich wird jedes Jahr eine Liste erstellt, die zeigt, welche Vornamen die Eltern ihren Babys gegeben haben. Die Liste zeigt auch, wie oft die einzelnen Vornamen verwendet wurden. Der Vergleich mit den Daten der vorangehenden Jahre lässt erkennen, dass einige Vornamen «boomen» (jedes Jahr häufiger auftreten), während andere Vornamen ausser Mode geraten. Das Liniendiagramm unten zeigt dir, wie sich die Beliebtheit für den Vornamen «Nils» verändert hat.

Vorname «Nils»

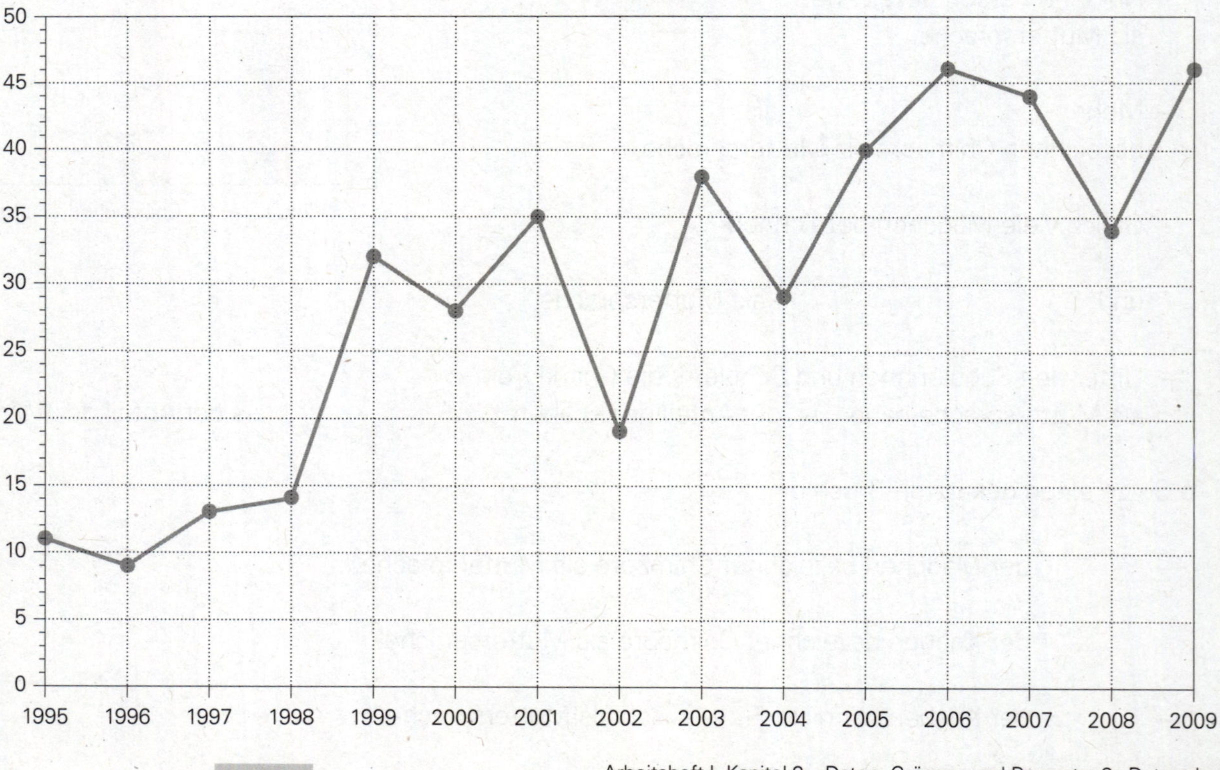

a Vervollständige:

– Im Jahr 1997 wurden ………… Knaben «Nils» genannt, im Jahr 2000 waren es ………… Knaben.

– Im Jahr ………… wurden 29 Knaben «Nils» genannt, im Jahr ………… 14 Knaben.

– Am meisten Knaben wurden im Jahr ………… «Nils» genannt, am wenigsten im Jahr ………… .

b Vervollständige:

– Vom Jahr 2000 zum Jahr 2001 ist die Anzahl ☐ gefallen, ☐ gestiegen, nämlich um ………… .

– Vom Jahr 2003 zum Jahr 2004 ist die Anzahl ☐ gefallen, ☐ gestiegen, nämlich um ………… .

c Trage im Liniendiagramm «Vornamen ‹Nils›» den Streckenzug für den Vornamen «Sabrina» ein.

Vorname «Sabrina»															
Jahr	1995	1996	1997	1998	1999	2000	2001	2002	2003	2004	2005	2006	2007	2008	2009
Anzahl	47	43	46	40	50	28	29	21	22	10	20	10	7	7	4

d Färbe bei beiden Streckenzügen die Strecke mit der stärksten Abnahme kräftig rot, die Strecke mit der grössten Zunahme kräftig grün.

↗ **e** Im Internet findest du Angaben, welche Vornamen in den letzten Jahren wie oft gewählt wurden.

– Wähle einen oder mehrere Vornamen aus. Stelle in einem Liniendiagramm dar, wie sich die Häufigkeit verändert hat.

– Betrachte dein Diagramm. Welche Entwicklung ist festzustellen?

– Schreibe dazu einen Text in der Art eines Zeitungsartikels.

Vornamen Statistik

3.2↗ Untersuche, wie das Liniendiagramm zum Vornamen «Fabio» so dargestellt werden kann, dass die Veränderungen *möglichst gross* oder *möglichst klein* erscheinen.

Vorname «Fabio»												
Jahr	1995	1996	1997	1998	1999	2000	2001	2002	2003	2004	2005	2006
Anzahl	51	66	55	40	58	53	40	42	39	37	41	38

Liniendiagramm verändern

a Experimentiere dazu mit der Einteilung der beiden Achsen.

b Wähle ein späteres Startjahr als 1995.

3.3 Das Liniendiagramm zeigt, wie sich die Schweizer Bevölkerung in den Jahren 1920 bis 2000 entwickelt hat. Dabei wird zwischen der ländlichen und der städtischen Bevölkerung unterschieden.

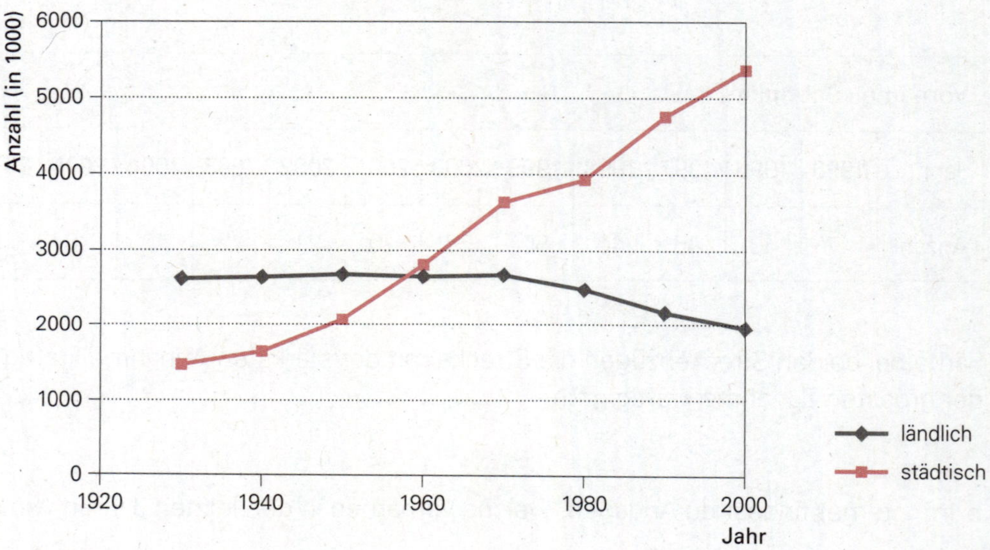

a Welche Entwicklung kannst du aus dem Verlauf der Linien im Diagramm herauslesen?

....

....

b Was könnten Gründe für diese Entwicklung sein?

....

....

c Vermute, wie die Entwicklung weitergehen könnte.

....

....

3.4↗ **a** Zähle alle Buchstaben aller Vornamen der Knaben deiner Klasse zusammen. Teile diese Zahl durch die Anzahl Knaben.
Auf diese Art berechnet man die durchschnittliche Zahl Buchstaben, also die durchschnittliche Länge der Vornamen.

b Berechne ebenso die durchschnittliche Länge der Vornamen der Mädchen deiner Klasse.

c Vergleiche die Ergebnisse aus den Aufgaben a und b mit den Zahlen des Diagramms.

d Beschreibe die Entwicklung, die das Diagramm zeigt.

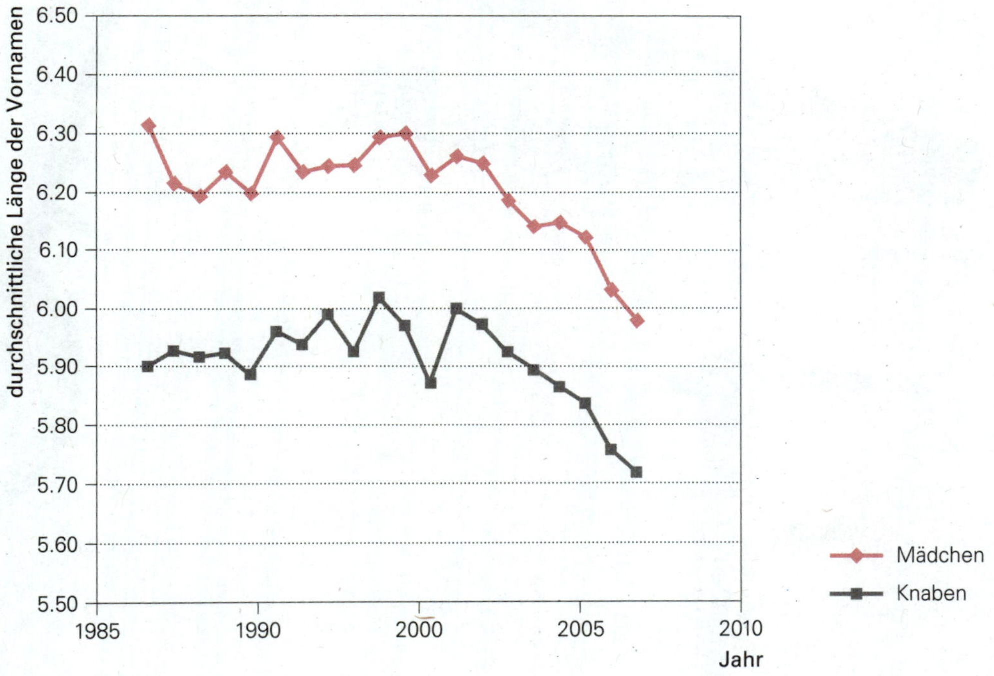

4 –

5 –

1.1↗ Schätze die Längen von Gegenständen.

Längen schätzen

1.2↗ Um Längen messen zu können, stehen verschiedene Messgeräte zur Verfügung.
Gib für die abgebildeten Messgeräte an,

- was damit gemessen werden kann (zum Beispiel grosse Gegenstände wie Höhe von Türmen, Längen von Strassen),
- in welchem Bereich dieses Gerät misst (zum Beispiel von 0 bis 2 km),
- welches die kleinste Grösse ist, die abgelesen werden kann (zum Beispiel «auf Millimeter genau»).

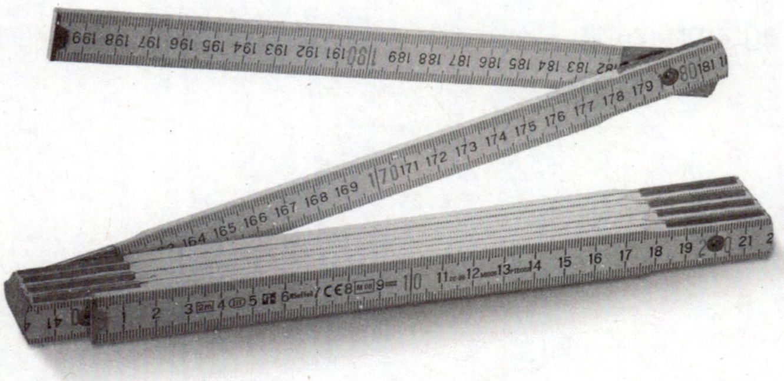

Doppelmeter

Distanzrad

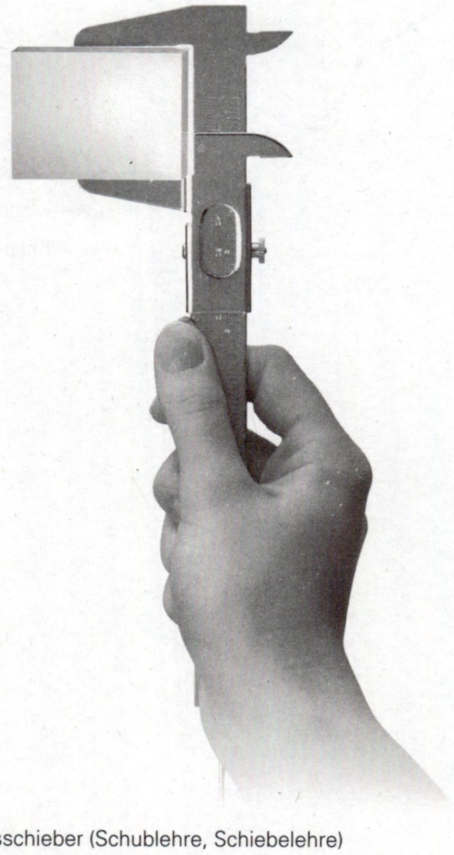

Messschieber (Schublehre, Schiebelehre)

Kilometerzähler

1.3 **a** 4000 m = ... km

b 140 mm = ... cm

c 2 m = ... dm = ... cm

d 4.6 cm = ... mm = ... dm

e 25.3 m = ... km = ... cm

Längen umrechnen

1.4 – Was gehört zusammen? Ordne zu.
– Rechne die ungeschickt notierten Längen in Grössen mit passenderen Einheiten um.

Körpergrösse eines grossen Mannes ●	● 0.2 cm	=	....
Länge eines Daumens ●	● 1950 mm	=	....
Länge der Rundbahn in einem Sportstadion ●	● 0.07 m	=	....
Dicke einer Geldmünze ●	● 0.0007 km	=	....
Höhe eines Tisches ●	● 4000 dm	=	....

1.5 ↗ Fledermäuse haben eine sehr wirksame Methode entwickelt, um sich im Dunkeln zurechtzufinden. Sie können Insekten jagen, ohne ihre Augen einzusetzen. Die Fledermaus stösst Ultraschallwellen aus, die sich mit 343 m pro Sekunde ausbreiten. Trifft eine solche Welle auf ein Insekt, wird die Welle zur Fledermaus zurückgeworfen. Aus der Zeit, die vergangen ist, kann die Fledermaus erfassen, wie weit das Insekt entfernt ist. Diese Methode nennt man *Echoortung*.

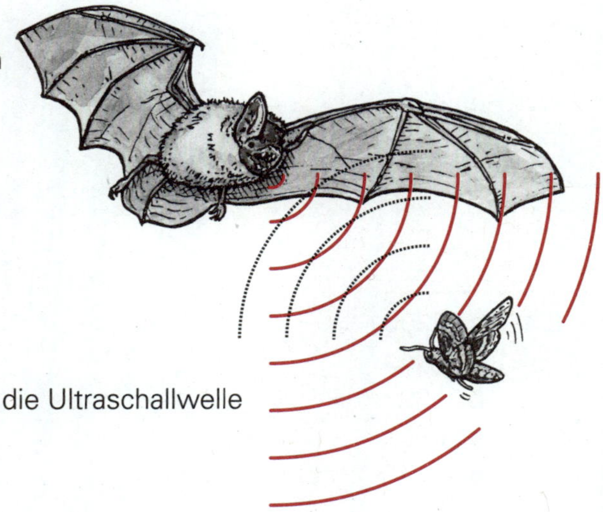

a Wie weit ist das Insekt entfernt, wenn die Fledermaus die Ultraschallwelle
- nach 2 Sekunden,
- nach 1 Sekunde,
- nach 3.5 Sekunden,
- nach 0.1 Sekunden

empfängt?

b Wie lange dauert es, bis eine Ultraschallwelle wieder beim Sender eintrifft, wenn das Objekt
- 343 m,
- 150 m,
- 550 m,
- 1320 m

entfernt ist?

c Stelle eine Formel für die Berechnung der Zeit auf. Benütze dazu die Variablen D für die Distanz von der Fledermaus zum Insekt, c für die Schallgeschwindigkeit und T für die Zeit.

d Delfine nutzen dieselbe Technik wie Fledermäuse, um Fische zu jagen. Sie senden Klicklaute aus, die sich im Wasser mit 1407 m pro Sekunde ausbreiten und von der Beute reflektiert werden. Berechne mit der Formel von Aufgabe c, wie lange es dauert, bis der Delfin die Schallwelle empfängt, wenn die Beute 900 m entfernt ist.

2.1↗ Schätze die Inhalte von Behältern.

Hohlmasse schätzen

2.2↗ Um Hohlmasse messen zu können, stehen verschiedene Messgeräte zur Verfügung. Gib für jedes der abgebildeten Messgeräte an,
- was damit gemessen werden kann,
- in welchem Bereich dieses Gerät misst (zum Beispiel von 0 bis 2 l),
- welches die kleinste Grösse ist, die abgelesen werden kann (zum Beispiel «auf Deziliter genau»).

Messbecher

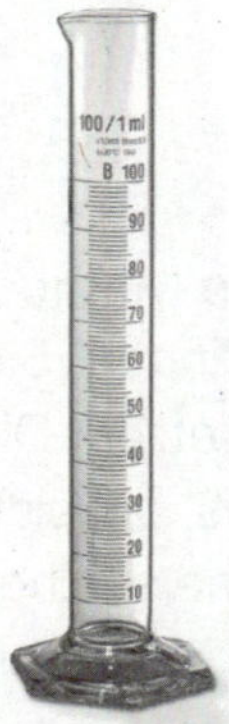

Messzylinder

Litermass

2.3 **a** 300 l = ... hl

b 80 ml = ... cl

c 7 l = ... dl = ... cl

d 11.3 cl = ... ml = ... dl

e 36.4 l = ... hl = ... cl

Hohlmasse umrechnen

2.4 – Welches Hohlmass gehört zu welchem Behälter? Ordne zu.

– Rechne die ungeschickt notierten Hohlmasse in Grössen mit passenderen Einheiten um.

Mineralwasserflasche ●	● 1100 cl	= ....
Parfümflasche ●	● 0.0005 hl	= ....
Gefüllte Badewanne ●	● 1500 dl	= ....
Inhalt einer Arztspritze ●	● 0.005 l	= ....
Empfohlene zu trinkende Flüssigkeitsmenge pro Woche ●	● 1500 ml	= ....

2.5↗ In der Vergangenheit wurden in der Schweiz Flüssigkeiten und Getreide mit ganz verschiedenen Hohlmassen gemessen. 1838 wurde festgelegt, wie viele Liter diese Hohlmasse jeweils messen. Im Jahr 1877 wurde dann auf unser heutiges metrisches System umgestellt.

a 1 *Mass* = 1.5 Liter,
1 *Schoppen* = $\frac{1}{4}$ Mass,
1 *Saum* = 100 Mass

Rechne um:
- 1 Schoppen in l und in ml
- 1 Saum in hl
- 1 l, 1 dl, 1 cl und 1 ml jeweils in Mass und in Schoppen (gekürzte Brüche)

b Es gab noch weitere Einteilungen:
1 *Viertel* = 15 Liter
1 *Vierling* = $\frac{1}{4}$ Viertel
1 *Immi* = $\frac{1}{10}$ Viertel
1 *Mässlein* = $\frac{1}{4}$ Vierling
1 *Mütt* = 4 Viertel
1 *Malter* = 10 Viertel

Rechne die alten Hohlmasse in Liter um.

c Notiere mögliche Gründe für die Umstellung auf die heute gebräuchlichen dezimalen Hohlmasse.

d *Zum Tüfteln:*
Berechne ohne Benützung unserer heutigen Hohlmasse:
Wie viele Immi hat ein Vierling?
Wie viele Mässlein hat ein Immi?

3.1 ↗ Schätze die Gewichte von Gegenständen.

Gewichte schätzen

3.2 ↗ Um Gewichte messen zu können, stehen verschiedene Messgeräte zur Verfügung.
Gib für jedes der abgebildeten Messgeräte an,

- was damit gemessen werden kann,
- in welchem Bereich dieses Gerät misst (beispielsweise von 0 bis 2 kg),
- welches die kleinste Grösse ist, die abgelesen werden kann (beispielsweise «auf 10 Gramm genau»).

Personenwaage

Apothekerwaage

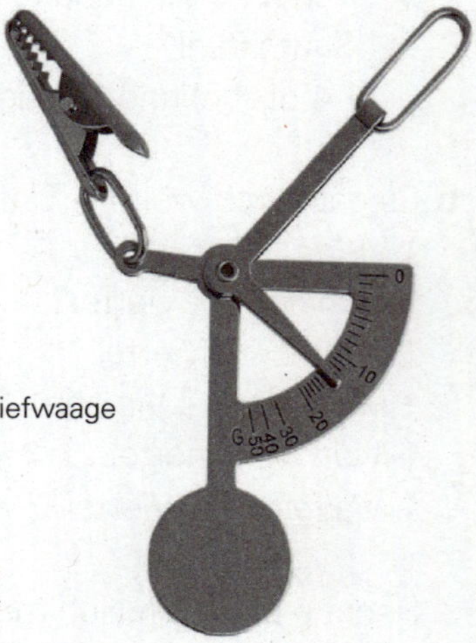

Briefwaage

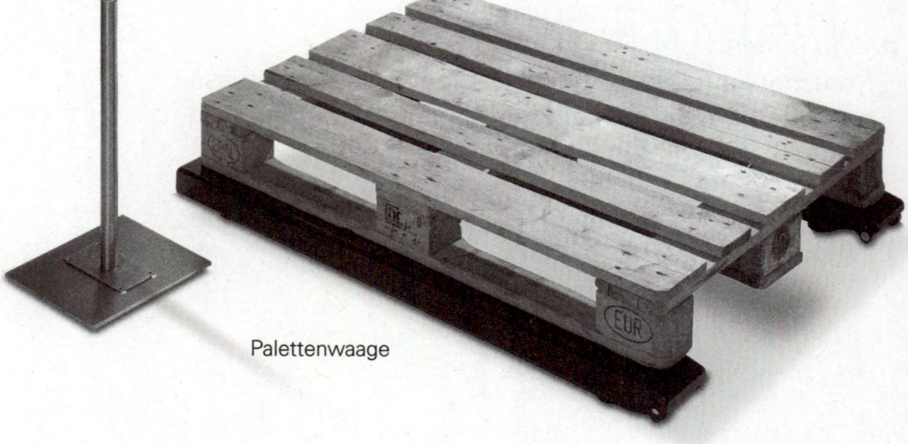

Palettenwaage

3.3 **a** 4000 kg = ………… t

b 13 000 mg = ………… g

c 3 kg = ………… g

d 13 g = ………… kg = ………… mg

e 13.5 kg = ………… t = ………… g

Gewichte umrechnen

3.4 – Welches Gewicht gehört zu welchem Gegenstand oder Lebewesen? Ordne zu.
– Rechne die ungeschickt notierten Gewichte in Grössen mit passenderen Einheiten um.

Mann ●	● 1 500 000 g	= …………
Buch ●	● 0.020 kg	= …………
Auto ●	● 750 000 mg	= …………
Maus ●	● 0.085 t	= …………

3.5 Berechne:

a 40 cm + 350 mm + 3 m 7 cm + 6 cm 5 mm = ………… cm

b 2 km 400 m : 8 = ………… m

c 3 cm 2 mm · 9 = ………… cm

d 2.5 l + 7 dl + 1 l 4 dl = ………… l

e 3 hl 20 l : 4 = ………… l

f 4 dl 5 cl · 9 = ………… l

g 1.45 kg + 850 g + 6 kg 300 g = ………… kg

h 5 t 600 kg : 8 = ………… kg

i 4 g 700 mg · 3 = ………… g

Gemischte Grössen: Operationen

3.6↗ Paracetamol ist ein Wirkstoff, der in vielen Medikamenten gegen Schmerzen und Fieber enthalten ist. Eine Ärztin rechnet mit 10 mg bis 15 mg Paracetamol pro Kilogramm Körpergewicht, wenn sie eine Einzeldosis für einen Patienten berechnen will. Die Ärztin hat Tabletten mit 125 mg oder 250 mg Paracetamol zur Verfügung.
Wie viele Tabletten von welcher Sorte verordnet sie

a einem 2-jährigen Kind mit 12 kg Körpergewicht?

b einem 10-jährigen Kind mit 30 kg Körpergewicht?

c einem Erwachsenen mit 75 kg Körpergewicht?

d Der Hersteller des Medikaments hat 1 kg Paracetamol zur Verfügung. Wie viele Packungen zu 10 Tabletten können hergestellt werden, wenn eine Tablette 125 mg enthält? Und bei 250 mg?

3.7↗ Autos, die mit Erdgas statt mit Benzin fahren, sind immer häufiger auf Schweizer Strassen anzutreffen. Sie tragen dazu bei, umweltschonender Auto zu fahren. Vergleiche die Preise für das Tanken.

a Erdgas wird in Kilogramm gemessen. Im Februar 2008 kostete ein Kilogramm Erdgas Fr. 1.75. Um 100 km weit zu fahren, benötigt man durchschnittlich 5 kg Erdgas.
Berechne den Kilometerpreis, also die Gaskosten, für einen Kilometer Fahrt.

b Benzin kostete im Februar 2008 Fr. 1.78 pro Liter. Um 100 km weit zu fahren, benötigt man durchschnittlich 7.5 l Benzin. Berechne den Kilometerpreis.

c Vergleiche die Kosten eines Benzin- und eines Erdgasautos für ein Jahr, wenn 10 000 km gefahren werden.

d Um Gas- und Benzinautos vergleichen zu können, benutzt man folgenden Zusammenhang:

1 kg Erdgas entspricht 1.5 l Benzin.

An der Preissäule der Tankstelle ist der Preis für 1 l Benzin angegeben. Wie viel Erdgas entspricht dies? Welcher Preis für Erdgas muss daher an der Preissäule angeschrieben sein, damit man die Preise vergleichen kann? Verwende die Angaben vom Februar 2008.

e Trage Informationen zu folgenden Themen zusammen:
- Vergleiche Erdgas- und Benzinfahrzeuge bezüglich Schadstoffausstoss.
- Wie verbreitet sind Erdgasfahrzeuge in der Schweiz?
- Wie lauten die aktuellen Preise für Benzin und für Erdgas?

4.1 Im Achtelfinal der Snowboardweltmeisterschaft 2007 in Arosa traten im Parallelslalom Roland Fischnaller (ITA) und Sigi Grabner (AUT) gegeneinander an. Dieses Duell war spannend. Am Ende siegte Roland Fischnaller mit dem kleinsten möglichen Vorsprung von einer Hundertstelsekunde. Vervollständige die Tabelle.

Name	1. Lauf	2. Lauf	Total
Roland Fischnaller	19.35 s	....	....
Sigi Grabner	....	19.63 s	....
Vorsprung	Grabner: 0.15 s	....	....

4.2 Welche Beziehung stimmt? Kreuze an.

		Mit Zehntelsekunden vergleichen			Mit Hundertstelsekunden vergleichen		
		Weniger als 3 Zehntelsekunden	3 bis 6 Zehntelsekunden	Mehr als 6 Zehntelsekunden	Weniger als 15 Hundertstelsekunden	15 bis 45 Hundertstelsekunden	Mehr als 45 Hundertstelsekunden
Beispiel	*0.26 s*	☒	☐	☐	☐	☒	☐
a	0.05 s	☐	☐	☐	☐	☐	☐
b	0.8 s	☐	☐	☐	☐	☐	☐
c	0.38 s	☐	☐	☐	☐	☐	☐
d	0.5 s	☐	☐	☐	☐	☐	☐
e	1.2 s	☐	☐	☐	☐	☐	☐
f	0.30 s	☐	☐	☐	☐	☐	☐

4.3 Rechne um.

a 3 d = ... h

b $5\frac{1}{2}$ d = ... h

c 1 Woche = ... h

d 110 min = ... h .... min

e 457 min = ... h .... min

f 3600 s = ... h

4.4 Rechne um.

a 7 h = ... min

b $3\frac{1}{4}$ h = ... min

c 8 h 14 min = ... min

d 4:20 h = ... min

e 1 d = ... min

f 344 s = ... min .... s

4.5 Rechne um.

a 4 min = ... s

b 1 h = ... s

c 12 min 44 s = ... s

d 8:13 min = ... s

e $3\frac{1}{5}$ min = ... s

f 26 Zehntelsekunden = ... s

g 144 Hunderstelsekunden = ... s

h 3 Hunderstelsekunden = ... s

4.6↗ Rechne um.

Zeiten umrechnen

4.7 Rechne um.

a 12 m = ... dm = ... cm

b 75 cl = ... l

c 450 kg = ... t

d 157 min = ... h .... min

Gemischte Grössen: Umrechnungen

4.8 Bei den Schweizer Schulmeisterschaften im Triathlon vom 30. August 2007 in Pfäffikon (SZ) mussten die Schülerinnen und Schüler der 1. Oberstufe 250 m schwimmen, 8.4 km Velo fahren und 2.5 km laufen. Die drei Disziplinen wurden ohne Pause unmittelbar nacheinander absolviert.

a Berechne die fehlenden Zeiten der fünf schnellsten Schülerinnen und erstelle die Schlussrangliste.

Name	Schwimmen	Velofahren	Laufen	Total	Schlussrang
Martina	8:18 min	23:29 min	16:33 min	....	....
Jana	7:57 min	23:29 min	20:09 min	....	....
Michelle	9:17 min	25:32 min	....	50:46 min	....
Sarah	9:10 min	....	15:29 min	46:24 min	....
Melanie	....	21:39 min	17:32 min	48:52 min	....

b Die Teilnehmerinnen schwammen zuerst, fuhren dann Velo und liefen zuletzt.
Berechne die fehlenden Angaben.

Name	Startzeit Triathlon	Startzeit Velofahren	Startzeit Laufen	Zielankunft
Martina	10:05:00 Uhr	....	....	....
Jana	....	....	....	10:56:35 Uhr

c Wer führte nach dem Schwimmen, wer führte nach dem Velofahren?
Stelle dazu Zwischenranglisten nach dem Schwimmen und dem Velofahren auf.

Name	Zeit nach dem Schwimmen	Rang nach dem Schwimmen	Zeit nach dem Velofahren	Rang nach dem Velofahren	Schlussrang (von Aufgabe a übertragen)
Martina	8:18 min	....	....	....	....
Jana	7:57 min	....	....	....	....
Michelle	9:17 min	....	....	....	....
Sarah	9:10 min	....	....	....	....
Melanie	9:41 min	....	....	....	....

d Zeichne mit der Tabelle von Aufgabe c für jede Schülerin einen Streckenzug, der den Verlauf der Rangierung zeigt. Starte für jede Schülerin beim mit «Start» markierten Punkt. Notiere neben den Schlussrang den Namen der Schülerin.

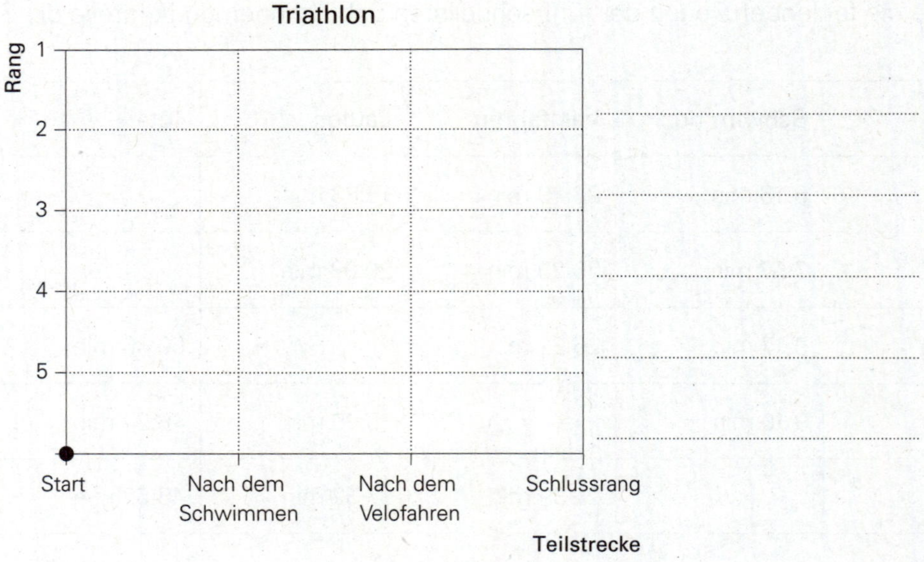

4.9 ↗ Der Marathonlauf wird auf einer Strecke von 42.195 km Länge ausgetragen. Das abgebildete Liniendiagramm zeigt die Jahresweltbestzeiten der Frauen, also für jedes Jahr die schnellste von einer Frau gelaufene Zeit. Vor 1997 lag der Weltrekord bei 2:21:45 h.

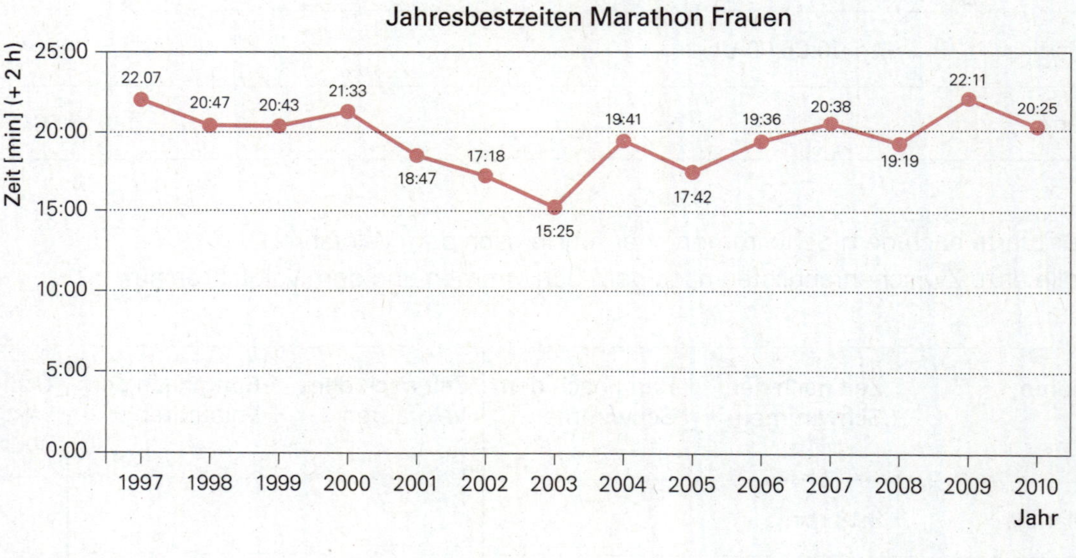

a In welchen Jahren wurde ein neuer Weltrekord gelaufen? Mit welcher Zeit? Beachte zuerst die Beschriftung der vertikalen Achse.

b Beschreibe, wie du diese neuen Weltrekorde im Liniendiagramm erkennst.

5.1↗ Könnte das ungefähr stimmen? Schätze mit Werten aus deiner Erfahrung und mit Rechnungen ab.

a

b

6.1↗ Schätze zuerst und bestimme dann mit Klappmeter und Prozentgummiband:
Wie gross ist der prozentuale Anteil der Teilstrecke an der gesamten Strecke?

a 85 cm von 140 cm

b 20 cm von 1.3 m

c 110 cm von 125 cm

d 8 dm von 1.8 m

6.2 Berechne.

a 20% von 400 cm = ... cm

b 75% von 8 m = ... m

c 35% von 210 mm = ... mm

d 100% von 7 km = ... km

e 29% von 604 cm = ... cm

f 1% von 600 m = ... m

g 50% von 12 mm = ... mm

h 17% von 250 cm = ... cm

Prozentanteile von Längen

6.3↗ Eine Strecke von 1.5 m wird zuerst um 30% gekürzt. Die gekürzte Strecke wird anschliessend um 30% verlängert.

a Bestimme die Länge der gekürzten Strecke mit dem Prozentgummiband möglichst genau. Stelle mit Hilfe des Prozentgummibandes fest, um wie viel verlängert werden muss und berechne die verlängerte Strecke.

b Berechne die Längen der beiden Strecken exakt.

c Erkläre, warum die Resultate der Aufgaben a und b für viele Menschen überraschend sind. Erläutere mit dem Prozentgummiband, wieso die Resultate Sinn machen.

6.4↗ Bei Volkszählungen in der Schweiz wurde untersucht, wie viele Personen gemeinsam in einem Haushalt leben. Das Balkendiagramm unten stellt die entsprechenden Daten für die Jahre 1930, 1960, 1990 und 2000 dar.

Haushaltgrösse (nur Privathaushalte)

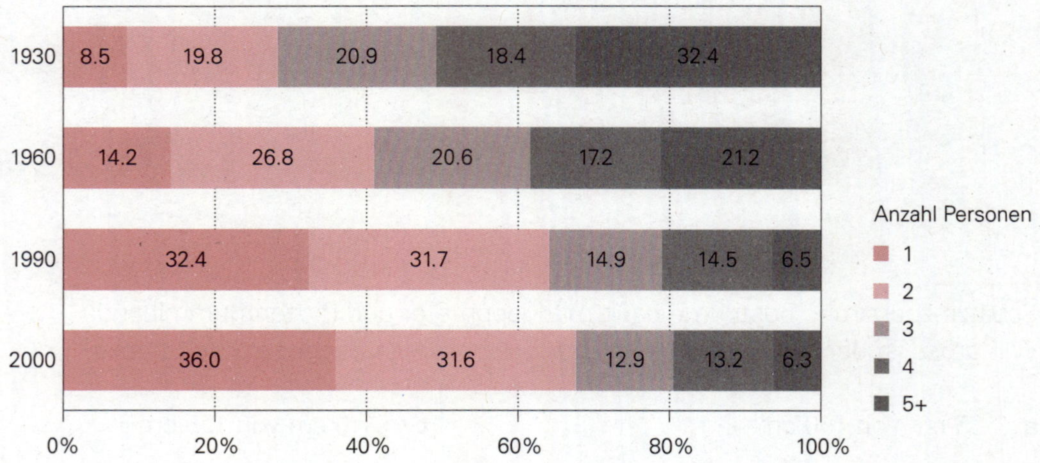

a – Beschreibe, wie das Diagramm aufgebaut ist.
– Warum wurde diese Darstellung gewählt?

b – Welche Entwicklung kannst du aus dem Diagramm herauslesen?
– Notiere mögliche Gründe für diese Entwicklung.

7.1 Der dargestellte «Stab» hat die Länge 1 oder 100%. Fülle die Lücken und skizziere im «Stab».

a 50% = ... / ....

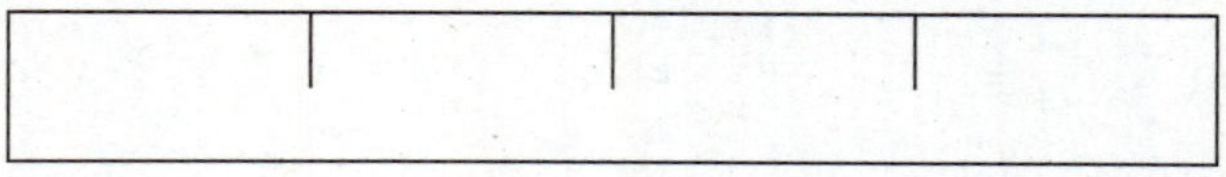

b ....% = $\frac{1}{4}$

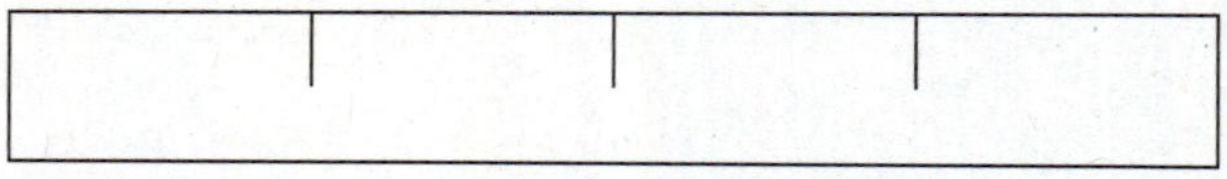

c ....% = ... / ....

d 60% = ... / ....

e ....% = ... / ....

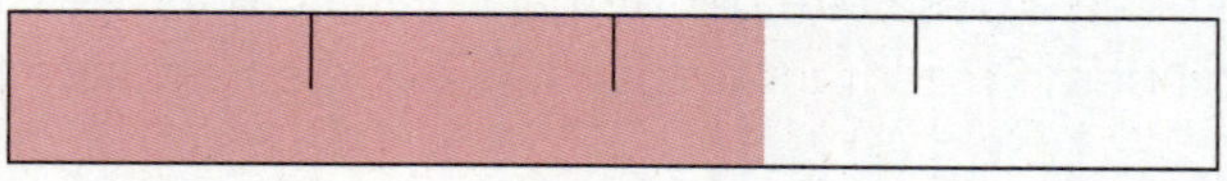

Bruch und Prozent

7.2 Miss bei jeder Aufgabe die Teilstrecken und fülle die Tabelle aus.

a

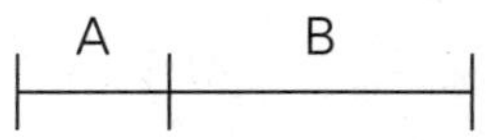

Strecke	Länge	Anteil als Bruch	Anteil in Prozent
Ganze Strecke			
Teilstrecke A			
Teilstrecke B			

b

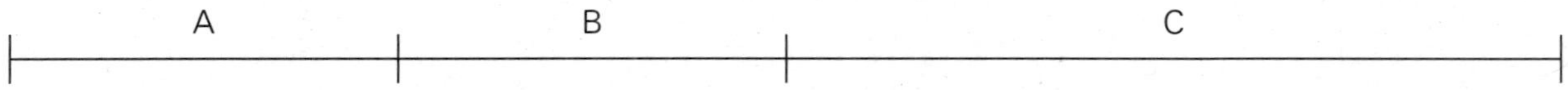

Strecke	Länge	Anteil als Bruch	Anteil in Prozent
Ganze Strecke			
Teilstrecke A			
Teilstrecke B			
Teilstrecke C			

c

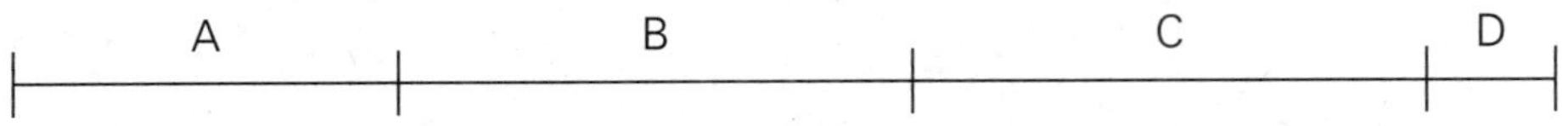

Strecke	Länge	Anteil als Bruch	Anteil in Prozent
Ganze Strecke			
Teilstrecke A			
Teilstrecke B			
Teilstrecke C			
Teilstrecke D			

7.3↗ **a** Zeichne eine Strecke von 1 dm Länge in dein Heft und unterteile sie in drei Stücke, die 10%, 40% und 50% der Strecke darstellen.

b Unterteile eine Strecke von 12 cm Länge in vier Stücke, die 10%, 20%, 25% und 45% darstellen.

c Unterteile eine Strecke von 15 cm Länge in vier Stücke, die 12%, 25%, 30% und 33% darstellen.

d Notiere alle Teilstrecken der Aufgaben a bis c als gekürzten Bruch.

8.1↗ Fruchtgetränke enthalten je nach Bezeichnung unterschiedlich viel Fruchtanteil. Wie viele ml Fruchtanteil enthalten

a 1.5 l Orangensaft (100% Fruchtanteil),

b 1.5 l Orangennektar (50% Fruchtanteil),

c 1.5 l Orangensaftgetränk (35% Fruchtanteil) und

d 1.5 l Orangenlimonade (10% Fruchtanteil)?

8.2 Berechne.

a $\frac{3}{5}$ von 2 m = ... cm

b $\frac{3}{4}$ von 8 dl = ... dl

c $\frac{2}{3}$ von 1 t = ... kg

d $\frac{1}{2}$ von 3 h = ... min

e 23% von 60 cm = ... cm

f 19% von 30 cl = ... ml

g 85% von 300 g = ... g

h 10% von 5 min = ... s

Anteile von Grössen

1 –

2.1 Fussballfelder müssen nicht alle genau gleich gross sein. Die Länge («Seitenlinie») und die Breite («Torlinie») eines Fussballfeldes können je nach Platzverhältnis in einer bestimmten Bandbreite gewählt werden.

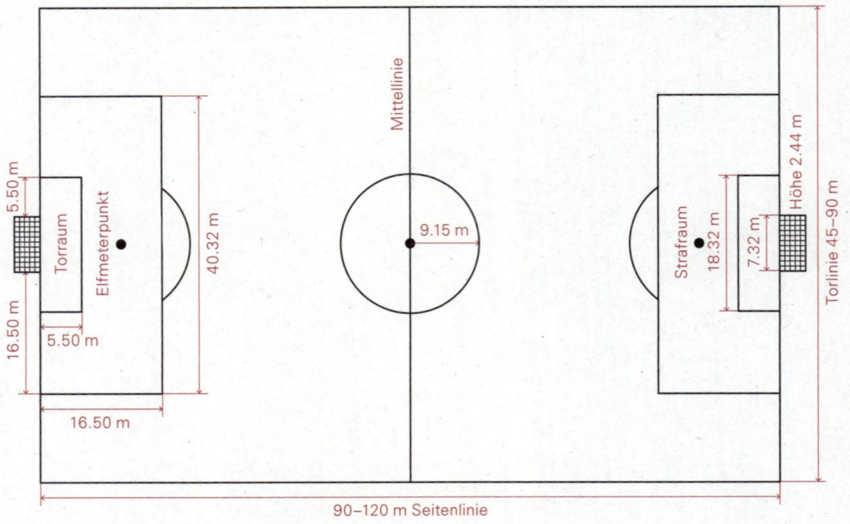

a Wie gross muss ein Fussballfeld mindestens sein? Berechne seinen Flächeninhalt in m^2 und gib dein Resultat auch in Aren an. ....

b Wie viele Aren darf ein Fussballfeld höchstens messen? ....

c Vervollständige und runde dazu auf eine Dezimale:
«Ein Fussballfeld hat ungefähr eine Fläche von .... ha bis .... ha.»

2.2 ↗ Die Grösse eines Fussballfeldes ist nicht exakt vorgeschrieben. Hingegen kannst du in der Zeichnung von Aufgabe 2.1 sehen, dass die Grössen von Straf- und Torraum genau festgelegt sind.

a Berechne den Flächeninhalt des Strafraumes und des Torraumes in m^2.

b Die Grösse des Torraumes kannst du dir gut merken, wenn du statt m^2 die nächst grössere Masseinheit verwendest. Warum?

c Das Fussballspiel stammt ursprünglich aus England, das Fussballfeld wurde mit den damaligen englischen Masseinheiten beschrieben:
- Strafraum 18 Yard breit und 44 Yard lang
- Torraum 6 Yard breit und 20 Yard lang

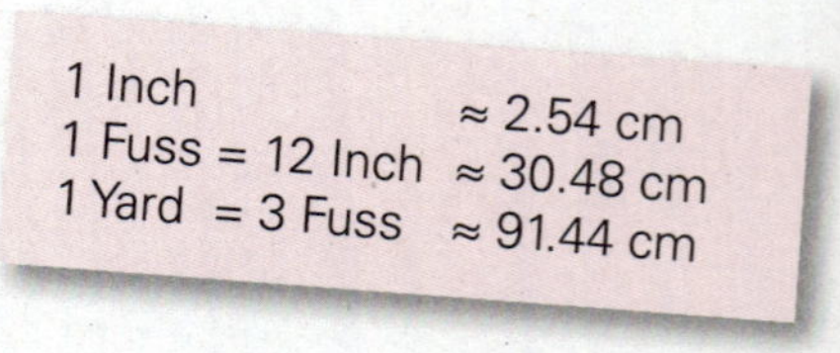

Rechne die Angaben in Meter um und berechne den Flächeninhalt von Straf- und Torraum in m^2.

d Vergleiche die Resultate der Aufgaben a und c. Gib den Flächeninhalt von Straf- und Torraum mit vernünftiger Genauigkeit an.

2.3 Grösse der Spielfelder ausgewählter Sportarten:

Sportart	Länge	Breite	Fläche	
			exakt	gerundet
American Football	109.7 m	48.5 m	.... m^2 = ... a = ... ha	$\frac{1}{2}$ ha
Basketball	28 m	15 m	.... m^2 = ... a	....
Beachvolleyball	16 m	8 m	.... m^2 = ... a	....
Eishockey (maximal)	61 m	30 m	.... m^2 = ... a	....
Feldhockey/ Landhockey	91.4 m	55 m	.... m^2 = ... a = ... ha	....
Fussball (FIFA-Norm)	105 m	68 m	.... m^2 = ... a = ... ha	....
Handball	40 m	20 m	.... m^2 = ... a	....
Tennis (Doppel)	23.77 m	10.97 m	.... m^2 = ... a	....
Tischtennis	2.74 m	1.525 m	.... m^2	....
Volleyball	18 m	9 m	.... m^2 = ... a	....

a Berechne für die ausgewählten Sportarten die Spielfeldgrössen und trage sie in der Tabelle in der Spalte «Fläche exakt» ein.

b Die folgenden Flächeninhalte gehören in die letzte Spalte der Tabelle. Für American Football ist die gerundete Fläche bereits eingetragen. Ordne richtig zu.

4 m^2, $1\frac{1}{4}$ a, $1\frac{1}{2}$ a, $2\frac{1}{2}$ a, 4 a, 8 a, 18 a, $\frac{1}{2}$ ha, $\frac{3}{4}$ ha

c Vergleiche die Flächen folgender Spielfelder miteinander. Setze natürliche Zahlen ein.

Das Spielfeld beim Tennis ist circa .... mal so gross wie das Spielfeld beim Tischtennis.

Das Spielfeld beim Handball ist circa .... mal so gross wie das Spielfeld beim Tischtennis.

Das Spielfeld beim Handball ist circa .... mal so gross wie das Spielfeld beim Volleyball.

Das Spielfeld beim Handball ist circa .... mal so gross wie das Spielfeld beim Basketball.

Das Spielfeld beim Fussball ist circa .... mal so gross wie das Spielfeld beim Beachvolleyball.

2.4 **a** Bestimme den Flächeninhalt der drei Rechtecke.

A

B

C

b Übertrage die Resultate von Aufgabe a. Rechne die Flächeninhalte von A, B und C auch noch in Grössen mit den angegebenen Flächenmassen um.

A: …………… mm^2 = …………… cm^2 = …………… cm^2 …………… mm^2

B: …………… mm^2 = …………… cm^2 = …………… cm^2 …………… mm^2

C: …………… mm^2 = …………… cm^2 = …………… cm^2 …………… mm^2

2.5

a

2.4 m^2	=	……………	dm^2
0.804 km^2	=	……………	ha
1.69 cm^2	=	……………	mm^2
6.047 a	=	……………	m^2

b

3409 mm^2	=	……………	cm^2
502.4 a	=	……………	ha
40.9 Mio. m^2	=	……………	km^2
72 400 cm^2	=	……………	m^2

c

6 m^2 13 dm^2	=	……………	dm^2
12 ha 9 a	=	……………	a
1 km^2 7 ha	=	……………	ha
2 cm^2 13 mm^2	=	……………	mm^2

d

25 cm^2 10 mm^2	=	……………	cm^2
8 km^2 19 ha	=	……………	km^2
45 a 16 m^2	=	……………	a
72 m^2 325 cm^2	=	……………	m^2

Flächen umrechnen

3.1↗ Aus Anlass eines grossen Fussballereignisses liess eine Firma in Deutschland ein ganzes Fussballfeld mit Bällen auslegen, um ins Guiness-Buch der Rekorde aufgenommen zu werden.

Wie viele Bälle wurden ungefähr ausgelegt?

Übrigens: 320 Leute schafften das Auslegen des Fussballfeldes in knapp $5\frac{3}{4}$ Stunden.

3.2↗ Die Oberfläche einer Discokugel besteht aus lauter kleinen, quadratischen Spiegelchen.

a Wie viele Spiegelchen bilden die Oberfläche der Discokugel unten?
Suche eine günstige Vorgehensweise, wie du diese Anzahl näherungsweise bestimmen kannst.
Beschreibe dein Vorgehen und deine Berechnungen.

b Natürlich hängt die Anzahl Spiegelchen von der Grösse der Kugel ab. Häufig werden Discokugeln mit einem Durchmesser von 31 cm und einer Oberfläche von ungefähr 30.19 dm^2 benützt.
Berechne, wie viele Spiegelchen von 1 cm^2 näherungsweise die Oberfläche bedecken.

c Manchmal werden auch quadratische Spiegelchen mit einer Seitenlänge von 5 mm benützt.
Wie viele solche Spiegelchen würden näherungsweise auf der Oberfläche von 30.19 dm^2 kleben?

3.3 ↗ Wie gross ist die Fläche der grösseren Seen im Kanton Zürich?
Aus verschiedenen Internetseiten kann man sich folgende Informationen zusammenstellen:

Zürichsee	90.1 km^2	Türlersee	0.49 km^2	Hüttnerseeli	0.165 km^2
Greifensee	8.6 km^2	Katzensee	0.36 km^2	Egelsee	35 000 m^2
Pfäffikersee	3.3 km^2	Lützelsee	12.8 ha		

a Bestimme die Gesamtfläche aller oben aufgeführten Seen.

b Suche Gründe, warum du daran zweifeln musst, dass dein Ergebnis von Aufgabe a richtig sein kann – auch wenn du dich nicht verrechnet hast.
Beachte beispielsweise die Anzahl Dezimalstellen der Angaben, und dass man im Internet auch leicht andere Angaben finden kann:

Zürichsee 88.66 km^2 Greifensee 8.4 km^2

c Wie lautet nun deine Antwort auf die Frage:
«Wie gross ist die Gesamtfläche der grössten acht Seen im Kanton Zürich?»

4 –

5.1

a	4.702 m^3	=	dm^3	**c**	1 m^3 943 dm^3	=	dm^3
	0.004391 km^3	=	m^3		17 cm^3 9 mm^3	=	mm^3
	1.690 cm^3	=	mm^3		1 km^3 7 Mio. m^3	=	m^3
	2.047 dm^3	=	cm^3		52 cm^3 13 mm^3	=	mm^3
b	9609 mm^3	=	cm^3	**d**	5 cm^3 10 mm^3	=	cm^3
	502.40 dm^3	=	m^3		16 km^3 8 Mio. m^3	=	km^3
	819 Mio. m^3	=	km^3		42 m^3 20 dm^3	=	m^3
	1 072 400 cm^3	=	m^3		4 m^3 16 500 cm^3	=	m^3

Volumen umrechnen

6.1 Rechne um.

a	4 l	=	....	dm^3	**b** 25 dm^3	=	....	l
	15 ml	=	....	cm^3	76 m^3	=	....	hl
	3050.4 l	=	....	m^3	470.3 cm^3	=	....	cl
	43.5 cl	=	....	cm^3	17.6 cm^3	=	....	ml

Raummasse und Hohlmasse

7.1↗ a Das grösste Meeres-Aquarium der Welt befindet sich in Atlanta (USA).
Das Aquarium ist 18.5 m breit und 178 m lang. Das Wasser steht 7 m hoch im Aquarium.

- Wie viele m^3 Wasser enthält das Aquarium?
- Wie viele Millionen Liter Wasser sind das?

b Ein Bastler hat aus einer Vogelfressschale das kleinste Aquarium der Welt hergestellt (siehe Bild). Es enthält rund 100 ml Wasser. Welchen Bruchteil von einem Liter Wasser fasst dieses Aquarium?

c Nimm an, die Grundfläche des Aquariums von Aufgabe b betrage 5 cm auf 4 cm. Wie hoch steht das Wasser in diesem Aquarium?

d Nimm an, die Grundfläche des Aquariums von Aufgabe c messe 6 cm auf 4 cm. Wie hoch steht das Wasser in diesem Fall?

7.2 **a** Die Tabelle zeigt, wie viel Wasser jeder Mensch in der Schweiz jeden Tag im Durchschnitt verbraucht. Vervollständige.

	Durchschnittlicher Wasserverbrauch in Liter pro Person und Tag	Durchschnittlicher Wasserverbrauch in % des Tagesverbrauchs
Toilettenspülung	47.8	29.5
Baden, Duschen	....	....
Waschmaschine	30.1	18.6
Kochen, Trinken, Abwaschen	....	15.0
Körperpflege, Waschen von Hand, Putzen	20.7	12.8
Sonstiges (Gartengiessen usw.)	3.7	2.3
Geschirrspüler	....	2.2
Tagesverbrauch total	162	100

b Ergänze im Diagramm die angefangenen Säulen.

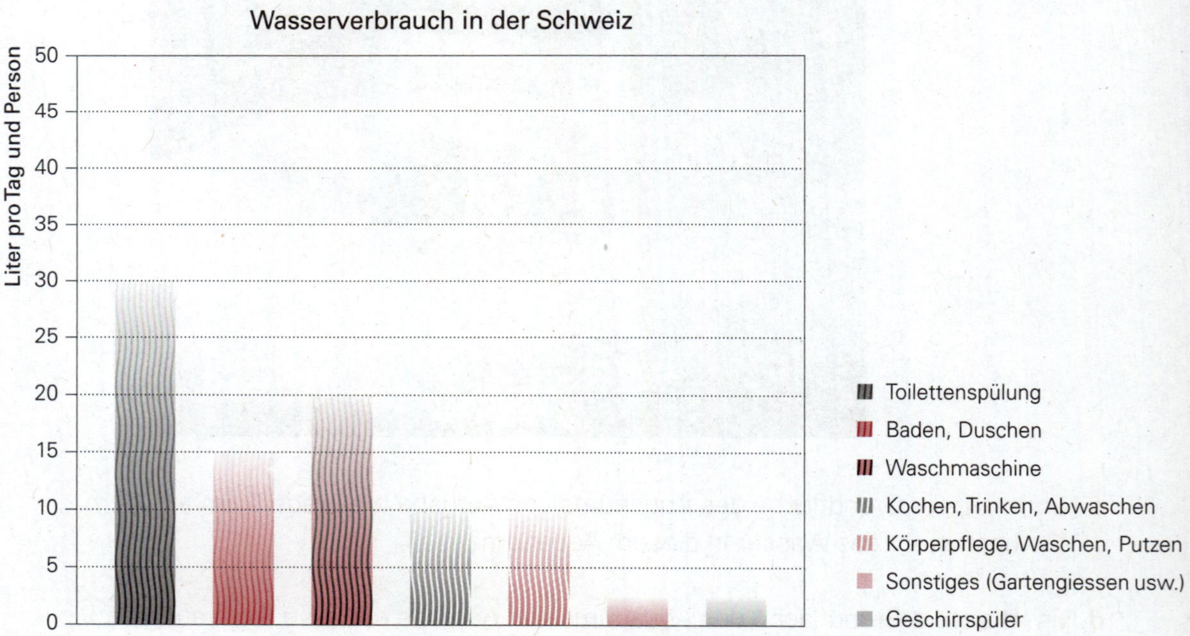

c Nimm für die Schweiz eine Einwohnerzahl von 8 Mio. Personen an.
- Berechne den Tagesbedarf an Wasser in m^3, den alle Bewohner der Schweiz täglich benötigen.
- Berechne den Bedarf in km^3 für ein ganzes Jahr. Runde vernünftig.

....

....

d In der Aufgabe 7 im Themenbuch wird der Wasserverbrauch im Jahr 2000 pro Person und Tag mit 400 l aufgeführt.
- Wie gross ist der Unterschied zur Angabe in dieser Aufgabe?
- Was ist der Grund für diesen Unterschied? Beachte den Aufgabentext im Themenbuch.

....

....

7.3↗ Im Prospekt einer Firma, die Abfallcontainer herstellt, ist die folgende Tabelle abgebildet:

Inhalt Liter	Höhe mm	Länge mm	Breite mm	Leergewicht kg	Füllmenge 35-l-Säcke
800	1240	1300	870	110	16
600	1240	1300	695	100	12
400	895	1300	696	85	7

a Der quaderförmige Innenraum des Abfallcontainers hat die folgenden Masse:
Höhe h = 96 cm Länge l = 113 cm Breite b = 73 cm

Berechne das Volumen des Behälters in dm^3.
Welchem Bruchteil eines Kubikmeters entspricht das ungefähr?

b Rechne dein Resultat von Aufgabe a in Liter um.
Um welchen Container der Tabelle handelt es sich? Gib den Inhalt an.

c Berechne, wie viele «35-l»-Abfallsäcke in einem «800-l»-Abfallcontainer Platz haben.
Wie erklärst du dir den Unterschied zur angegebenen Zahl in der Tabelle?

d Wie gross muss die Fläche sein, worauf der Container abgestellt werden kann?
Entnimm die nötigen Angaben der Tabelle und berechne die Fläche in m^2.

e Schätze zuerst und rechne dann aus:
Wie viele m^3 Raum nimmt der gesamte «800-l»-Abfallcontainer laut den Angaben in der Tabelle ein?

1 –

2.1 Für diese Aufgabe benötigst du einen Würfel mit Klett-Haftstreifen. Du kannst ihn selber herstellen.

- Schneide aus stabilem Karton (1.5 mm bis 2 mm dick) sechs gleich grosse Quadrate (5 cm × 5 cm).
- Schneide für jede Kante des Würfels je ein Stück (ungefähr 2 cm lang) «positives» und «negatives» Klettband ab.
- Falte und befestige die Klettstücke, zum Beispiel mit Heftklammern, an den Quadratseiten. *Achtung:* An zwei gegenüberliegenden Quadratseiten zwei «positive» und an den anderen zwei Seiten zwei «negative» Klettstücke befestigen.

a Setze die sechs Kartonquadrate zu zwei, drei oder vier verschiedenen Würfelnetzen zusammen und bilde jeweils den Würfel.

b Sechs Quadrate kann man auf 35 verschiedene Arten zusammensetzen; aber nur .... davon sind Würfelnetze.
Setze deine Quadrate auf drei verschiedene Arten so zusammen, dass du *keinen* Würfel bilden kannst. Skizziere deine Figuren und begründe, warum es nicht geht.

2.2 Du kannst fünf Quadrate auf zwölf verschiedene Arten zusammensetzen; vier davon siehst du in den Aufgaben a bis d. Wenn du noch ein weiteres Quadrat hinzufügst, könnte ein Würfelnetz entstehen. Ergänze also auf möglichst viele Arten, damit ein Würfelnetz entsteht.
Wie viele verschiedene Würfelnetze findest du?

a

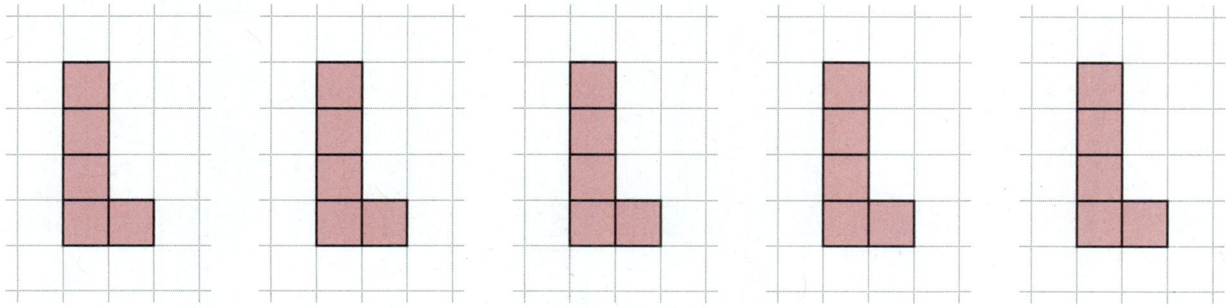

Anzahl gefundener Würfelnetze: ....

b

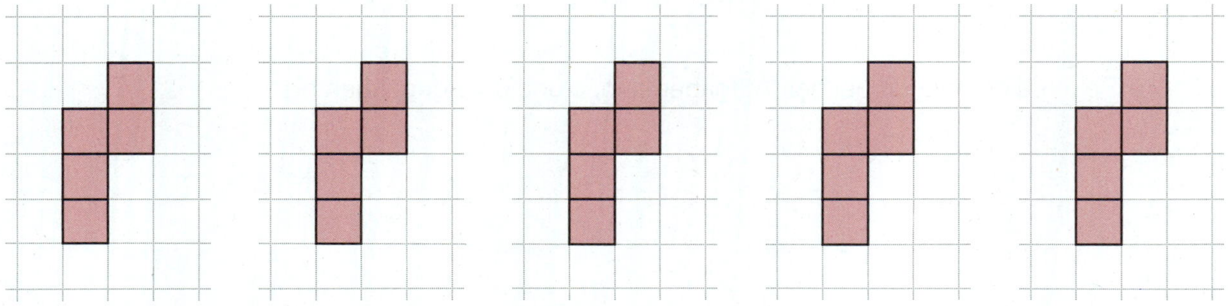

Anzahl gefundener Würfelnetze: ....

c

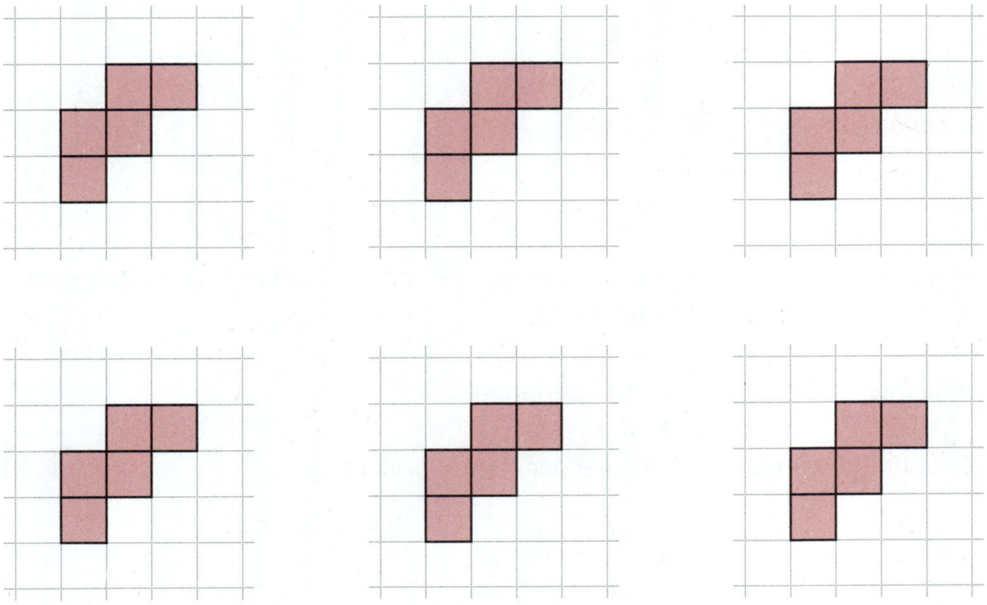

Anzahl gefundener Würfelnetze: ....

d

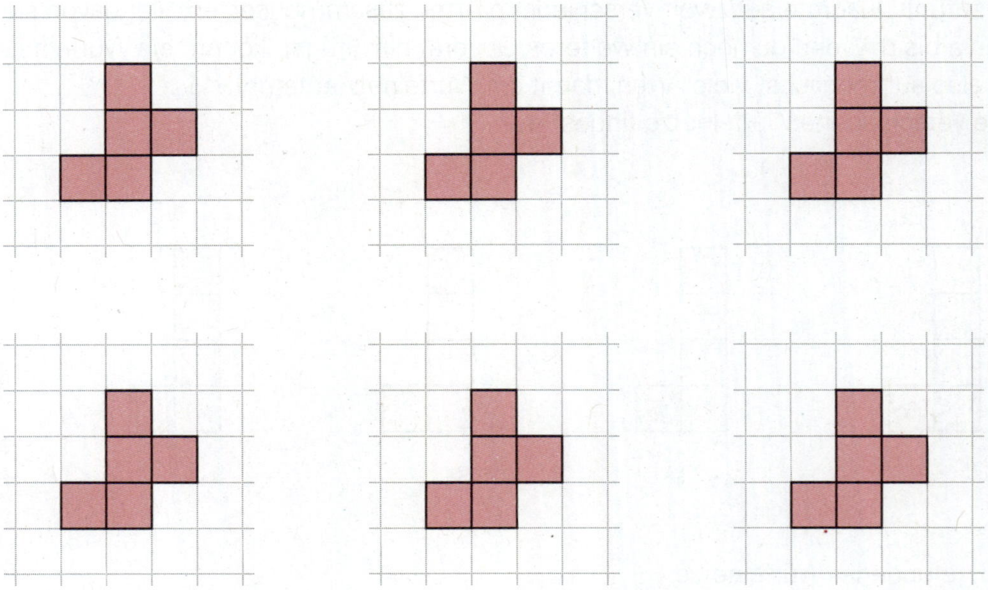

Anzahl gefundener Würfelnetze: ....

e Beschreibe, wie du bei den Aufgaben a, b, c und d vorgegangen bist.

....

....

....

f Sind unter den Lösungen von a, b, c und d alle Würfelnetze zu finden?

....

Würfelnetze

2.3 Für das Öffnen einer (verpackten) Zündholzschachtel und das Auffalten zum Netz sind .... Schnitte nötig (siehe Themenbuchaufgabe 1).

Zündholzschachteln sind, mathematisch betrachtet, ...

a Wie viele Schnitte wären bei einem (verpackten) Würfel nötig?

....

b Hängt die Anzahl Schnitte davon ab, welches Würfelnetz man herstellen will?
Nenne Gründe für deine Antwort.

....

....

....

c Markiere bei den folgenden Würfelnetzen mit der gleichen Farbe und einer gemeinsamen Nummer, welche beiden Quadratseiten vor dem Aufschneiden eine gemeinsame Kante gebildet haben.

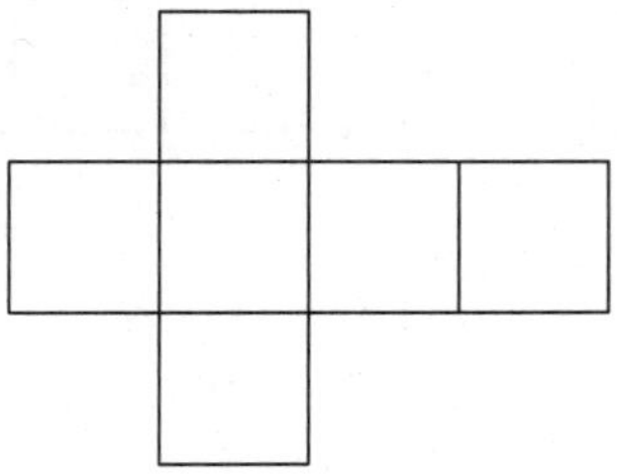

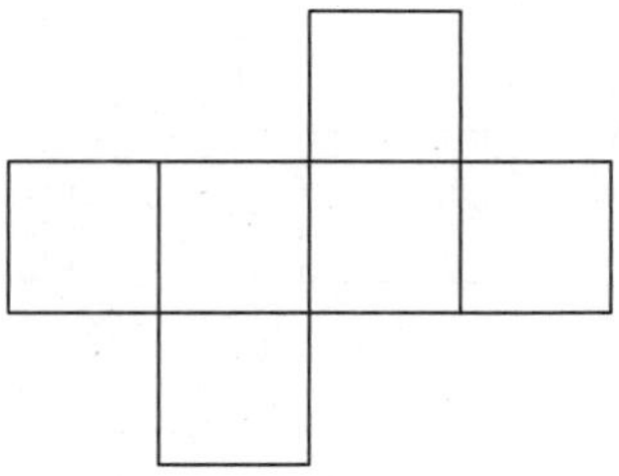

2.4 Willst du einen Würfel aus einem seiner Netze herstellen und auf seiner Oberfläche keine Klebestreifen oder kein Malerband anbringen, so musst du vor dem Ausschneiden Klebelaschen einplanen.

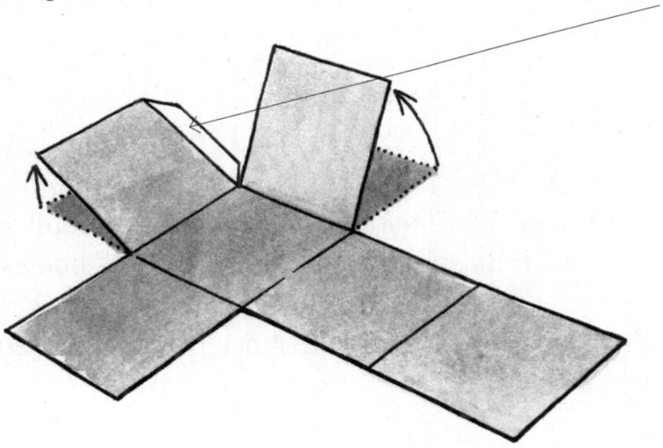

a Wie viele solcher Klebelaschen sind nötig, wenn alle Kanten des Würfels verleimt sein sollen? Begründe.

....

....

b Skizziere bei den folgenden Würfelnetzen die Klebelaschen.
Wenn du an die Herstellung des Würfels denkst: Gibt es Vor- oder Nachteile für die Wahl der Stellen am Netz, bei denen du die Laschen anbringst?

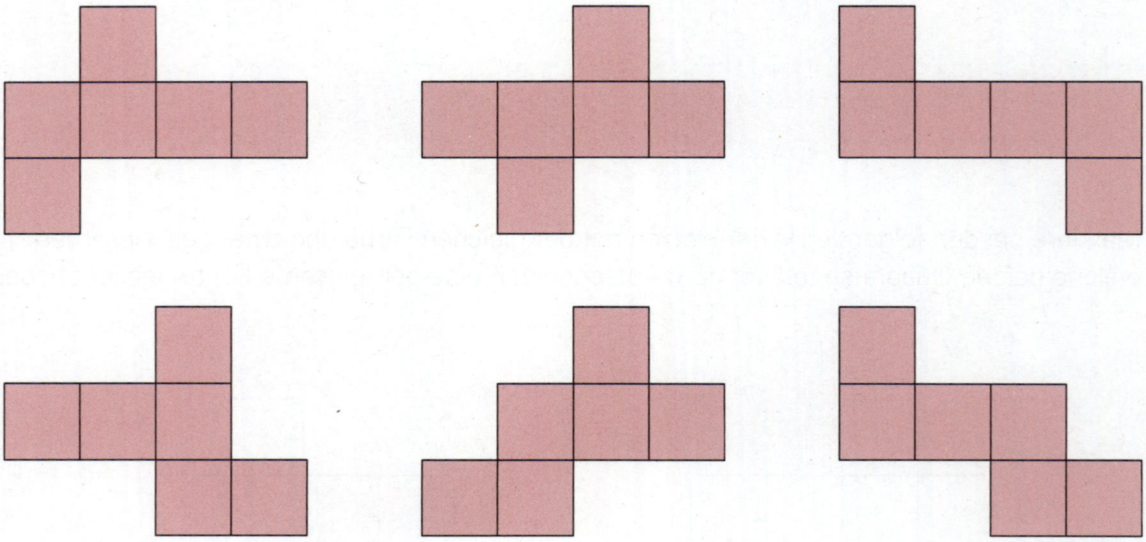

Klebelaschen

2.5↗ Beschaffe dir eine quaderförmige, leere Kartonschachtel für Teebeutel. Finde heraus, wie die Verpackungsindustrie bei diesem Beispiel das Problem mit den Klebelaschen gelöst hat.

a Öffne vorsichtig alle Klebelaschen. Skizziere dann das Netz mit den angefügten Klebelaschen und markiere diese mit Farbe.

b Beschreibe wesentliche Unterschiede zwischen der Lösung hier und deinen Lösungen bei den Würfelnetzen in der Aufgabe 2.4.
Wie erklärst du diese Unterschiede?

2.6 Stelle den Würfel in Gedanken auf sein Netz, das darunter gezeichnet ist.
Markiere im Netz die drei roten, nummerierten Kanten und setze die Nummern hinzu.

a

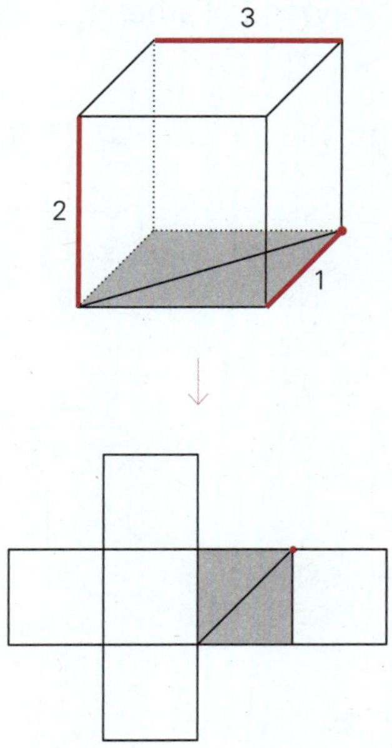

b

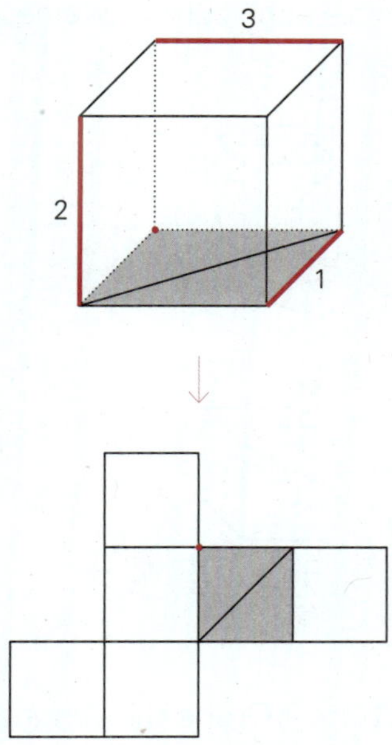

c

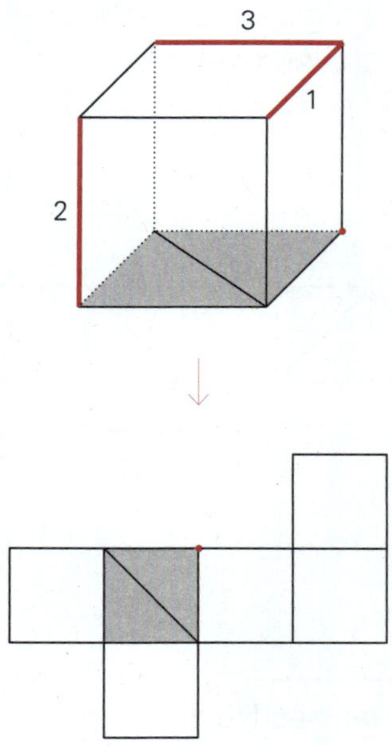

d

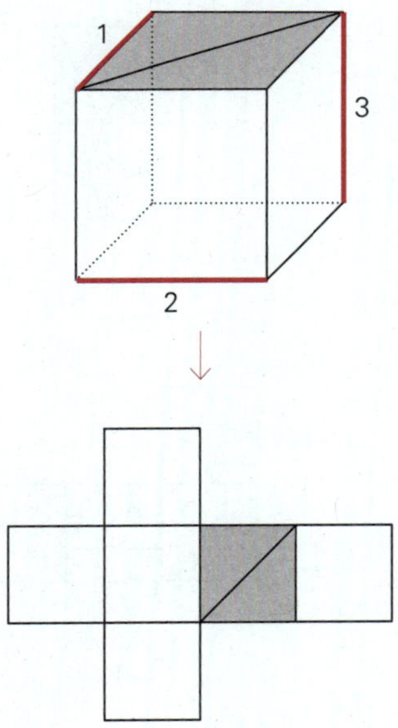

e

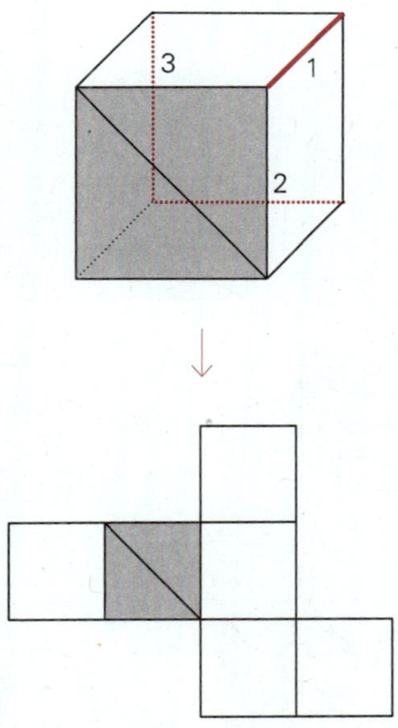

f

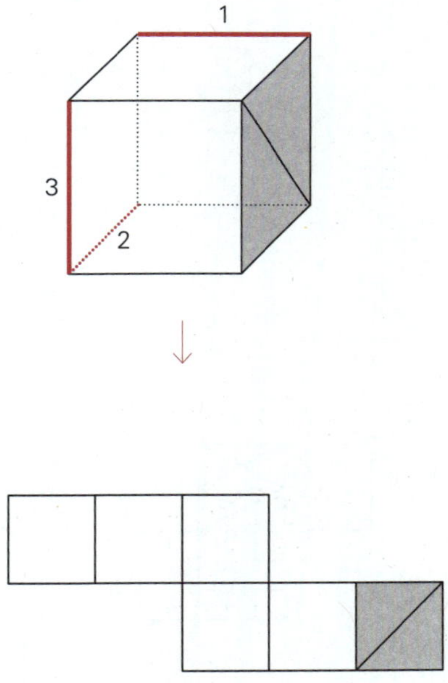

2.7 Das Netz unten zeigt dir die Muster auf der Oberfläche eines Würfels.
- Kreuze für jeden Würfel an, ob er sich mit diesem Würfelnetz herstellen lässt.
- Betrachte diejenigen Würfel, die sich nicht mit diesem Netz herstellen lassen. Ändere sie auf möglichst einfache Weise, sodass sie auch zum Würfelnetz passen. Verwende Farben für die Änderungen.

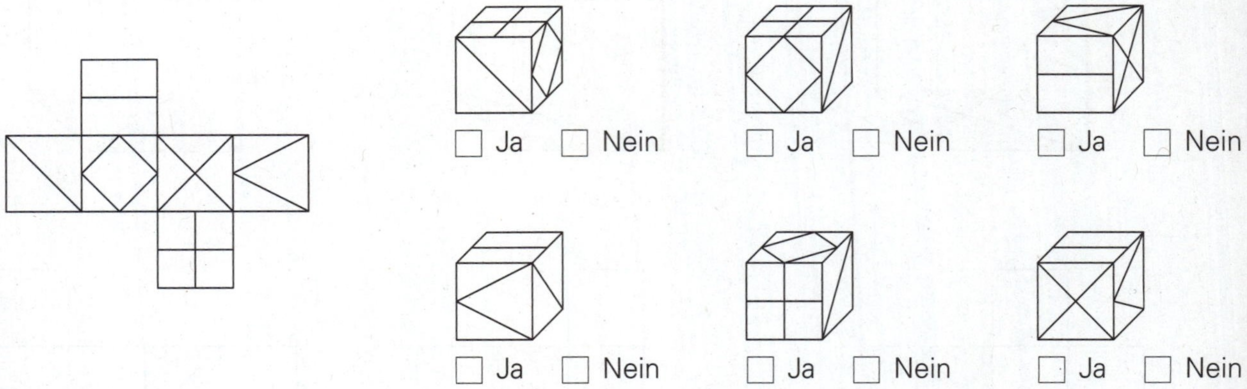

2.8 Welches Netz gehört zu welchem Würfel? Ordne mit Verbindungslinien zu.
Beachte, dass einer der Würfel zu zwei Netzen passt.

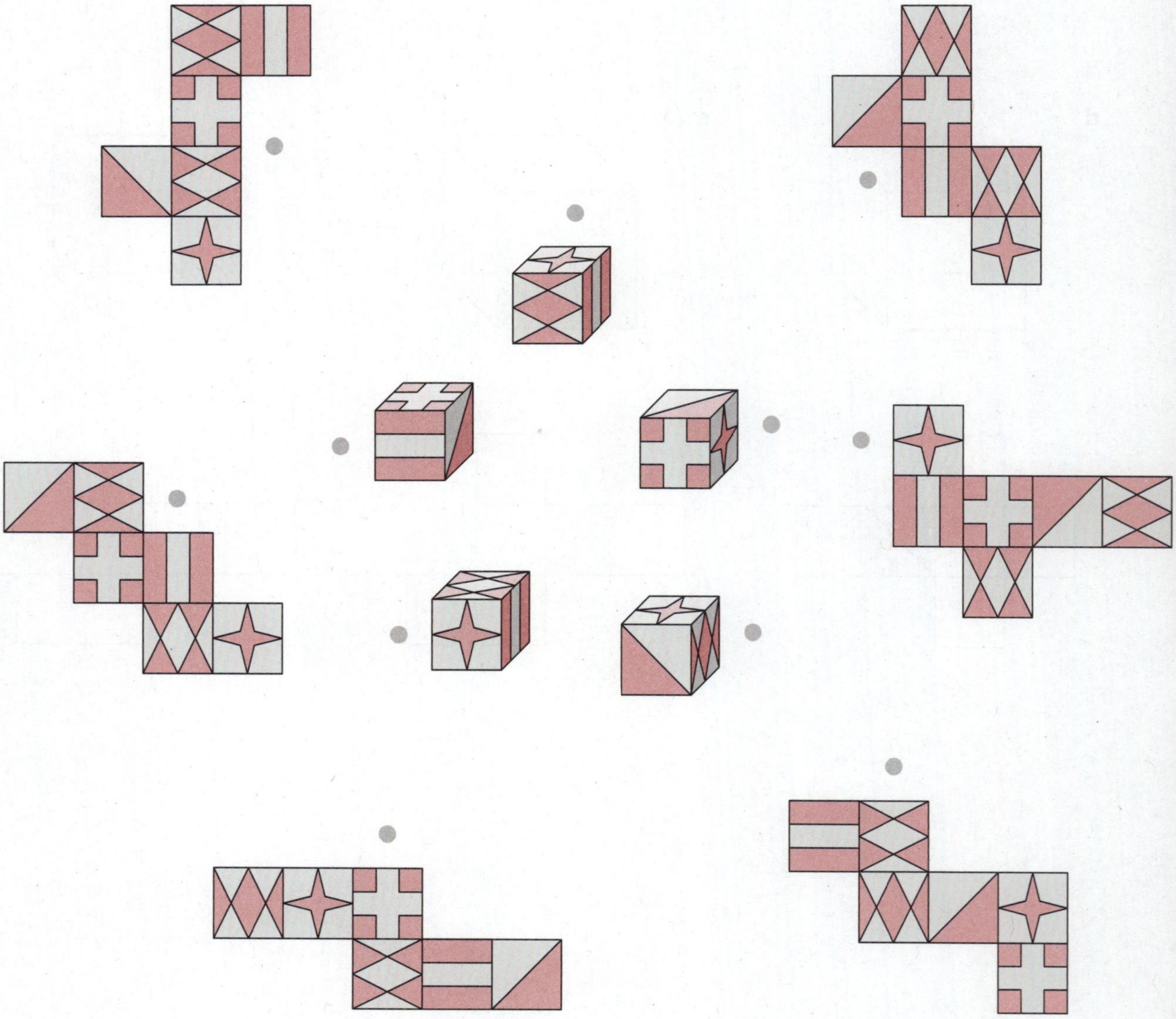

3.1 **a** Wenn du eine «Körper-Verpackung» öffnest, so schneidest du entlang

von .... jeweils von .... zu ....

Die .... des Körpers kannst du dann alle in die Ebene legen;

das .... des Körpers entsteht.

b Bei vielen Körpern kannst du auch gut zwischen **Grundfläche, Deckfläche** und **Seitenflächen** unterscheiden.

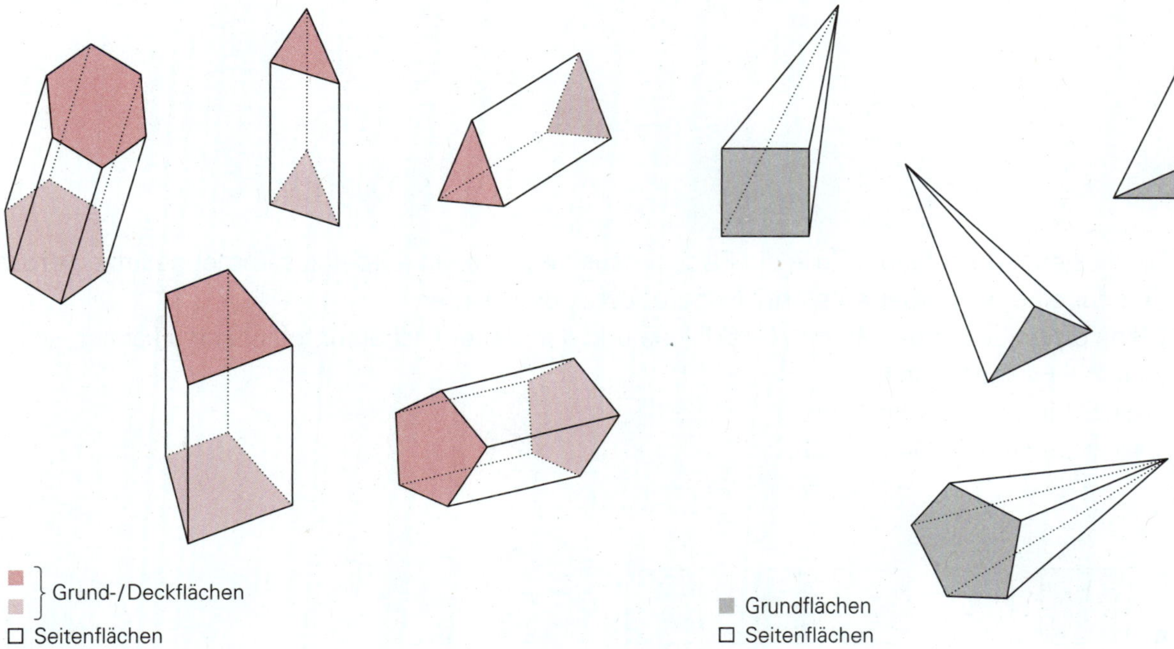

Was ist in diesem Zusammenhang der wesentliche Unterschied zwischen Prismen und Pyramiden? Wie kannst du bei Pyramiden und Prismen entscheiden, was Grund-/Deckfläche und was Seitenflächen sind?

....

....

....

c Die Pyramide oben rechts aussen nennt man **Tetraeder.**
Ihr Netz sieht so aus:
Diese Pyramide ist ein Spezialfall. Warum?

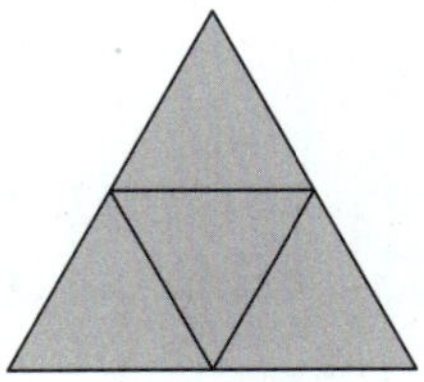

....

....

....

d Bei Würfel und Quader macht es wenig Sinn, von *der* Deck- und *der* Grundfläche zu sprechen. Warum?

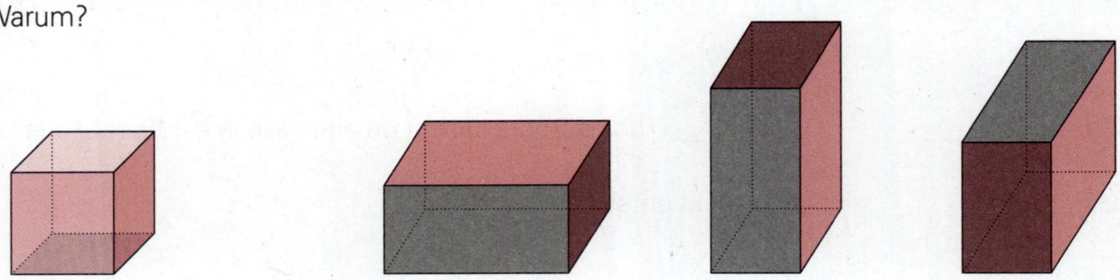

....

....

....

3.2 Unten siehst du auf jeder Zeile die Flächen, aus denen je ein Körper zusammengesetzt werden kann. Was für eine Art Körper entsteht? Notiere rechts den Namen.
Wenn du zwischen der Grund-/Deckfläche und den Seitenflächen unterscheiden kannst, so schreibst du in die Flächen hinein

- ein **S** für Seitenfläche oder
- ein ∗ für Grund-/Deckfläche.

a 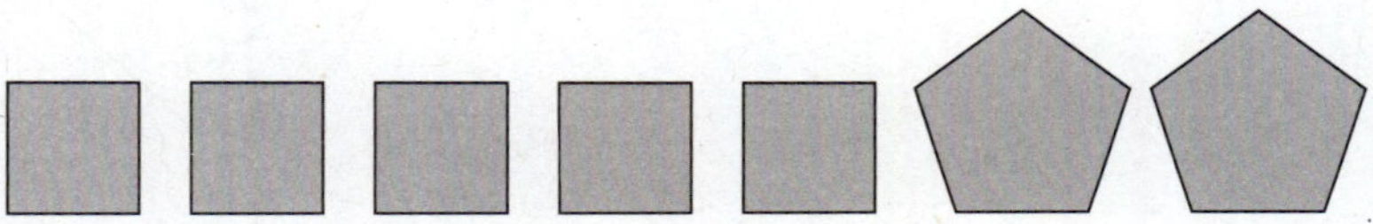 ....

b  ....

c 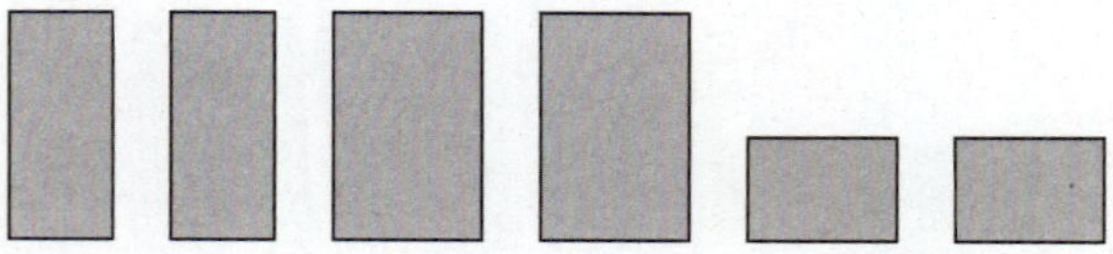 ....

d 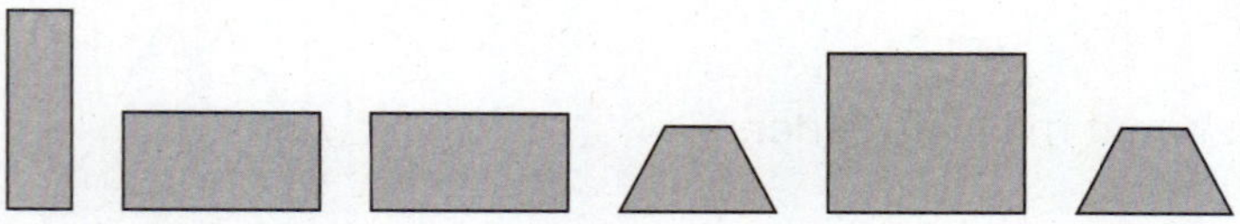 ....

e 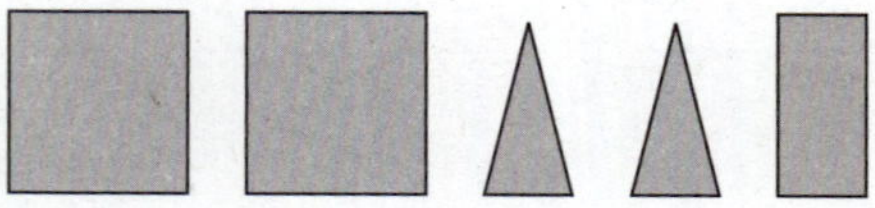 ....

f 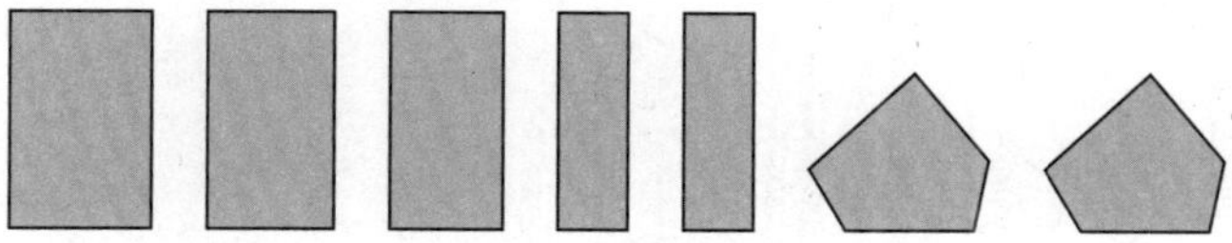 ....

g 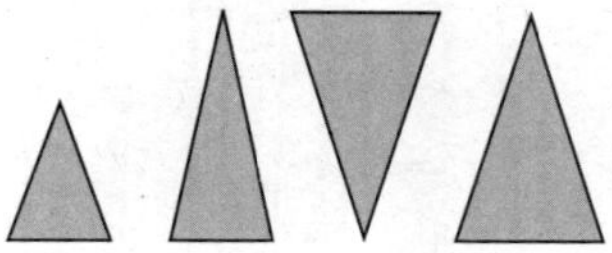 ....

4.1 Beim Einkaufen begegnest du ihnen immer wieder, den Getränkeverpackungen «Tetra Pak». In einer Verpackungsfabrik in Schweden wurde diese Art Verpackung um 1950 entwickelt.

a Die ersten «Tetra Pak» hatten die Form rechts: An welchen geometrischen Körper erinnert dich diese Form?

....

b Warum nennt sich die Firma wohl «Tetra Pak»?

....

....

c Für die Herstellung und das Abfüllen ist diese Form besonders einfach und daher gut geeignet: Papier mit einer dünnen Kunststoffschicht wird in Schlauchform hergestellt. Ein Heizelement klemmt den Schlauch ab. Das Getränk fliesst in den Schlauch und ein zweites Heizelement verschweisst den Schlauch ein zweites Mal.
Markiere in der Abbildung oben die beiden Schweissnähte. Beschreibe die gegenseitige Lage der beiden Heizelemente.

....

....

4.2 Bild 1: Würfelzucker, wie du ihn kennst

Bild 2: Zwei Zuckerpackungen aus Indien

Was fällt dir auf?
Was meinst du dazu?

5.1 **a** Welche Körper kannst du mit diesen Netzen herstellen? Notiere die Namen.

A .... B .... C .... D ....

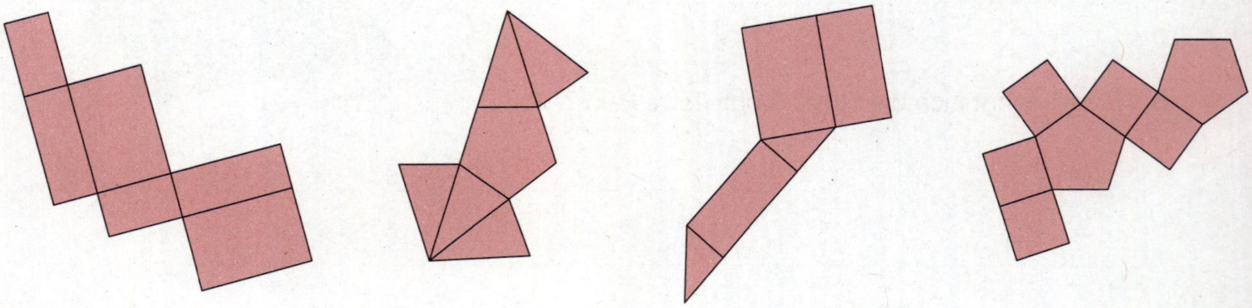

Anzahl Klebelaschen

....

b Markiere in den Netzen mit einer Farbe die Seiten der Vielecke, bei denen du eine Klebelasche anfügen würdest. Wähle für jede Lasche eine der zwei möglichen Seiten aus.

c Wie viele Klebelaschen sind nötig, damit alle Kanten «verleimt» sind?
Trage die Anzahl bei der Aufgabe a ein.

5.2 Der gleiche Körper kann verschiedene Netze aufweisen.

a Skizziere noch zwei weitere Netze für diesen Körper.

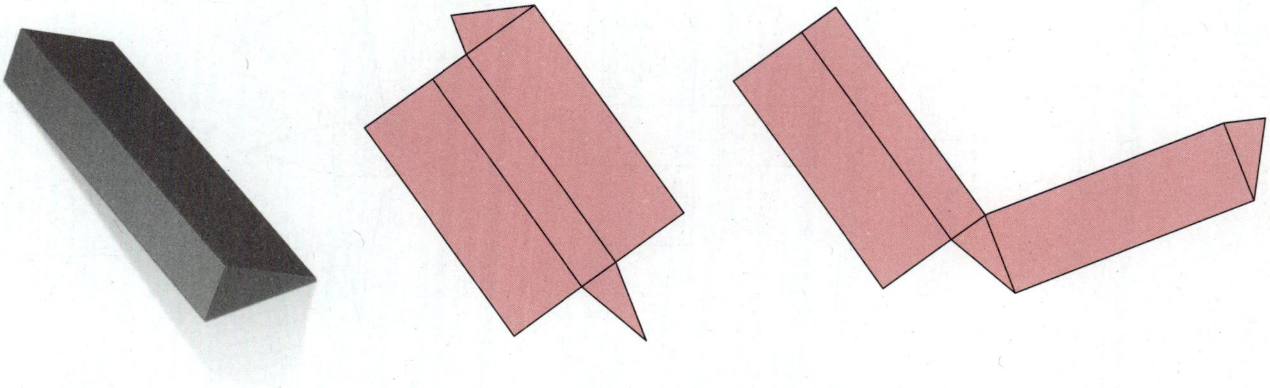

b Wähle im Themenbuch in der Aufgabe 5 das Netz eines Quaders, Prismas oder einer Pyramide aus und skizziere zwei weitere Netze dieses Körpers.

5.3 **a** Die folgenden Figuren sind keine Körpernetze. Du kannst sie durch kleine Korrekturen jedoch so verändern, dass sie zu Körpernetzen werden. Skizziere deine Änderungen mit Farbe und notiere den Namen des zugehörigen Körpers.

A

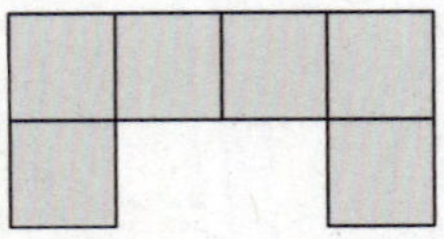

B

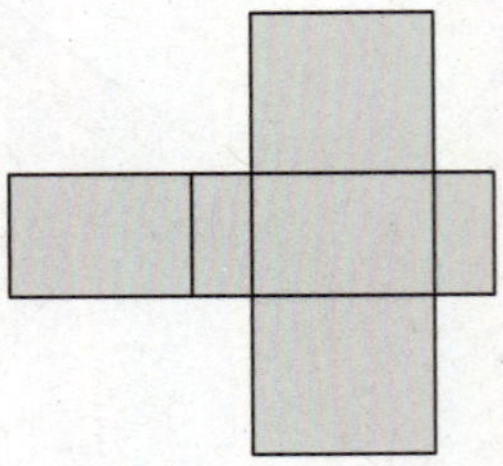

C

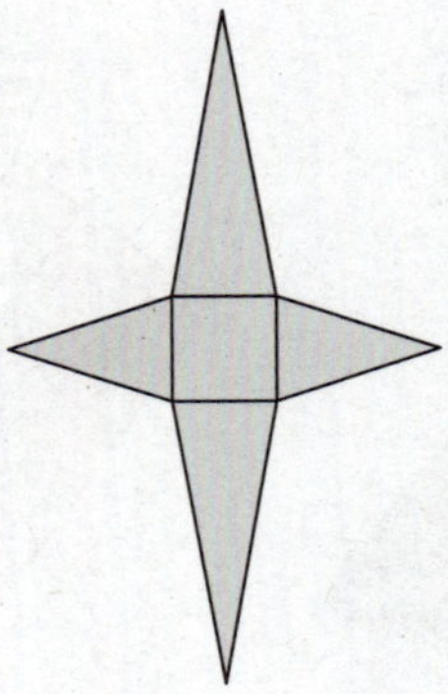

D

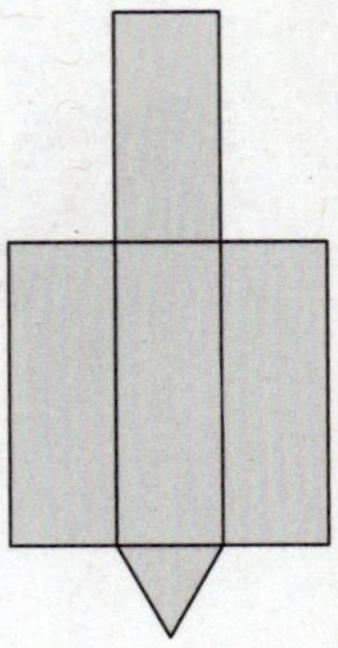

b Skizziere für die Körper B, C und D je noch ein anderes Netz.

6.1 ↗ Untersuche den Zusammenhang zwischen Prisma, Quader und Würfel.

Quader
Prismen 1
Prismen 2

6.2 Bei diesem Körper – er heisst **Oktaeder** – sind alle Dreiecke kongruent und gleichseitig.

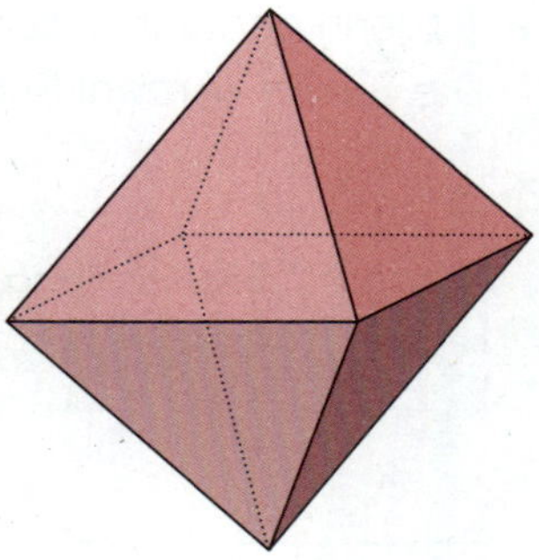

a Er ist weder ein Prisma noch eine Pyramide.
Nenne Gründe dafür.

b Stelle dir vor, er sei aus zwei Körpern zusammengesetzt. Beschreibe diese beiden Körper.

7.1 Du kannst mit dieser Aufgabe etwas entdecken, das der berühmte Schweizer Mathematiker Leonhard Euler (1707–1783) erstmals beschrieben hat. Diese Entdeckung ist so bekannt geworden, dass sie heute in jedem guten mathematischen Formelbuch erwähnt wird.

A

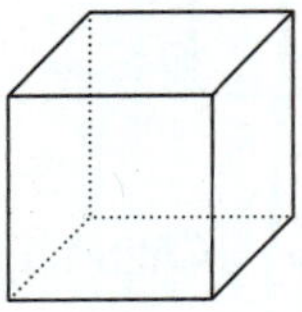

B

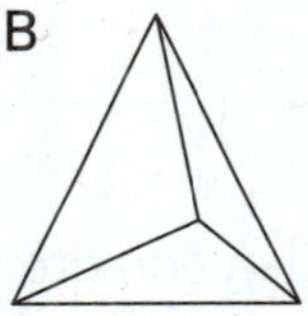

D

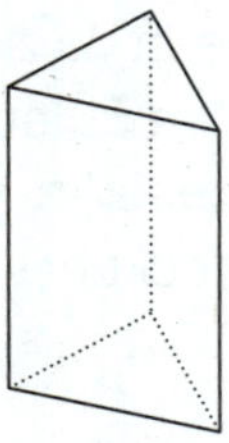

C

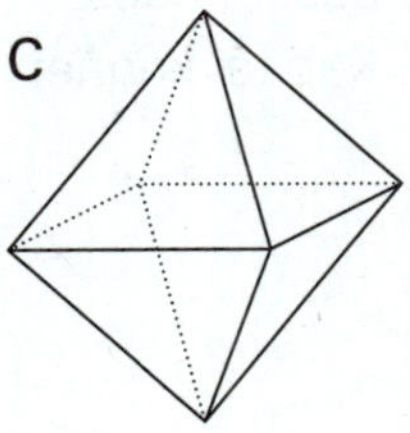

E

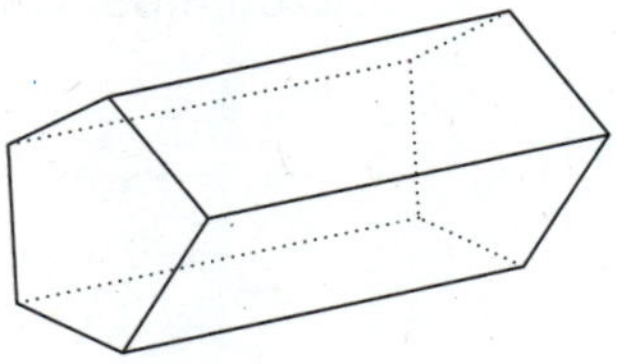

H

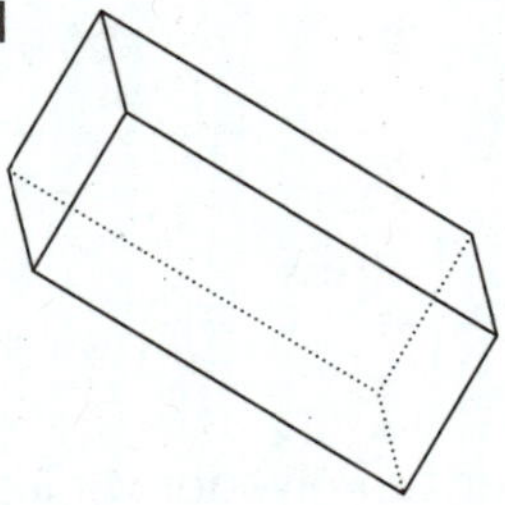

F

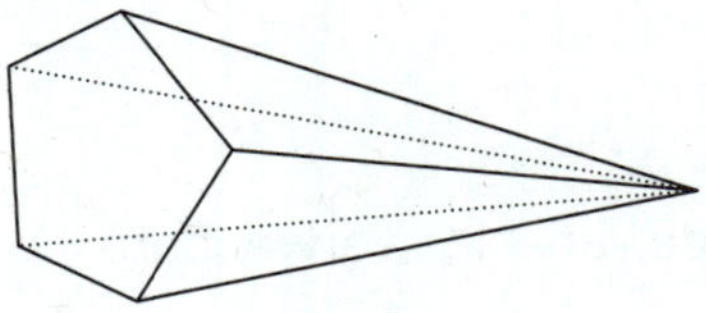

K

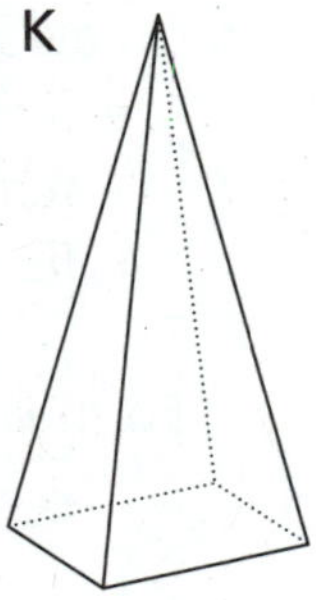

G

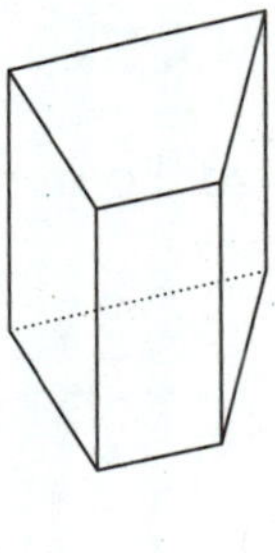

I

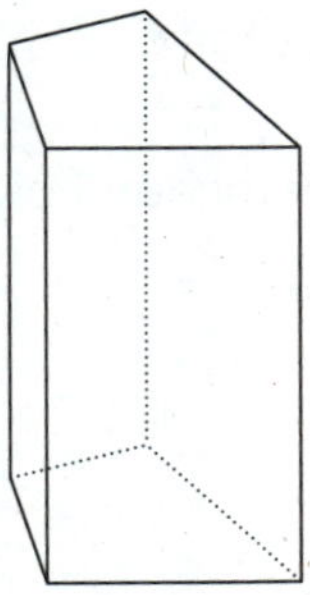

a Trage in der Tabelle für jeden Körper seine Anzahl Ecken, Flächen und Kanten ein.
Die Spalte «Anzahl Schnitte» wirst du für die Aufgabe 7.2 benötigen.

Körper	Bezeichnung	Anzahl Ecken	Anzahl Flächen	Anzahl Kanten	Anzahl Schnitte
A					
B	Tetraeder				
C	Oktaeder				
D					
E					
F					
G					
H					
I					
K					

b Euler entdeckte einen Zusammenhang zwischen den drei Zahlen «Anzahl Ecken», «Anzahl Flächen» und «Anzahl Kanten». Wenn du zwei davon kennst, kannst du die dritte berechnen.
Versuche den sogenannten **Eulerschen Polyedersatz** selber herauszufinden.
«Polyeder» nennt man diese Art Körper, wie du sie in in diesem Kapitel kennen gelernt hast.
Beschreibe, was du entdeckt hast.

c Da diese drei Zahlen von Polyeder zu Polyeder variieren, kannst du Variablen verwenden:
- e für «Anzahl Ecken»,
- k für «Anzahl Kanten» und
- f für «Anzahl Flächen».

Formuliere den Eulerschen Polyedersatz nun noch in kurzer Form mit diesen Variablen.

7.2 **a** Trage in die Tabelle der Aufgabe 7.1 ein, wie viele Schnitte nötig sind, um das Netz des jeweiligen Körpers herstellen zu können.

b Auch die «Anzahl Schnitte» ist nicht unabhängig von den anderen Zahlen, die einen Körper auszeichnen.
Überlege zuerst, mit welcher der drei Zahlen für e, k oder f die «Anzahl Schnitte» wohl am direktesten zusammenhängt.
Wie viele Kanten werden jeweils bei einem Körper nicht aufgeschnitten?
Formuliere zuerst wieder mit Worten, wie du die «Anzahl Schnitte» berechnen kannst.
Dann wähle die Variable s für die «Anzahl Schnitte» und notiere eine Kurzform mit Variablen.

....

....

....

....

8.1 *Zum Tüfteln:*
Die Skizze zeigt dir einen Körper, der aus lauter Spielwürfeln zusammengeleimt wurde. Der innerste Würfel und die sechs Würfel in den Flächenmitten fehlen. Es sind immer Würfelflächen mit gleichen Augenzahlen zusammengeklebt. Bei jedem Würfel ergeben die zwei gegenüberliegenden Flächen die Augensumme 7.
Du zählst alle beim Körper sichtbaren Augenzahlen zusammen. Wie gross ist diese Augensumme?

....

....

1.1 **a** Baue mit Holzwürfeln diese Würfelkörper.

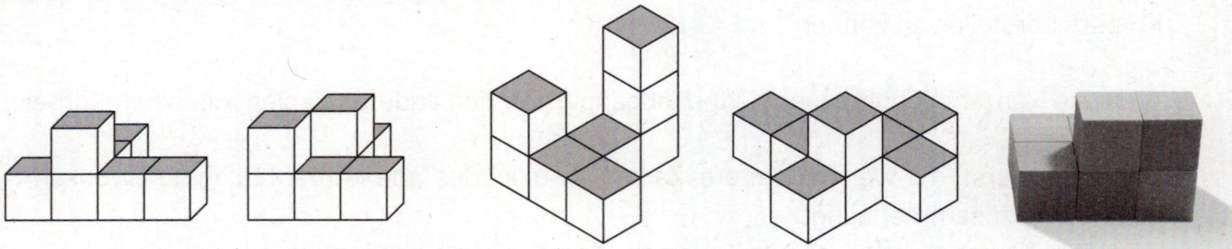

A .... B .... C .... D .... E ....

b Trage ein, wie viele Würfel du benötigt hast.

c Vergleiche mit den Zahlen der anderen in der Klasse.
Falls ihr Unterschiede feststellt, überlegt, woran das liegen könnte.

2.1 In der Aufgabe 2 des Themenbuches hast du sechs verschiedene Bewegungen kennen gelernt, die mit einem Würfelkörper möglich sind:

H nach hinten kippen
L nach links kippen
U im Uhrzeigersinn um 90° drehen
V nach vorne kippen
R nach rechts kippen
G im Gegenuhrzeigersinn um 90° drehen

Wie wurden die Würfelkörper unten bewegt? Trage die Buchstaben in die Kreise ein.

a

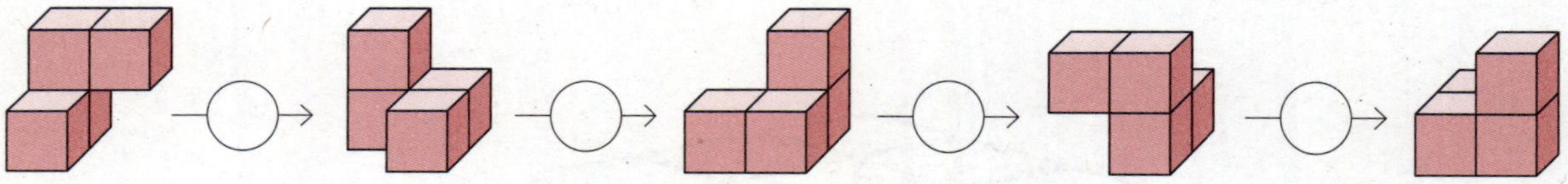

b

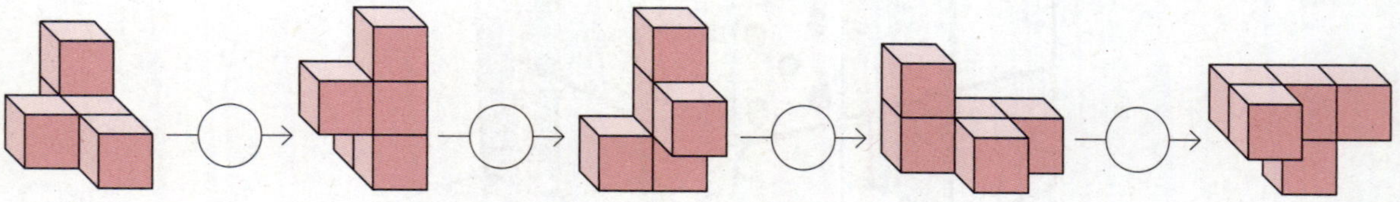

c

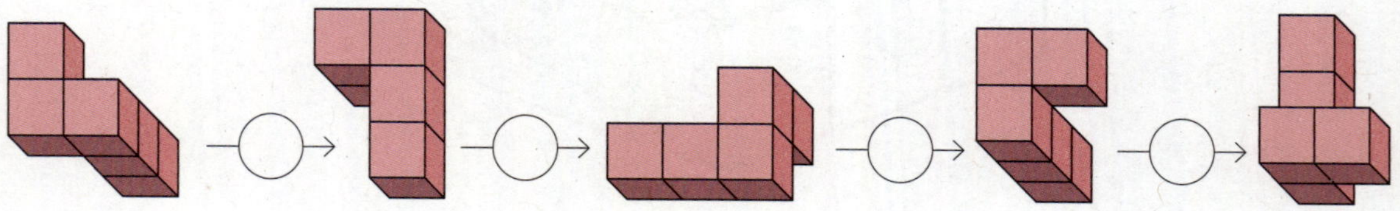

d

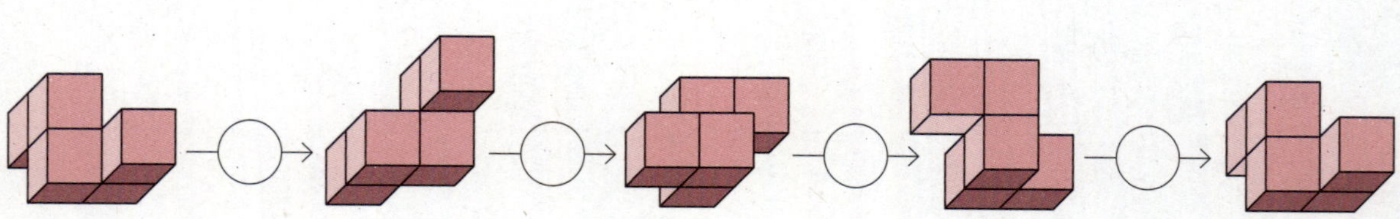

Würfelkörper drehen und kippen (Arbeitsblatt)

2.2 Den Würfelkörper kannst du in zwei Bewegungen von der ersten in die zweite Position überführen. Notiere wiederum die Buchstaben H, L, U, V, R oder G in die Kreise.

a

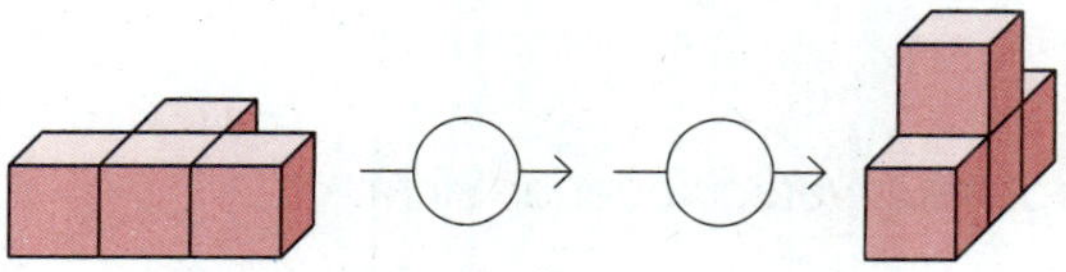

b

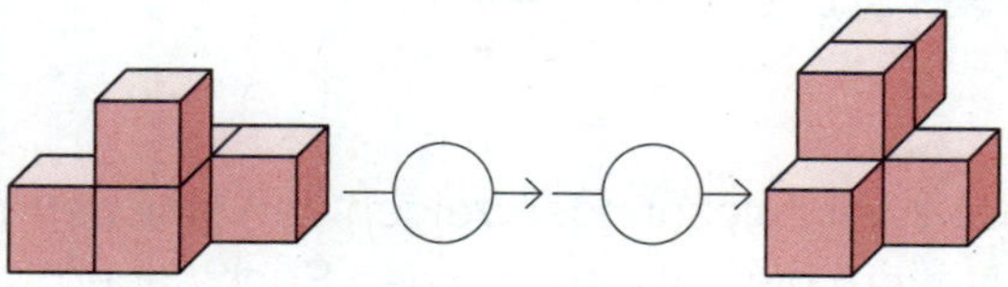

c

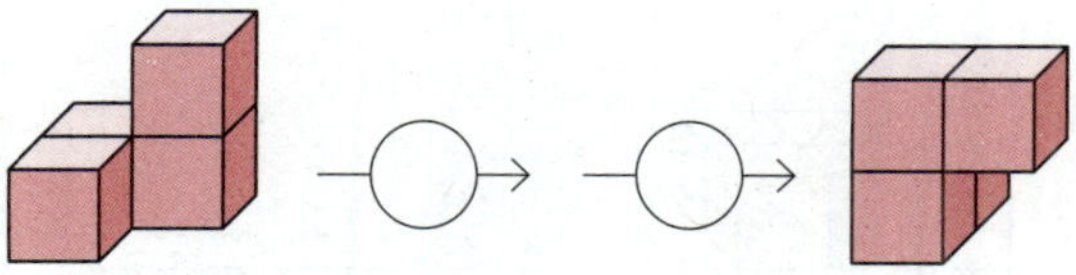

d

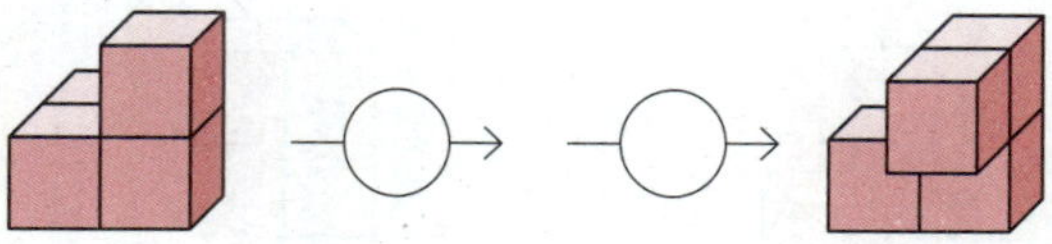

e Vergleiche mit deinen Klassenkameradinnen und -kameraden: Habt ihr die gleichen Bewegungen notiert? Wenn nicht, wie kannst du dir die Unterschiede erklären?

....

....

....

2.3 Gehe in Gedanken um das «Gebäude», den Würfelkörper X, herum. Von welcher Position aus siehst du ihn dann ungefähr so, wie bei A, B und C gezeichnet?
Trage die Buchstaben in die Kreise ein.

a

X

A

B

C

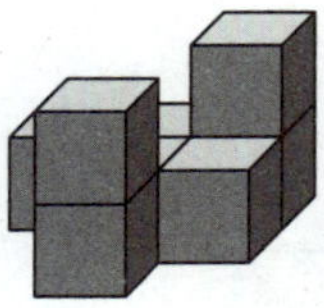

b

X

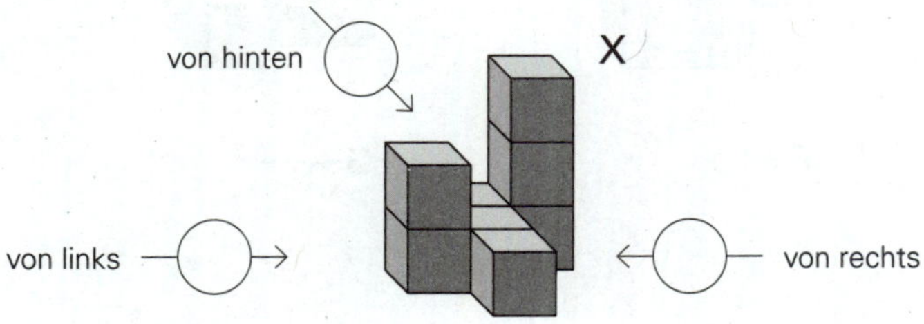

A

B

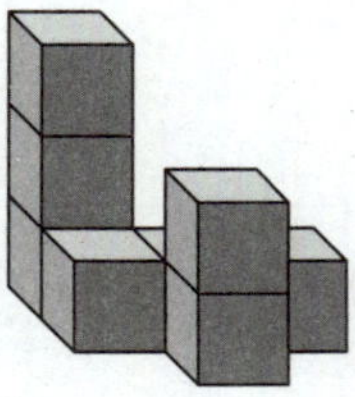

C

2.4↗ Mit dem Computer kannst du Würfelkörper gestalten.

Würfelkörper bauen 1

3.1 Je zwei Zeichnungen zeigen den gleichen Würfelkörper aus verschiedener Sicht.
Notiere die entsprechenden Buchstaben.

a

A ⟷ ....

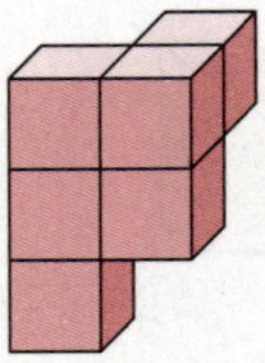
B ⟷ ....

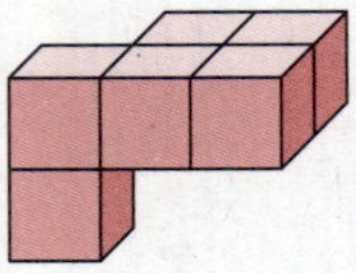
C ⟷ ....

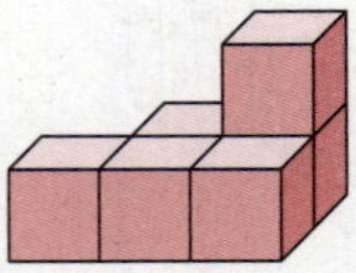
D ⟷ ....

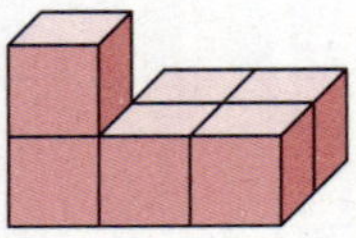
E ⟷ ....

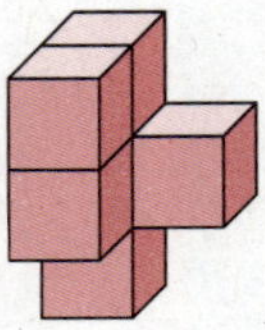
F ⟷ ....

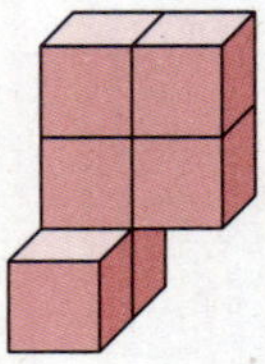
G ⟷ ....

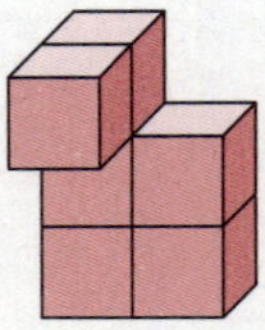
H ⟷ ....

b

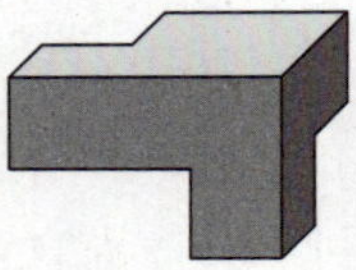
A ⟷ ....

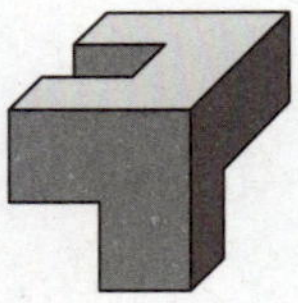
B ⟷ ....

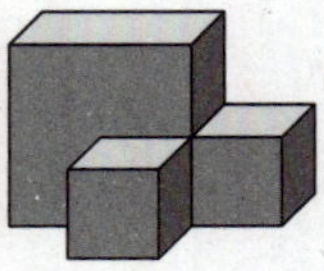
C ⟷ ....

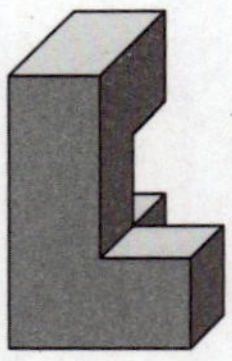
D ⟷ ....

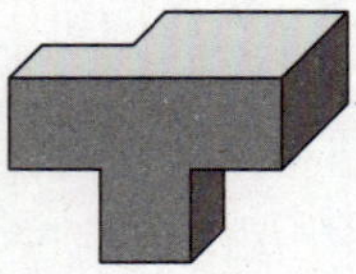
E ⟷ ....

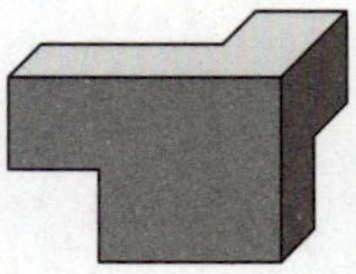
F ⟷ ....

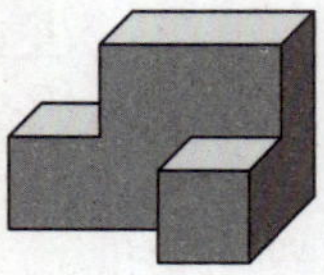
G ⟷ ....

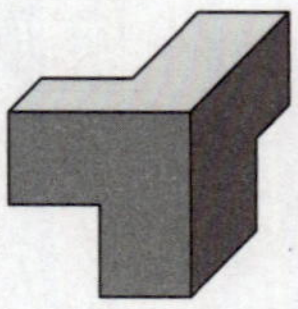
H ⟷ ....

c

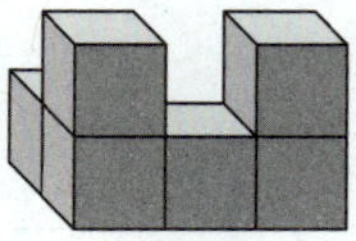

A ⟷ ....

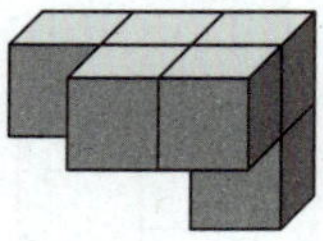

B ⟷ ....

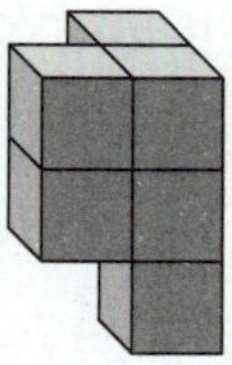

C ⟷ ....

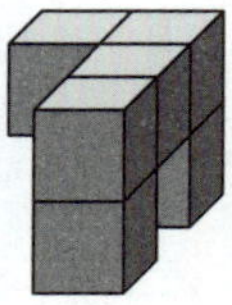

D ⟷ ....

E ⟷ ....

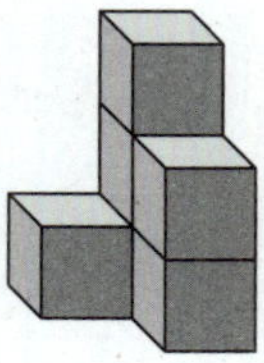

F ⟷ ....

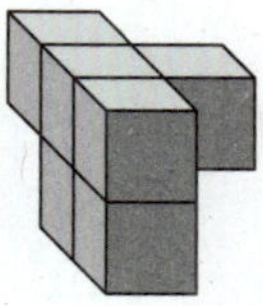

G ⟷ ....

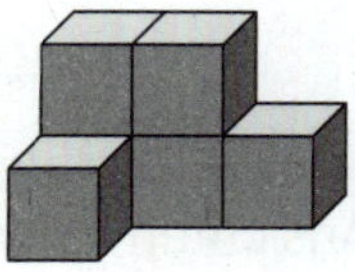

H ⟷ ....

Gleiche Würfelkörper

4.1 Bei den folgenden Ansichten fehlen die fetten Strecken, die dir zeigen, dass zwei aneinanderstossende Flächen eine gemeinsame Kante bilden. Ergänze die Ansichten.

Würfelkörper | *Ansicht: von vorne* | *von rechts* | *von oben*

a

b

c

d

4.2 Welche Ansicht passt zu welchem Würfelkörper?
Notiere bei jeder Ansicht den Buchstaben des passenden Würfelkörpers.

A

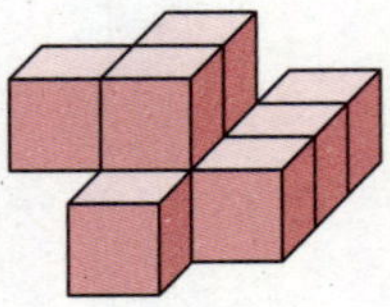
B

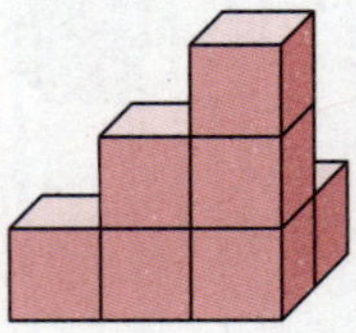
C

D

a Ansichten von oben:

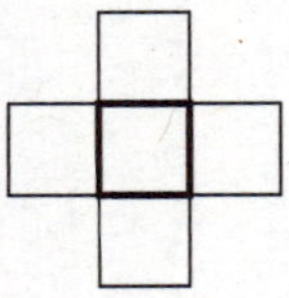
....

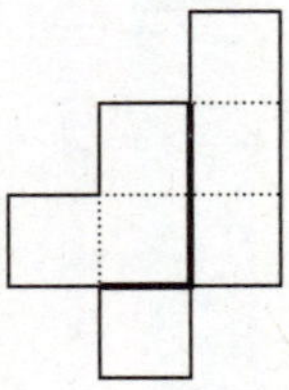
....

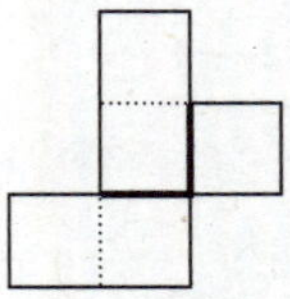
....

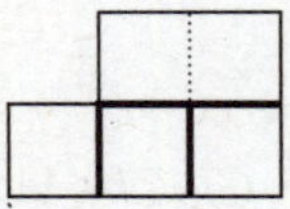
....

b Ansichten von vorne:

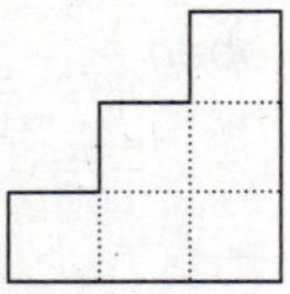
....

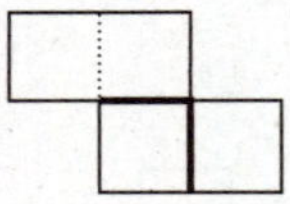
....

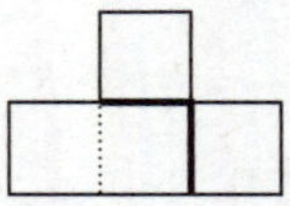
....

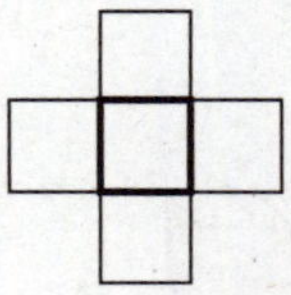
....

c Ansichten von rechts:

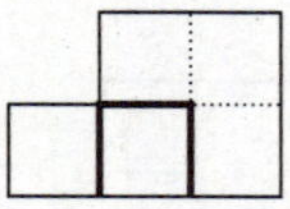
....

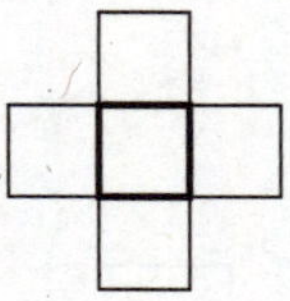
....

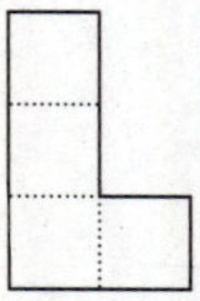
....

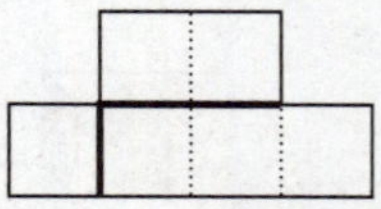
....

4.3 Ordne die Ansichten den drei Würfelkörpern zu, indem du Verbindungslinien ziehst.

Ansichten von oben:

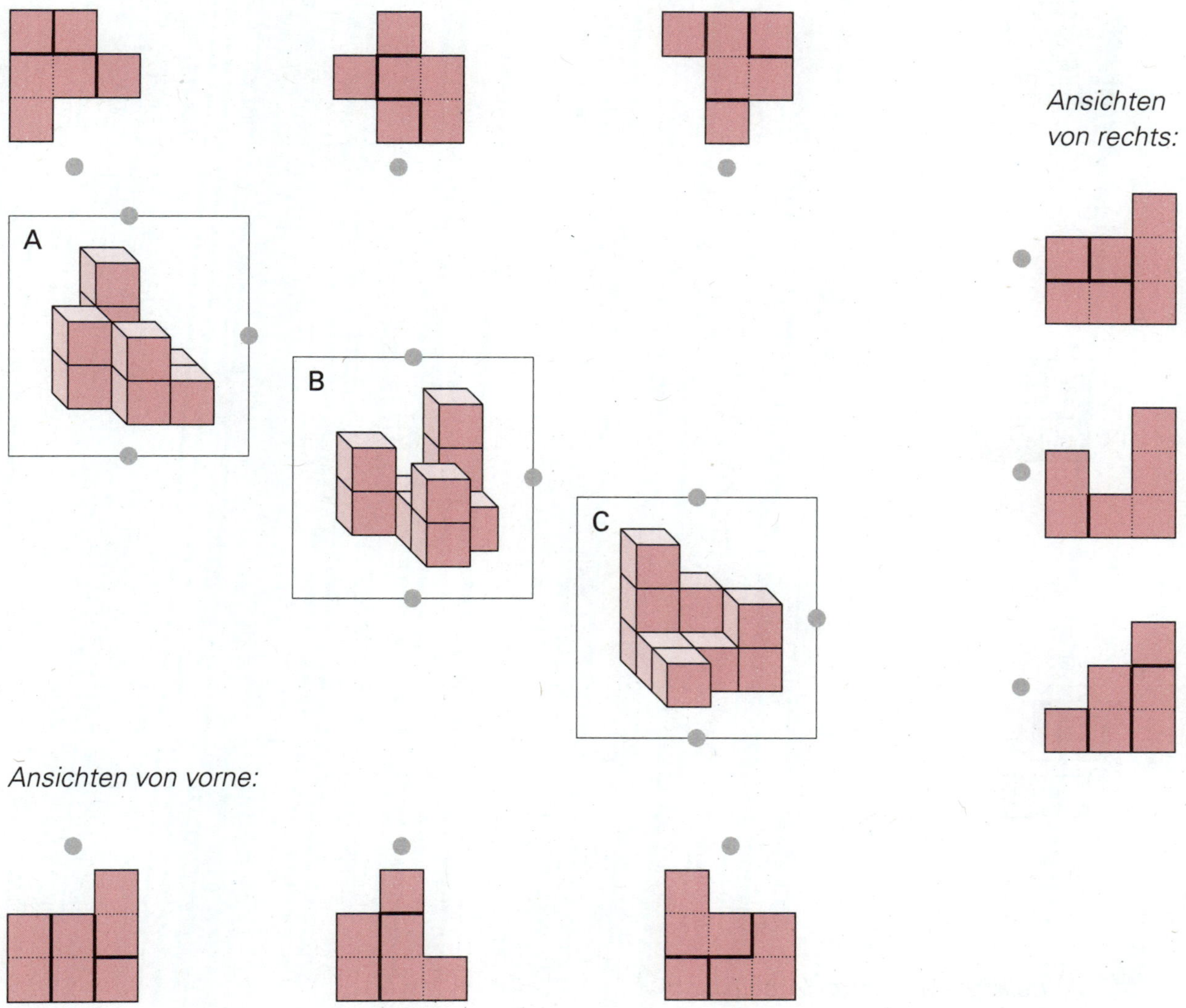

Ansichten zuordnen (Arbeitsblatt)

5.1 Die 3-D-Darstellung eines Würfelkörpers ist nicht immer ganz eindeutig. Skizziere die drei Ansichten. Vergiss die fetten Strecken nicht und markiere im Raster Quadratflächen mit einem *, bei denen du nicht entscheiden kannst, ob ein Einzelwürfel vorhanden ist oder nicht.

Würfelkörper	*Ansicht:* von vorne	*von rechts*	*von oben*
a 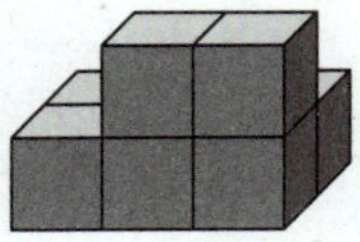			

Würfelkörper	*Ansicht:* *von vorne*	*von rechts*	*von oben*
b 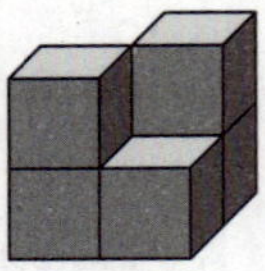			
c 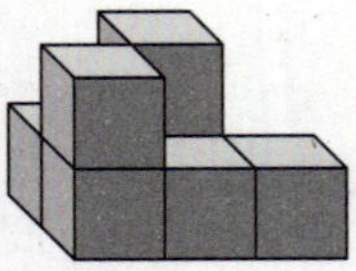			
d 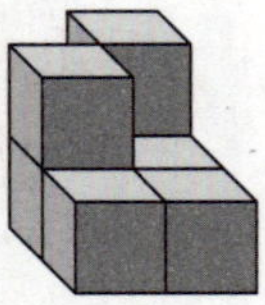			

Würfelkörperansichten (Arbeitsblatt)

5.2↗ Wenn du die 3-D-Darstellung des Würfelkörpers drehen kannst, dann gelingt es dir auch, die Ansichten eindeutig zu bestimmen.

Würfelkörper drehen

6.1↗ Nimm Holzwürfel und baue die Würfelkörper A, B, C und D, welche die gegebenen drei Ansichten zeigen.

von vorne *von rechts* *von oben*

A

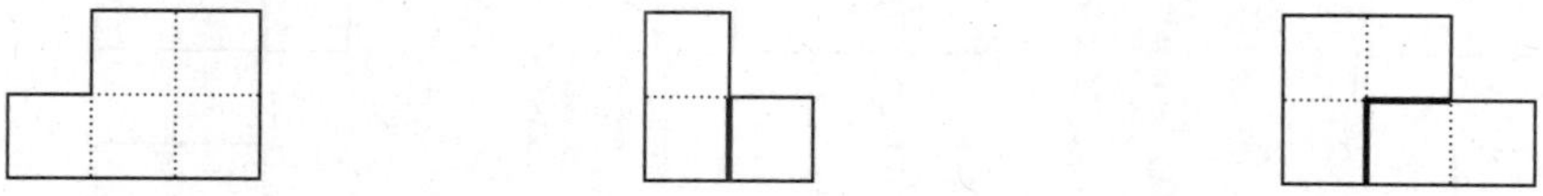

B

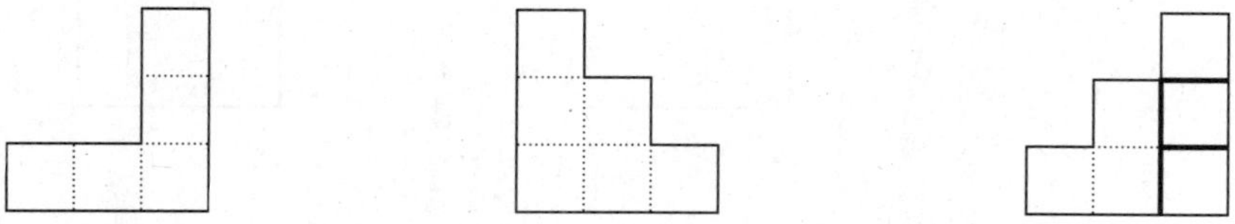

C

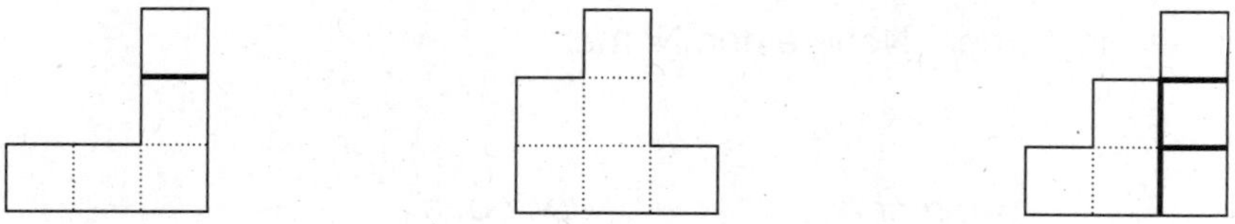

D

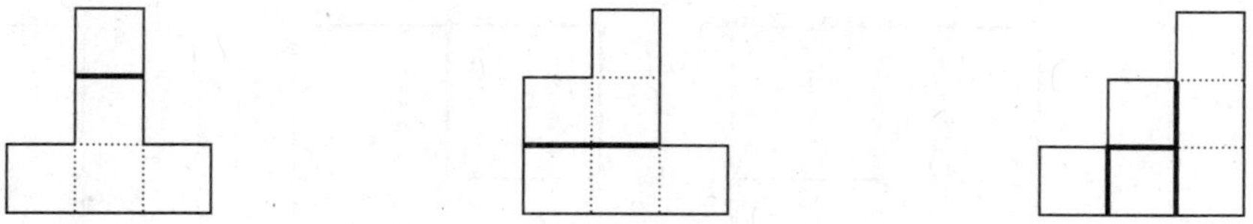

6.2↗ Auch mit dem Computer kannst du Würfelkörper aus den drei Ansichten «bauen».

Würfelkörper bauen 2

6.3 Baue den Würfelkörper A aus seinen drei Ansichten.
Baue den Würfelkörper so um, dass die Ansichten (ohne die fetten Strecken) in der Anordnung der Quadratflächen gleich bleiben. Ergänze unter B die Ansichten deines neuen Würfelkörpers mit neuen «fetten Linien».

a *von vorne* *von rechts* *von oben*

A

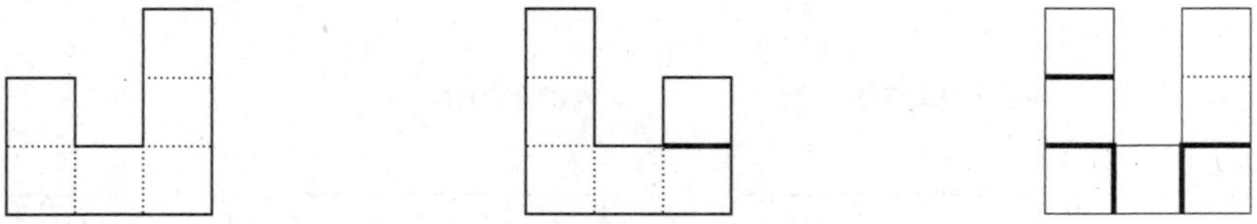

B

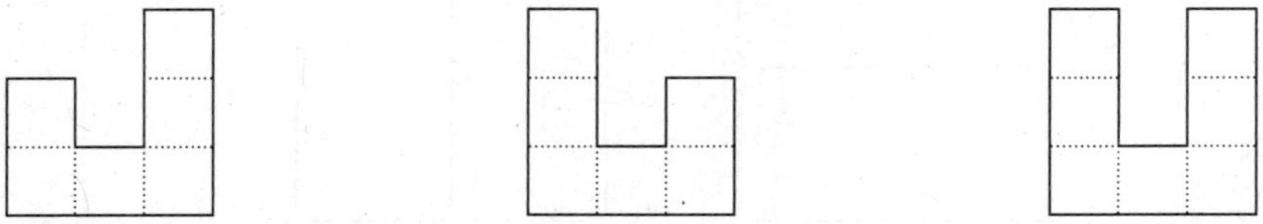

b *von vorne* *von rechts* *von oben*

A

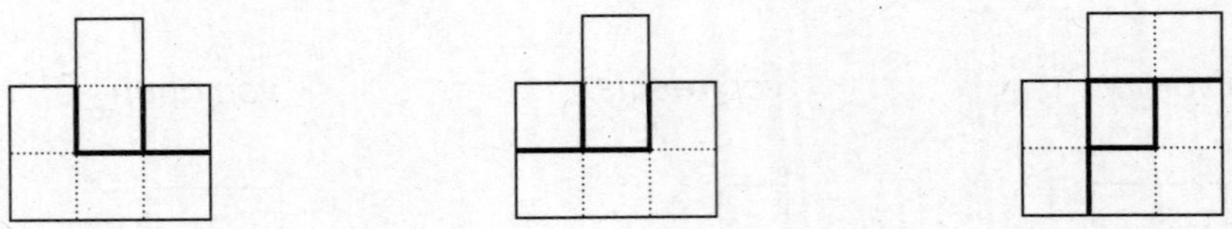

B

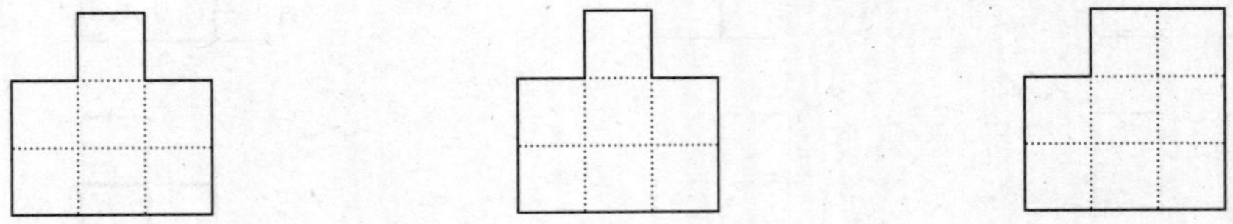

7.1 Skizziere im Würfel rechts den Körper aus den drei Ansichten.
Was ist es jeweils für ein Körper? Notiere den Namen.

a *von vorne* *von rechts* *von oben*

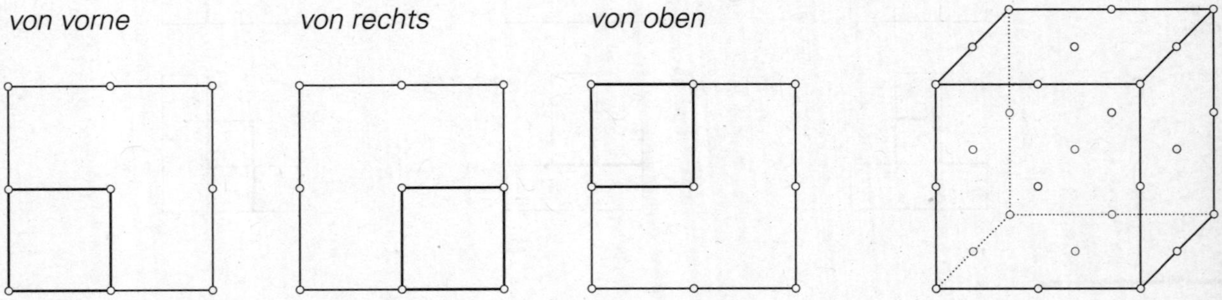

Name ....

b *von vorne* *von rechts* *von oben*

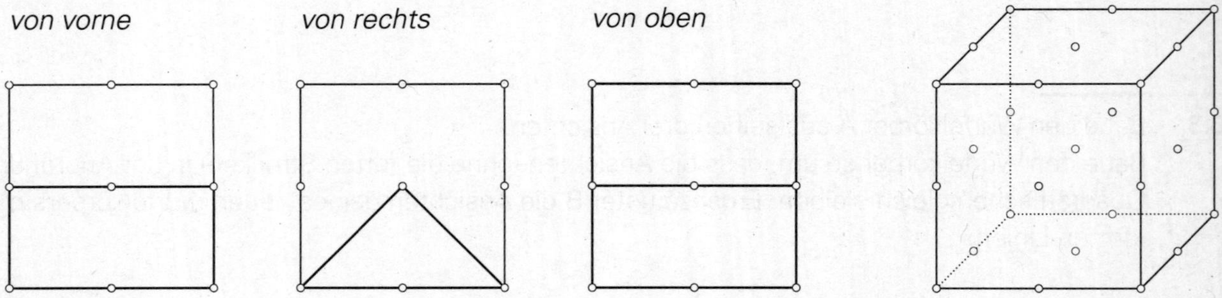

Name ....

c *von vorne* *von rechts* *von oben*

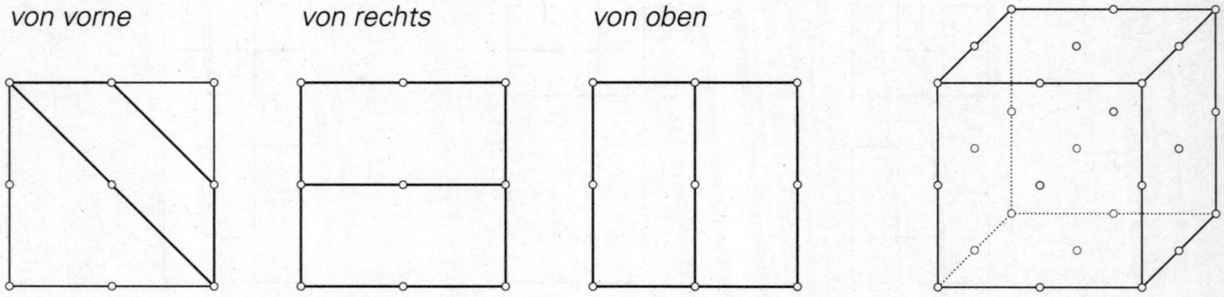

Name ....

d *von vorne* *von rechts* *von oben*

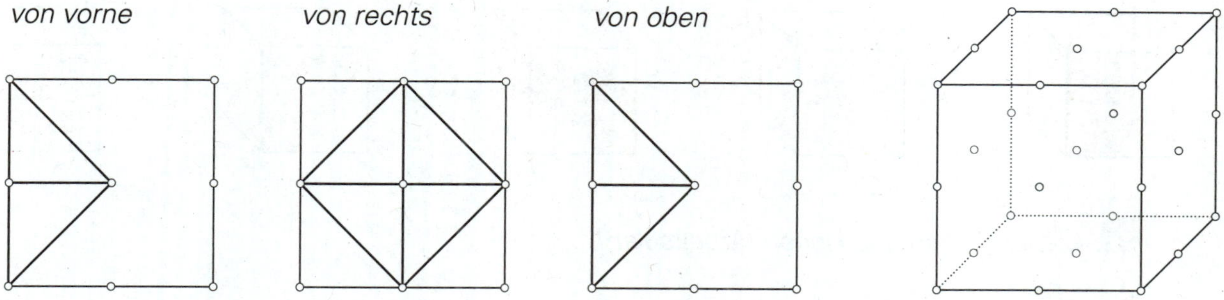

Name ....

e *von vorne* *von rechts* *von oben*

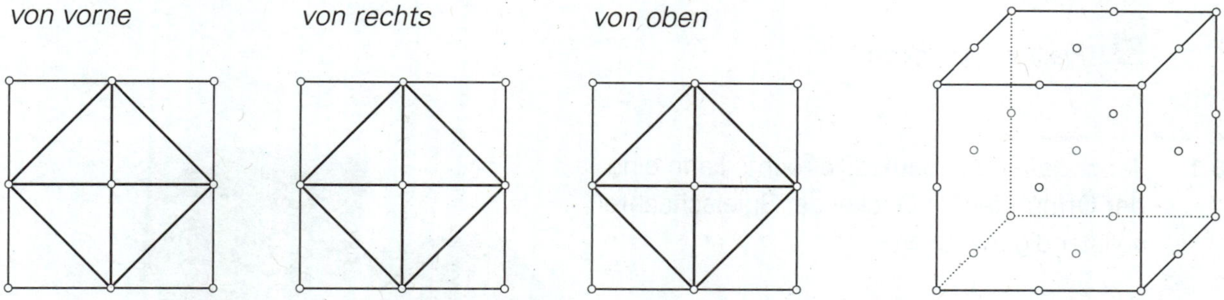

Name ....

f Beschreibe in Stichworten, wie du jeweils vorgegangen bist.
Vergleiche mit dem Vorgehen von Mitschülerinnen und Mitschülern.

Körper aus Ansichten (Arbeitsblatt)

7.2 Wie werden die Drahtwürfel mitsamt den Körpern darin bewegt?

H nach hinten kippen
L nach links kippen
U im Uhrzeigersinn um 90° drehen
V nach vorne kippen
R nach rechts kippen
G im Gegenuhrzeigersinn um 90° drehen

Trage die Buchstaben in die Kreise ein.

a

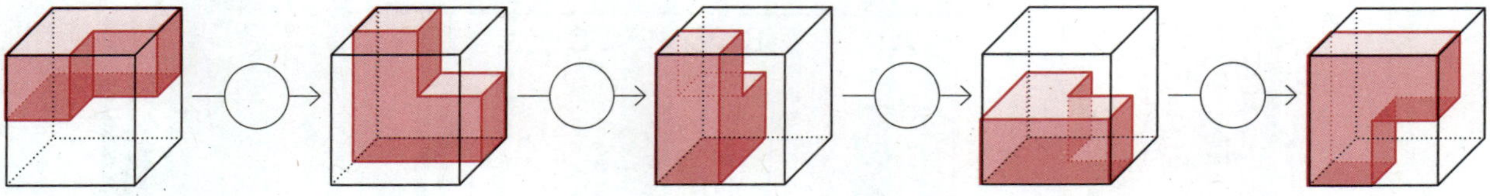

b

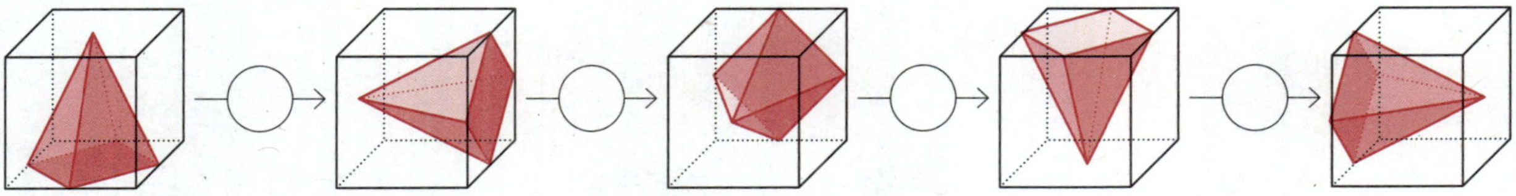

c

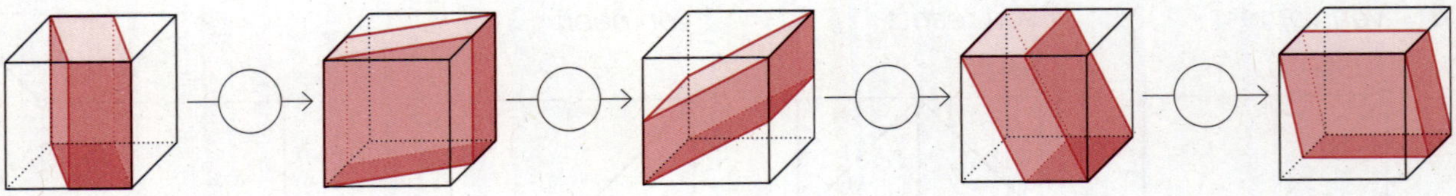

Körper drehen und kippen (Arbeitsblatt)

7.3↗ Flächen im 3-D-Bild entsprechen Flächen in den ebenen drei Ansichten. In der Übung auf dem Computer kannst du sie einander zuordnen.

Flächen zuordnen

8.1 Jeder der sechs Bauklötze rechts kann eine der Öffnungen im Deckel der Spielschachtel vollständig ausfüllen.

a Ordne zu: Notiere die Buchstaben der entsprechenden Öffnungen unterhalb der Bauklötze.

b Skizziere zwei weitere Öffnungen, die der Körper 3 vollständig ausfüllen könnte.

1 2 3 4 5 6

Öffnung ....

8.2 Notiere die Buchstaben der Öffnungen, die vom entsprechenden Körper vollständig ausgefüllt werden können.

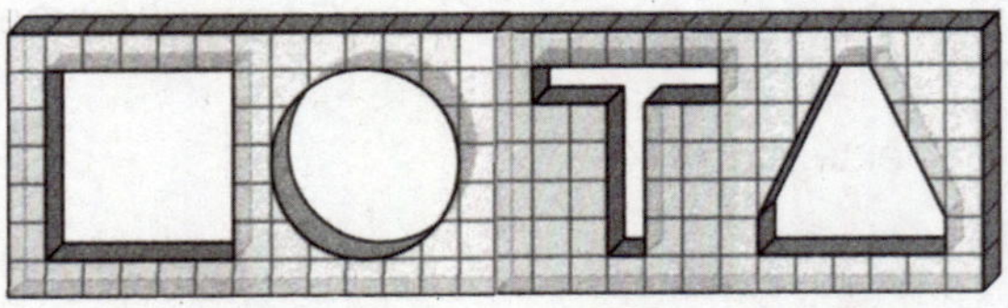

A B C D

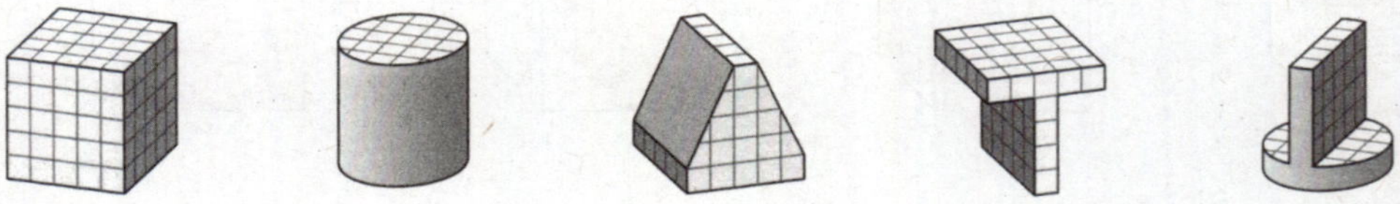

Öffnung ....

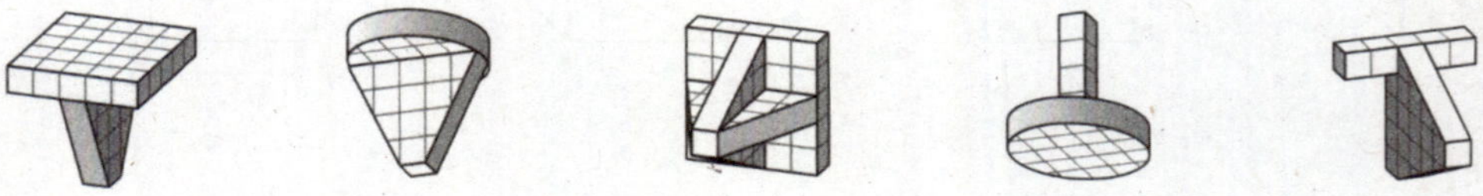

Öffnung ....

8.3↗ *Zum Tüfteln:*
Wie sieht ein Bauklotz aus, der jede der drei Öffnungen rechts vollständig ausfüllen kann? Am besten stellst du den Körper zuerst aus Ton, Kork oder Steckmoos her.
Beschreibe und skizziere ihn anschliessend.

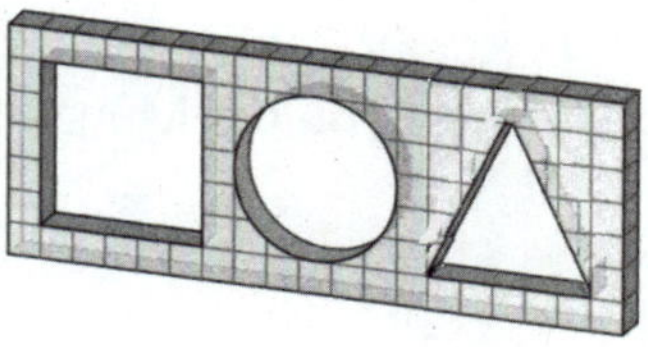

9.1 Zwei Würfelkörper – aber besondere.
Betrachte sie genau; was ist das Besondere daran? Kannst du eindeutig beschreiben, was du siehst?
Notiere deine Beobachtungen und Überlegungen.

A

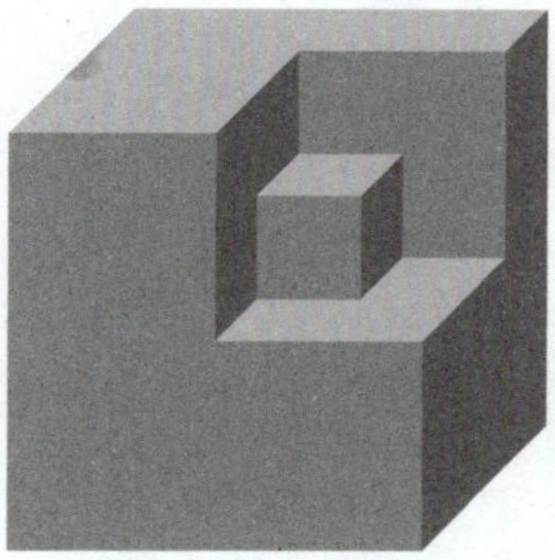

B

....

....

....

10.1↗ Aufgereihte Würfel der besonderen Art.
Untersuche die Darstellungen; du kannst dazu auch Holzwürfel verwenden. Was stellst du fest?
Tausche deine Beobachtungen mit Kolleginnen und Kollegen aus.

A

B

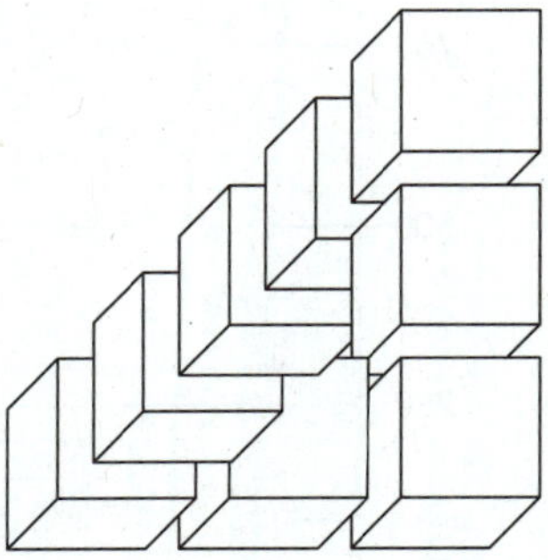

C

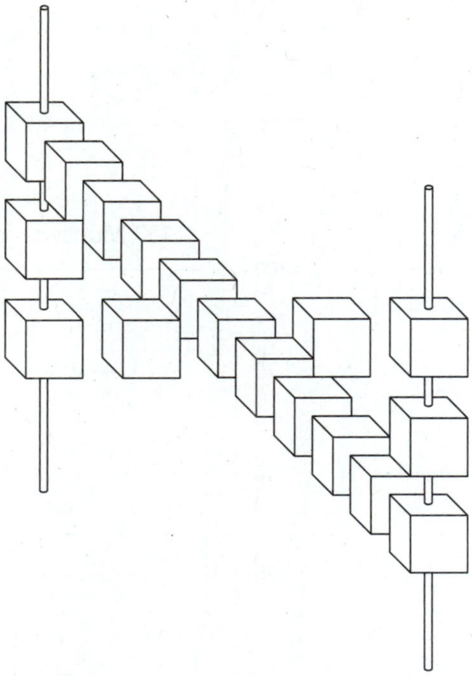

Das Briefmarkenmotiv stammt vom schwedischen Künstler Oscar Reutersvärd (1915–2002). Mehrmals wurde er durch die Verwendung seiner Motive auf Briefmarken geehrt. Er war der erste Künstler, der solche Bilder geschaffen hat. Die beiden Zeichnungen B und C wurden nach seinen Bildvorlagen gestaltet.

1.1 Du wirfst mehrmals eine Münze, welche «Kopf» oder «Zahl» zeigen kann.

a Wenn du die Münze 20-mal wirfst, wie oft erwartest du «Kopf» und wie oft «Zahl»?

....

....

....

b Gehe wie folgt vor:
- Wirf die Münze 20-mal und notiere, wie oft «Kopf» und wie oft «Zahl» erscheint.
- Vervollständige das Säulendiagramm unten links.
- Vergleiche das Ergebnis des Münzwurfs mit deiner Schätzung aus Aufgabe a.
  Wie gut hast du geschätzt?

....

....

c – Fasst in der Klasse fünf 20-er-Serien zusammen.
– Trage das Resultat der 100 Würfe im Säulendiagramm in der Mitte ein.

d – Führe am Computer eine Serie von 1000 Würfen durch.
– Trage das Resultat im Säulendiagramm unten rechts ein.

Münzwurf: Absolute Häufigkeit

e «Etwa die Hälfte der Würfe zeigt ‹Kopf›, die andere Hälfte der Würfe zeigt ‹Zahl›.»
Wozu passt diese Aussage am besten: zu 20 Würfen, zu 100 Würfen oder zu 1000 Würfen?

....

....

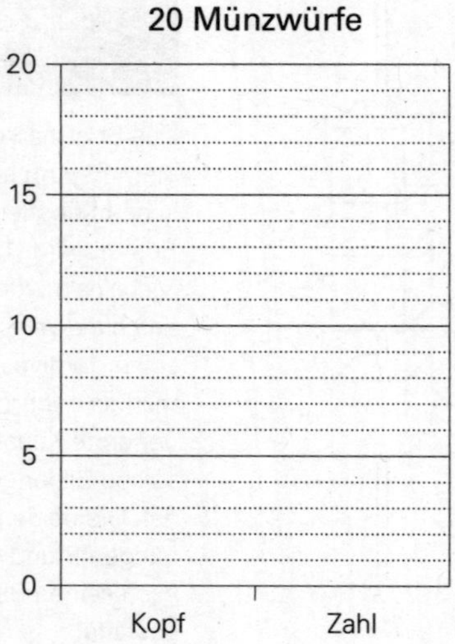

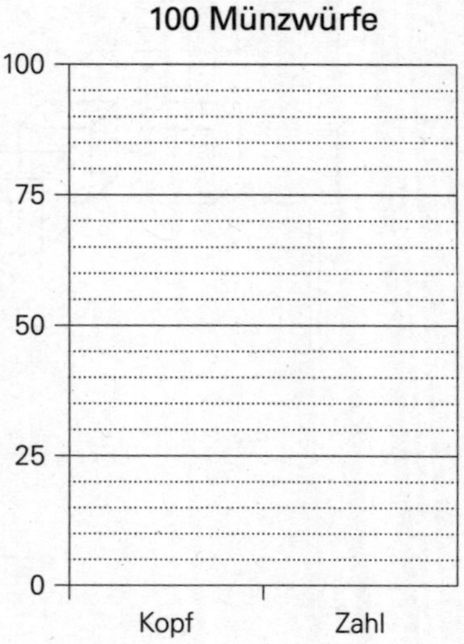

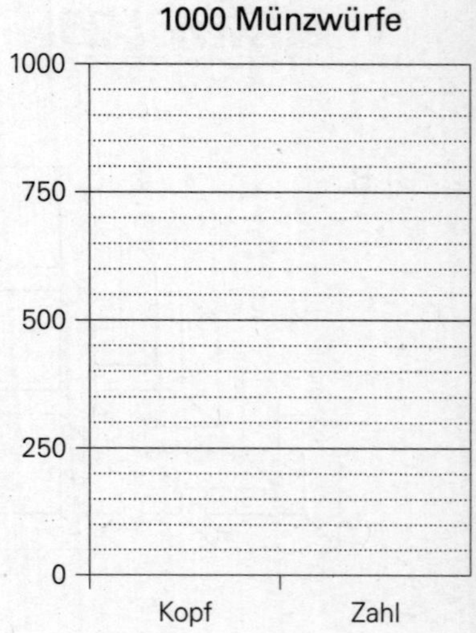

2.1↗ Bei Zufallsexperimenten kann die relative Häufigkeit der Ergebnisse jeweils als Bruch und als Prozentzahl notiert werden.

Beispiel:
Bei 80 Würfen mit dem üblichen Spielwürfel erscheint 14-mal die Zahl 6.
Relative Häufigkeit dieses Ergebnisses: 14 von 80 Würfen sind $\frac{14}{80} = \frac{7}{40}$ *oder* $100\% : 80 \cdot 14 \approx 18\%$

Notiere das Ergebnis der folgenden Zufallsexperimente als relative Häufigkeit auf beide Arten: Als gekürzten Bruch und als Prozentzahl. Falls nötig runde die Prozentzahl auf ganze Prozente.

a 300 Münzwürfe, 134-mal erscheint «Zahl»

b 1400 Jasskartenziehungen, 342-mal erscheint «Rosen»

c 35 Gewinnlose bei 250 Tombolalosen

d 44 Gewinne bei 160 Glücksraddrehungen

Relative Häufigkeit: Bruch und Prozent

2.2↗ **a** Urs wirft mit einer Münze 13-mal «Kopf» in 30 Würfen. Oliver wirft 32-mal «Kopf» in 70 Würfen. Berechne die beiden relativen Häufigkeiten in Prozent. Wer hat prozentual mehr «Kopf» geworfen?

b Anja zieht aus einem Jasskartenspiel 8-mal «Schilten» bei 30 Ziehungen. Franziska zieht 14-mal «Schilten» bei 50 Ziehungen. Berechne die beiden relativen Häufigkeiten in Prozent.
Wer hat prozentual mehr «Schilten» gezogen?

c Bei einer Tombola kauft Renate 40 Lose, davon sind 5 Gewinnlose. Nadja kauft 25 Lose, davon sind 3 Gewinnlose. Berechne die beiden relativen Häufigkeiten in Prozent. Wer hat prozentual mehr Gewinnlose gekauft?

d Jolanda wirft bei 30 Münzwürfen 14-mal «Kopf». Lea hat die Münze 50-mal geworfen und festgestellt, dass sie prozentual mehr «Kopf» geworfen hat als Jolanda. Wie viele Mal «Kopf» hat Lea mindestens geworfen?

3.1 **a** Vervollständige: Eine Münze wird *einmal* geworfen. Zwei Ergebnisse sind möglich, nämlich

.... und ....

Beide Ergebnisse haben die gleiche Wahrscheinlichkeit, nämlich

P = $\frac{\dots}{\dots}$ = ...%.

b Ein Münzwurf wurde viele Male durchgeführt. In der Tabelle unten wurde nach 50, 100, 500 und 1000 Würfen notiert, wie oft «Kopf» erschienen ist. Berechne die relativen Häufigkeiten von «Kopf».

Anzahl Würfe	50	100	500	1000
davon «Kopf»	21	44	259	508
Relative Häufigkeit von «Kopf»	.... %	.... %	.... %	.... %

c Jemand behauptet: «Je mehr Würfe man macht, desto stärker nähert sich die relative Häufigkeit der Anzahl ‹Kopf› der Wahrscheinlichkeit von ‹Kopf›.» Passen die Zahlen deiner Tabelle zu dieser Aussage? Begründe.

....

....

3.2 Jeder der sieben Wochentage wird auf einen Zettel notiert. Die Zettel werden gemischt. Ein Zettel wird blind gezogen.

a Wie gross ist die Wahrscheinlichkeit, «Sonntag» zu ziehen? P = $\frac{\dots}{\dots}$ = ...%.

b Es wird viele Male ein Zettel gezogen. In der Tabelle wurde nach 100, 300, 500 und 1000 Ziehungen notiert, wie oft «Sonntag» gezogen wurde. Berechne die relativen Häufigkeiten von «Sonntag».

Anzahl Ziehungen	100	300	500	1000
davon «Sonntag»	18	52	75	141
Relative Häufigkeit von «Sonntag»	.... %	.... %	.... %	.... %

c Jemand behauptet: «Je mehr Ziehungen man macht, desto stärker nähert sich die relative Häufigkeit der Anzahl ‹Sonntag› der Wahrscheinlichkeit von ‹Sonntag›.» Passen die Zahlen deiner Tabelle zu dieser Aussage? Begründe.

....

....

3.3↗ In einem Topf befinden sich eine grüne, eine rote und eine blaue Kugel. 20-mal wird blind eine Kugel gezogen und anschliessend zurückgelegt. Die beiden Diagramme illustrieren die Begriffe «absolute Häufigkeit» und «relative Häufigkeit» im Rahmen dieser Kugelziehung.

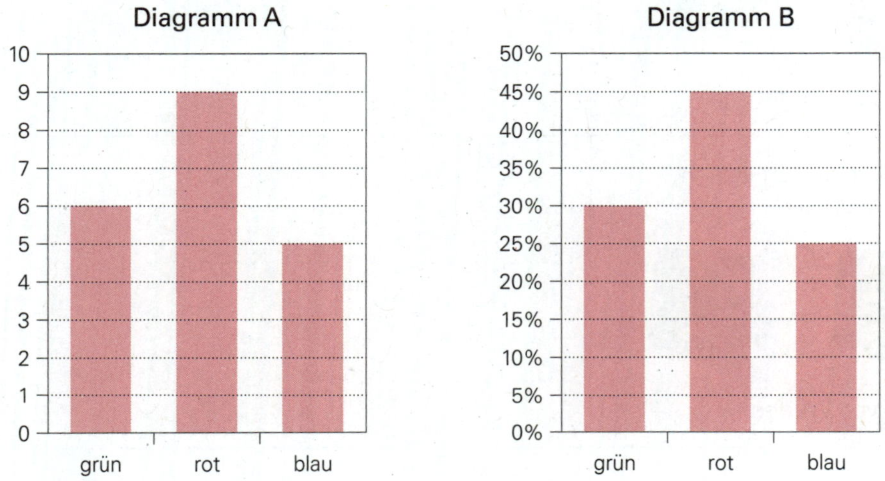

a Ordne die beiden Begriffe dem entsprechenden Diagramm zu und erläutere, was das Diagramm zu dem jeweiligen Begriff aussagt.

b Wie verändert sich das Diagramm der relativen Häufigkeit, wenn statt 20 Ziehungen 20 000 Ziehungen dargestellt sind?

c Erläutere folgende Aussage am Beispiel dieser Kugelziehung: «Je mehr Versuche man durchführt, desto stärker nähert sich die relative Häufigkeit der Ergebnisse der Wahrscheinlichkeit dieser Ergebnisse an.»

3.4↗ **a** Leonie hat von 250 Personen den Wochentag erfragt, an dem sie geboren sind. Wie viele Personen ihrer Liste sind wohl an einem Sonntag geboren: 4, 15, 35, 70 oder 150 Personen? Begründe deine Wahl.

b Maja hat viele Male mit einem gewöhnlichen Würfel gewürfelt. 14 Würfe waren eine «Fünf». Wie oft hat sie wohl insgesamt gewürfelt: 20, 50, 100, 500 oder 1000 mal? Begründe deine Wahl.

3.5 Die untenstehende Tabelle zeigt Gegenstände, die in verschiedenen Spielen zum Würfeln benutzt werden. Jeder Gegenstand wird *einmal* geworfen. Notiere mögliche Ergebnisse und die Wahrscheinlichkeit eines solchen Ergebnisses in den entsprechenden Spalten. Falls sich die Wahrscheinlichkeit nicht bestimmen lässt, notierst du «nicht möglich».

Spielgerät	Alle möglichen Wurfergebnisse	Wahrscheinlichkeit eines einzelnen Wurfergebnisses (falls möglich)
Ein üblicher Spielwürfel  Beispiele von Würfen	*1, 2, 3, 4, 5, 6*	$P = \frac{1}{6} = 16.66...\%$
a Ein Würfel mit acht Flächen (Oktaederwürfel)  Beispiele von Würfen		
b Ein Würfel mit zwölf Flächen (Dodekaederwürfel)  Beispiele von Würfen		
c Eine Streichholzschachtel 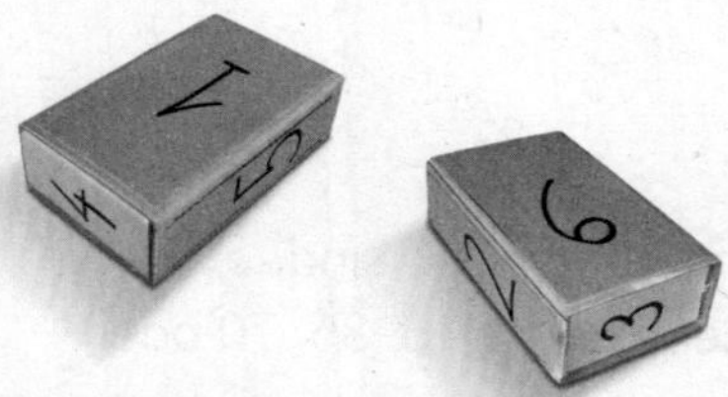 Beispiele von Würfen		
d Ein Senet-Stäbchen  Beispiele von Würfen		

	Spielgerät	Alle möglichen Wurfergebnisse	Wahrscheinlichkeit eines einzelnen Wurfergebnisses (falls möglich)
e	Ein Schwein aus dem Spiel «Schweinerei»  «Seite» 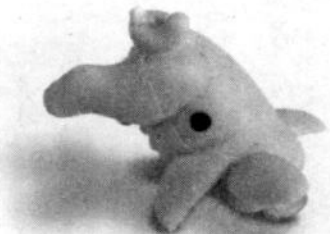 «Schnauze»  «Beine»  «Rücken»		

3.6↗ Beim Spiel «Schweinerei» wird eine Figur in Form eines Schweins an der Stelle eines Würfels geworfen. Die möglichen Landungen siehst du oben in Aufgabe 3.5 e.

a Das Schwein wird viele Male geworfen. Welche Landung tritt wohl am häufigsten auf, welche etwas weniger häufig, welche eher selten und welche am wenigsten oft? Erstelle eine Rangliste.

b Jemand hat das Schwein 500-mal geworfen und erhielt 355-mal «Seite», 15-mal «Schnauze», 44-mal «Beine» und 86-mal «Rücken».
- Berechne die relativen Häufigkeiten der verschiedenen Landungen. Gib sie in Prozent an.
- Vergleiche mit deiner Vermutung von Aufgabe a. Hast du gut vermutet?

c Leite aus den relativen Häufigkeiten von Aufgabe b eine Vermutung ab, wie gross die Wahrscheinlichkeiten der verschiedenen Landungen in einem nächsten Wurf sein könnten.

3.7↗ Ein Glücksrad hat 16 gleich grosse Felder, die mit den Zahlen 1 bis 16 nummeriert sind. Berechne die Wahrscheinlichkeit, dass das Glücksrad wie folgt stehen bleibt:

a bei der 8.

b bei einer durch 4 teilbaren Zahl.

c bei einer Zahl, die kleiner als 10 ist.

d bei keiner einstelligen Zahl.

e bei einer Zahl von 1 bis 16.

f bei der Zahl 17.

3.8↗ Unten siehst du ein weiteres Glücksrad abgebildet.

a Vergleiche dieses Glücksrad mit dem Glücksrad der Aufgabe 3.7.
Worauf musst du bei diesem Glücksrad achten?

Berechne die Wahrscheinlichkeit, dass dieses Glücksrad wie folgt stehen bleibt:

b bei der Zahl 5.

c bei einer durch 4 teilbaren Zahl.

d bei einer Zahl, die kleiner als 9 und grösser als 3 ist.

e bei keiner durch 3 teilbaren Zahl.

3.9↗ An einer Tombola sind 60 Lose von 1 bis 60 nummeriert. Du ziehst blind ein Los.
Berechne die Wahrscheinlichkeit, dass die Nummer dieses Loses teilbar ist durch:

a 5

b 7

c 3 und 4

d 2 und 5

3.10↗ Vier Jugendliche «wichteln» (siehe Kasten rechts).
Bei einer Ziehung können fünf Fälle auftreten.

- Fall 0: Niemand zieht seinen eigenen Namen (gelungene Ziehung).
- Fall 1: Jemand zieht seinen eigenen Namen.
- Fall 2: Zwei ziehen ihren eigenen Namen.
- Fall 3: Drei ziehen ihren eigenen Namen.
- Fall 4: Alle vier ziehen ihren eigenen Namen.

«Wichteln»
Eine Gruppe von Jugendlichen spielt «Wichteln» so:
- Jede Person schreibt ihren Namen auf einen Zettel.
- Die Zettel werden gemischt.
- Alle ziehen einen Zettel und behalten ihn.
- Wenn niemand seinen eigenen Namen gezogen hat, ist die Ziehung gelungen, sonst muss erneut gezogen werden.
- Alle machen der Person, deren Namen sie gezogen haben, ein kleines Geschenk.

a Welcher Fall kommt wohl am häufigsten vor, welcher am zweithäufigsten usw.?
Was vermutest du? Erstelle eine Rangliste.

b Spielt «Wichteln» in der Klasse in Vierergruppen. Tragt die Ergebnisse zusammen.
Welche Rangliste ergibt sich?

c Notiere systematisch alle möglichen Verteilungen der vier Zettel auf die vier Personen.
Es sind 24 Verteilungen möglich. Berechne daraus die Wahrscheinlichkeiten der fünf Fälle.
So könnte deine Aufstellung beginnen:

Person	A	B	C	D	Fall
zieht	A	B	C	D	Fall 4
zieht	A	B	D	C	Fall 2
zieht	A	C	B	D	Fall 2
zieht	A	C	D	B	Fall 1
…	…	…	…	…	…

d Begründe, warum *ein* Fall nie auftreten kann.

3.11↗ Eine Ameise bewegt sich in einem Gitter-Wegnetz. Sie startet im Punkt S und krabbelt dabei immer zufällig nach rechts oder nach oben, jedoch nie nach links oder nach unten. Sie erreicht den Zielpunkt Z. Berechne die Wahrscheinlichkeit, dass die Ameise dabei den folgenden Punkt passiert:

a Punkt A

b Punkt B

c Punkt C

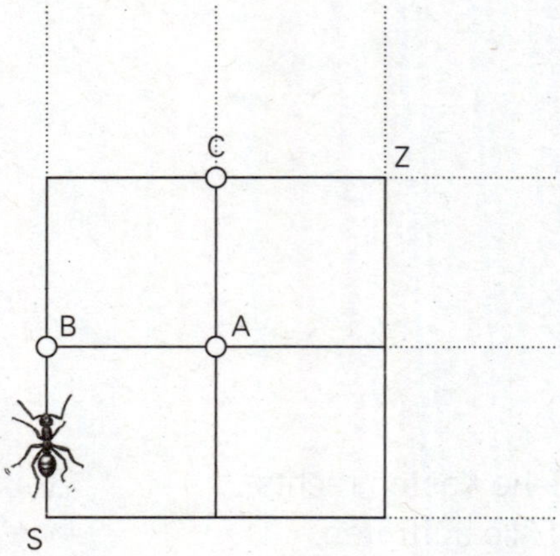

3.12↗ Severine läuft von A nach D und wählt an jedem der Punkte A, B und C zufällig einen der beiden Wege. Wie gross ist die Wahrscheinlichkeit, dass sie an den folgenden Orten vorbeikommt:

a am See?

b an genau einem Baum?

c an mindestens einem Haus?

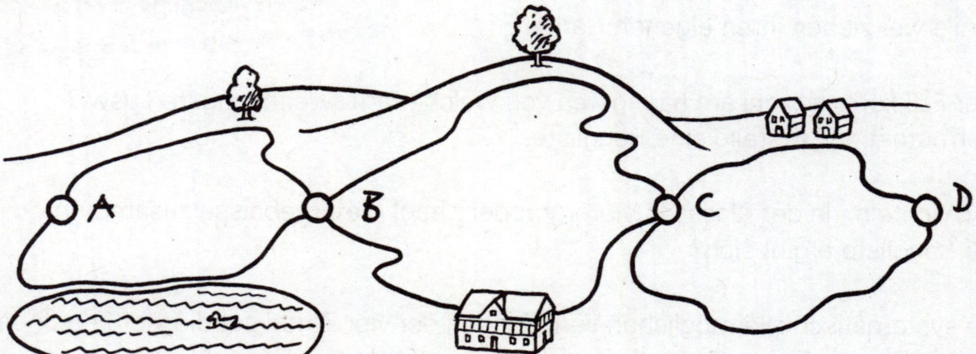

3.13↗ *Zum Tüfteln:*
Aus den Zahlen von 100 000 bis 200 000 wird zufällig eine Zahl ausgewählt.
Wie gross ist die Wahrscheinlichkeit, dass diese Zahl

a durch 5 teilbar ist?

b durch 5, aber nicht durch 10 teilbar ist?

c durch 5, aber nicht durch 20 teilbar ist?

d nicht durch 5 teilbar ist?

3.14 ↗ *Zum Tüfteln:*

Aus den Zahlen 2 bis 9 wird zufällig eine Zahl ausgewählt, die den Zähler eines Bruches bildet.
Auf dieselbe Art wird eine zweite Zahl ausgewählt, die den Nenner dieses Bruches bildet.
Wie gross ist die Wahrscheinlichkeit, dass der Bruch gekürzt werden kann?

3.15 ↗ *Zum Tüfteln:*

Bilde mit Hilfe der vier Zeilen unten zufällige «Wörter» aus vier Buchstaben. Starte beim Buchstaben «A» in der obersten Zeile. Wähle den folgenden Buchstaben aus der nächsten Zeile, indem du entweder einen Buchstaben schräg nach links ↙, einen Buchstaben schräg nach rechts ↘ oder gerade nach unten ↓ gehst. Fahre so weiter.

Wie gross ist die Wahrscheinlichkeit, das Wort «ABBA» zu erhalten?

A

↙ ↓ ↘

B A B

B A B A B

A B A B A B A

4.1 Zwei übliche Spielwürfel werden geworfen. Man addiert die Augenzahlen. Es sind Summen von 2 (zwei Einer) bis 12 (zwei Sechser) möglich.
In allen Aufgaben geht es um die folgenden Fragen:

> Sind alle Augensummen gleich wahrscheinlich?
> Falls ja: Wie kannst du dies begründen?
> Falls nein: Welche Augensummen kommen öfter vor und welche nur selten?

a Was meinst du? Beantworte diese Fragen.

b Probiere aus:
- Würfle mit zwei Würfeln mindestens 60-mal. Notiere in der Tabelle unten, wie oft jede Augensumme vorgekommen ist.
- Beantworte die Fragen im Kasten Seite 141 unter Berücksichtigung der Anzahlen in deiner Tabelle.

Augensumme	2	3	4	5	6	7	8	9	10	11	12	Total
Anzahl	....	....	....	....	....	....	....	....	....	....	....	60

....

....

....

c – Führe mit Hilfe des Computers eine Serie von mindestens 1000 Würfen durch.
- Notiere in der Tabelle unten, wie oft jede Augensumme vorgekommen ist.
- Beantworte die Fragen im Kasten Seite 141.

Augensumme: Relative Häufigkeit

Augensumme	2	3	4	5	6	7	8	9	10	11	12	Total
Anzahl	....	....	....	....	....	....	....	....	....	....	....	....

....

....

....

d Unten siehst du alle möglichen Augenzahlen der beiden Würfel aufgelistet.
- Trage in jedes leere Feld die Augensumme ein.
- Die Augensumme «Drei» tritt in 2 von 36 Feldern auf.
  Darum gilt für die Augensumme «Drei»: $P = \frac{2}{36} = \frac{1}{18} \approx 5.6\%$.
  Berechne so für jede Augensumme die zugehörige Wahrscheinlichkeit als Bruch und in Prozent und trage sie in der unteren Tabelle ein.
- Beantworte die Fragen im Kasten Seite 141, unter Berücksichtigung der berechneten Wahrscheinlichkeiten.

Würfel 1 → Würfel 2 ↓	⚀	⚁	⚂	⚃	⚄	⚅
⚀						
⚁						
⚂						
⚃						
⚄						
⚅						

Augensumme	2	3	4	5	6	7	8	9	10	11	12	Total
Anzahl Felder												
Wahrscheinlichkeit (Bruch und Prozent)												1 = 100%

e Gottfried Wilhelm Leibniz (1646–1716) wird oft als letzter Universalgelehrter bezeichnet. Er war Philosoph, Mathematiker, Diplomat, Physiker, Historiker, Jurist, Bibliothekar und Politiker.
Leibniz behauptete:
«Mit zwei Würfeln erscheint 12 genauso häufig wie 11; denn das eine wie auch das andere lässt sich nur auf eine einzige Art werfen. Die 7 hingegen erscheint dreimal so häufig wie die 12; denn sie erscheint, indem man 6 und 1, 5 und 2, 4 und 3 wirft.»

Beschreibe den Fehler in seinen Überlegungen und verbessere seine Aussage.

4.2 Mike und Roli spielen ein Würfelspiel mit zwei Würfeln. Sie berechnen den Unterschied der beiden Augenzahlen.

a Trage in der Tabelle unten in jedes leere Feld den Unterschied der Augenzahlen ein.

Würfel 1 → Würfel 2 ↓	⚀	⚁	⚂	⚃	⚄	⚅
⚀						
⚁						
⚂						
⚃						
⚄						
⚅						

b Mike gewinnt bei Unterschied 0, Roli bei Unterschied 2, sonst wird weitergespielt.
Wer hat die grösseren Gewinnchancen?

c Mike gewinnt bei geradem Unterschied, Roli bei ungeradem Unterschied.
Wer hat die grösseren Gewinnchancen?

d Erfinde weitere «Unterschieds-Regeln» so, dass beide die gleiche Gewinnchance haben.

4.3↗ Für ein Glücksspiel werden zwei Töpfe verwendet. Im ersten Topf befinden sich folgende Münzen: ein 10-Rappen-, ein 20-Rappen-, zwei 50-Rappen- und ein 1-Franken-Stück. Im zweiten Topf befinden sich ein 10-Rappen-, ein 50-Rappen-, ein 1-Franken und ein 5-Franken-Stück. Du darfst aus jedem Topf eine Münze ziehen. Du gewinnst, wenn die Summe der beiden Münzen einen ganzen Frankenbetrag ergibt. Wie gross ist die Wahrscheinlichkeit, dass du gewinnst?

4.4↗ In einem ersten Topf befinden sich drei Zettel mit den Zahlen 4, 7 und 9. Die drei Zettel im zweiten Topf tragen die Zahlen 3, 18 und 30. Aus jedem Topf wird ein Zettel gezogen und es wird untersucht, ob die beiden gezogenen Zahlen einen gemeinsamen Teiler haben.
Wann hast du die besseren Gewinnchancen: Wenn du darauf wettest, dass die Zahlen ausser 1 mindestens einen weiteren gemeinsamen Teiler haben oder wenn du darauf wettest, dass die Zahlen ausser 1 keinen weiteren gemeinsamen Teiler haben?

5.1 ↗ Die beiden Spielfiguren unterhalten sich über die Chance, mit dem nächsten Wurf eines Würfels exakt ins Ziel zu gelangen.
Wer hat Recht? Begründe deine Meinung.

5.2 ↗ Du wirfst einen Würfel fünfmal. Das Ergebnis ist: 1 – 4 – 2 – 1 – 1.

a Ist beim nächsten Wurf eine 5 oder eine 1 wahrscheinlicher? Was meinst du?
Begründe deine Meinung.

b Fünf Jugendliche haben auf die Frage von Aufgabe a so geantwortet:

Anna: «Eine 5 ist wahrscheinlicher, weil die 1 schon drei Mal erschienen ist.»

Beni: «Eine 5 ist wahrscheinlicher, weil jede Zahl gleich oft erscheinen muss.»

Chiara: «Eine 1 ist wahrscheinlicher, weil die 1 im Moment häufig erscheint.»

David: «Eine 5 ist wahrscheinlicher, weil 5 meine Glückszahl ist.»

Ella: «Beide Augenzahlen sind gleich wahrscheinlich. Der Würfel erinnert sich nicht, welche Augenzahlen schon aufgetreten sind.»

- Hat jemand geantwortet wie du?
- Notiere zu jeder Antwort deine Meinung.

6.1 ↗ Bei Münzwürfen wird die relative Häufigkeit der Wurfzahl für «Kopf» in einem Liniendiagramm dargestellt. Die horizontale Achse zeigt die Anzahl Würfe, die senkrechte Achse zeigt die relative Häufigkeit der Wurfzahl «Kopf».

Münzwurf: Liniendiagramm

a Führe am Computer einige Wurfserien von 1000 Würfen mit einer einzelnen Münze durch. Welche Gemeinsamkeiten haben diese Liniendiagramme?

b – Führe eine weitere Serie von 1000 Würfen durch. Stelle fest, ab wann die relative Häufigkeit für «Kopf» immer zwischen 45% und 55% liegt. Notiere die Wurfnummer (auf 10 Würfe genau genügt).

– Notiere weiter, ab wann die relative Häufigkeit für «Kopf» immer zwischen 48% und 52% liegt. Notiere die Wurfnummer ebenfalls auf 10 Würfe genau.

– Notiere diese beiden Wurfnummern für weitere sieben 1000er-Serien. Was stellst du fest?

c Stelle 10 Wurfserien gleichzeitig dar. Beschreibe deine Beobachtungen.

1.1 Hinter jedem der acht Terme steckt eine «Liftfahrt».
Du fährst im Lift und startest im «Erdgeschoss», also bei 0.
Schreibe die Terme untereinander ab in der Abfolge, wie die Liftfahrten erfolgt sind.

a	**b**	**c**	**d**
-1 + 3	-5 + 2	-4 + 3	-5 – 3
3 – 8	10 – 13	-12 + 13	10 – 12
-7 + 6	4 + 6	13 – 16	0 + 5
-5 – 2	1 – 11	0 – 4	-1 + 2
-4 – 2	3 – 8	1 + 12	-2 + 4
-6 + 9	0 + 1	-3 + 5	5 – 10
0 – 4	-10 + 13	-1 – 1	1 + 9
2 – 4	-3 + 7	-2 – 10	-8 + 7
↓	↓	↓	↓
0 – 4	....	....	....
-4 – 2	....	....	....
....	....	....	....
....	....	....	....
....	....	....	....
....	....	....	....
....	....	....	....
....	....	....	....
Ende:	Ende:	Ende:	Ende:
....	....	....	....

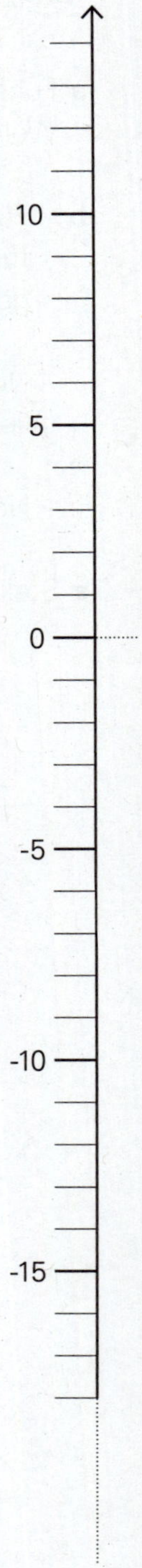

1.2 **a** Fahre mit deinem Schreibzeug wie ein «horizontaler Lift» der Zahlengeraden entlang und markiere wie im Beispiel, wo du dich nach jedem Term befindest.

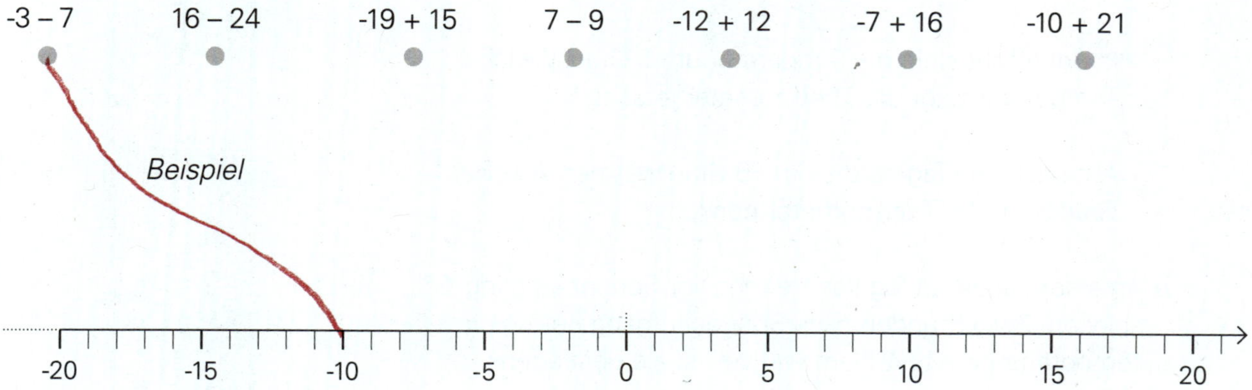

b Notiere einen entsprechenden Term.

	A	B	C	D	E	F
«Start»:	7	-12	6	-3	-11	-1
«Liftfahrt»:	– 11	+ 9	– 16	+ 11	+ 19	– 13
Term:	....	....	....	....	....	....

c Markiere auf der Zahlengeraden das «Ziel» der Terme von Aufgabe b mit ihren Buchstaben A bis F.

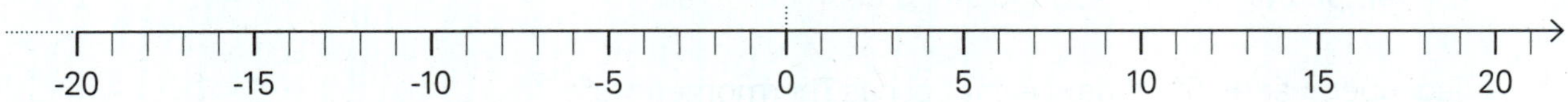

1.3↗ In der Schweiz sinken die Temperaturen im Winter häufig unter null Grad. Diese Temperaturen werden meist mit negativen Zahlen bezeichnet.

a – Welche Temperatur zeigt dieses Thermometer an?

– In der Nacht sinkt die Temperatur um 3 Grad. Welche Temperatur zeigt das Thermometer jetzt an?

– Am nächsten Tag wird es um 5 Grad wärmer. Wie viel Grad zeigt das Thermometer nun?

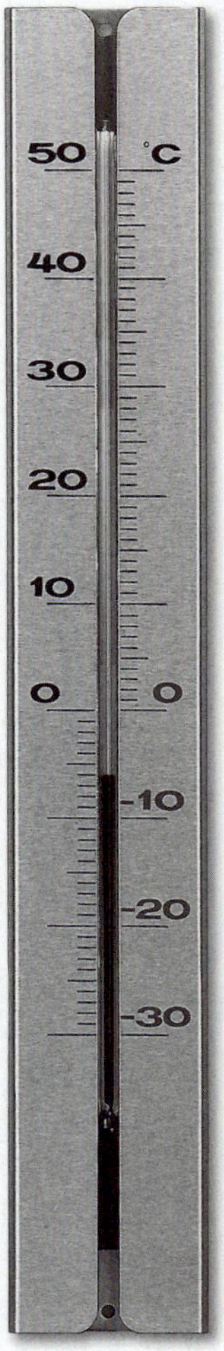

b An einem anderen Tag konnte man vor Sonnenaufgang -3° ablesen. Zwei Stunden nach Sonnenaufgang betrug die Temperatur bereits 4°. Um wie viel ist sie gestiegen?

c An einem heissen Sommertag stieg die Temperatur auf 33° im Schatten. Die nächste Nacht brachte nur eine Abkühlung von 7°. Wie warm war es in dieser Nacht?

d Die Wetterprognose gibt für St. Moritz folgende Temperaturen an:

27. Dezember: Min/Max -14 °C bis -2 °C
28. Dezember: Min/Max -16 °C bis -1 °C

– Berechne den Unterschied zwischen Minimum und Maximum für beide Tage.

– An welchem Tag ist der Unterschied grösser?

1.4 Welcher Term passt zu welcher Beschreibung? Ordne mit Verbindungslinien zu.

Die Temperatur beträgt -5° und steigt dann um 7° an. ●	● -7 – 5
Tagsüber war es 5°; in der Nacht fiel das Thermometer um 7°. ●	● 5 – 7
Im Laufe des Vormittags wird die Temperatur um 5° ansteigen, während man in der Nacht davor mit -7° zu rechnen hat. ●	● -5 + 7
Heute ist es nochmals 5° kälter als gestern, als das Quecksilber bereits bei -7° stand. ●	● -7 + 5

2.1 Auf der Zahlengeraden sind die ganzen Zahlen A bis F markiert. Notiere ihre Gegenzahlen.

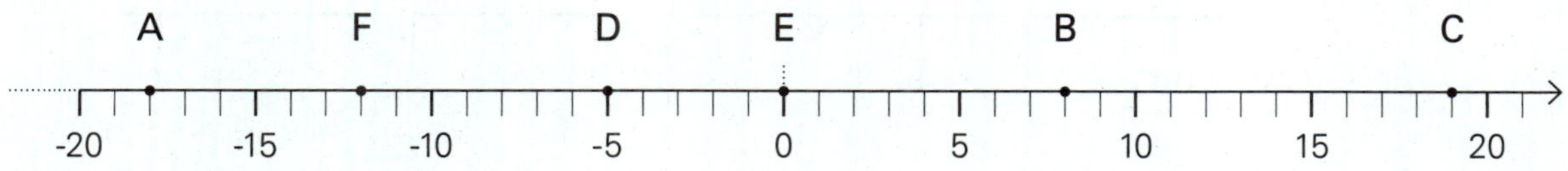

Gegenzahlen: ....

2.2 Orientiere dich auf der Zahlengeraden und setze das richtige Zeichen < oder > zwischen die ganzen Zahlen.

a 5 ⬡ 15

b 0 ⬡ -5

c -13 ⬡ -9

d -6 ⬡ -16

e -7 ⬡ 7

f -8 ⬡ -10

g -25 ⬡ 0

h -1 ⬡ -11

i 20 ⬡ -20

k 3 ⬡ 1

l -3 ⬡ 1

m – 5 ⬡ -15

2.3↗ Notiere zu jeder Zahl,

a die um 3 grössere ganze Zahl: 35, 67, -17, -12, -3, -100, 126, -126, 999, -999

b die um 5 kleinere ganze Zahl: 46, -14, -5, 3, 89, -89, 0, -30, -995, 10 004

c die übernächste grössere gerade Zahl: 19, -3, 16, -16, -65, -103, 99, 1001, -1001, -1

d die nächst kleinere «5er-Zahl»: 78, -78, -16, 26, 0, 2, 56, -56, -9999, 1005

2.4

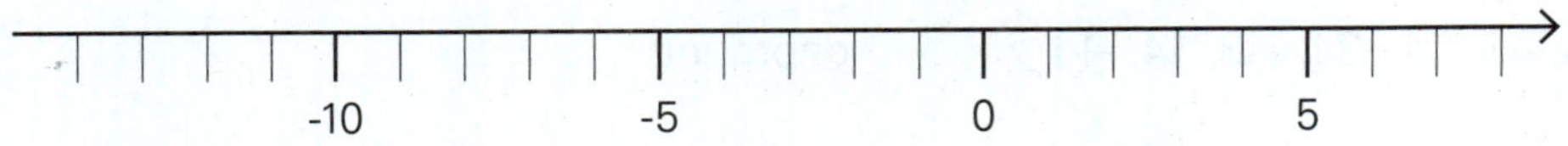

a Markiere auf der Zahlengeraden mit **O** alle ganzen Zahlen, die kleiner als -1 sind.

b Markiere mit **×** alle ganzen Zahlen grösser als -11.

c Für welche ganzen Zahlen gilt: grösser als -11, aber kleiner als -1?

Zähle sie auf: ....

2.5

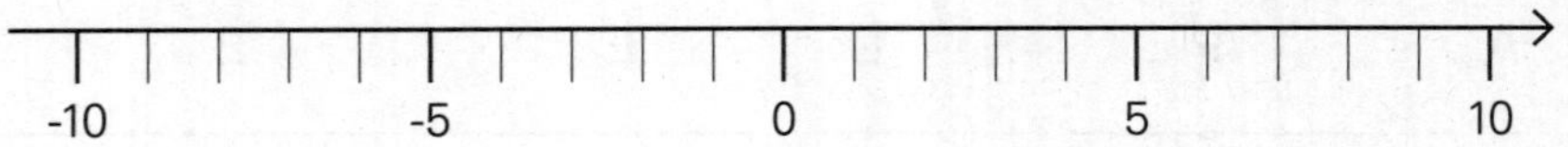

a Markiere auf der Zahlengeraden mit einem Zeichen alle ganzen Zahlen > -2.
Mit einem anderen Zeichen markierst du die ganzen Zahlen < 5.

b Welche ganzen Zahlen sind sowohl kleiner als 5 als auch grösser als -2?

....

2.6

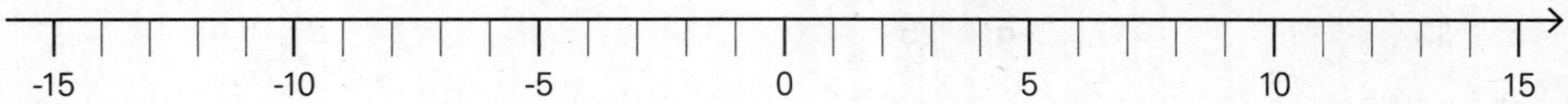

a Markiere auf der Zahlengeraden mit einem Zeichen alle ganzen Zahlen < -9.
Mit einem anderen Zeichen markierst du die Gegenzahlen aller ganzen Zahlen > 4.

b Welche ganzen Zahlen sind grösser als -10 und haben eine Gegenzahl grösser als 4?

....

2.7 Ordne die folgenden ganzen Zahlen der Grösse nach. Beginne mit der kleinsten Zahl.

a -17, 34, -56, -65, 12, -14, 0, 5 geordnet: ....

b 69, -39, -11, 40, -10, -96, 37, -37 geordnet: ....

c 23, -24, 43, 24, -34, -43, 14, -14 geordnet: ....

d 102, 89, -99, -100, 72, 98, -98, -103 geordnet: ....

2.8 In den folgenden Aufgaben hat es je einen Fehler. Suche ihn und korrigiere die Ordnung.

a -103 < -98 < -17 < 0 < -8 < 3 < 11 < 98

b 67 > 55 > -55 > -12 > -13 > -31 > -67 > -90

c 77 > 46 > 16 > 0 > -1 > -25 > -42 > 24

d -165 < -112 < -121 < -64 < -46 < -5 < 5 < 15

3.1 Wie geht es weiter? Notiere bei jeder Aufgabe die nächsten vier Zahlen.

a 27, 21, 15, 9, ...

b -36, -29, -22, -15, ...

c -42, -36, -30, -24, ...

d -48, -40, -32, -24, ...

e -9, -6, -2, 3, ...

f 19, 16, 12, 7, ...

g -14, 12, -10, 8, ...

h -27, 24, -20, 15, -9, ...

i 1.5, 1, 0.5, 0, ...

k -1, 2, -3, 4, -5, ...

l -15, -13, -12, -12, -13, ...

m 10, 5, 9, 6, 8, ...

4.1 ↗ Ein dem Konto-Spiel ähnliches Spiel findest du auf dem Computer.

Konto-Spiel

4.2 Rechne aus.

a

26 – 29 = ...

24 – 42 = ...

15 – 17 = ...

31 – 13 = ...

b

-6 – 9 = ...

-36 – 14 = ...

-54 + 17 = ...

-12 + 24 = ...

c

17 – (-14) = ...

-17 – (-27) = ...

42 + (-43) = ...

-39 + (-11) = ...

4.3 ↗ Das Addieren und Subtrahieren ganzer Zahlen kannst du mit dem Computer üben.

Addition und Subtraktion von ganzen Zahlen

5.1↗ Ende Jahr erstellt die Verwaltung eines Dorfes eine Statistik über die Veränderung der Einwohnerzahl. Das Diagramm zeigt die Veränderungen während der 20 Jahre von 1990 bis 2010.

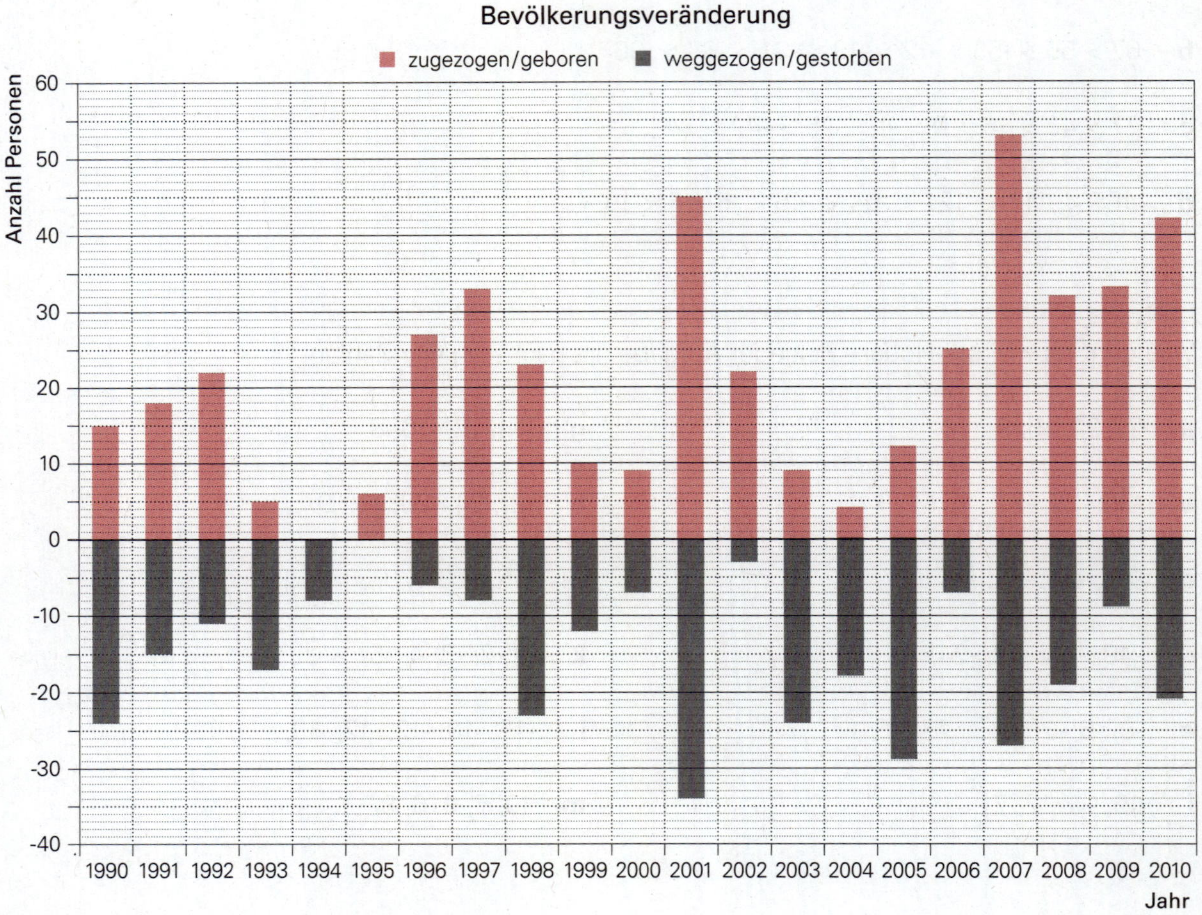

a Um wie viele Personen hat sich die Einwohnerzahl in den Jahren 1991, 1993 und 2003 verändert? Notiere auch, ob die Einwohnerzahl in diesen Jahren jeweils zu- oder abgenommen hat.

b In welchem Jahr ist die Einwohnerzahl gleichgeblieben?

c In welchem Jahr ist die Einwohnerzahl am stärksten gewachsen und in welchem Jahr ist sie am stärksten zurückgegangen?

d Ende 1989 betrug die Einwohnerzahl 2874 Personen.
Wie gross war sie Ende 2010?

e Zeichne ein Liniendiagramm, das die Einwohnerzahlen für die Jahre 1990 bis 2010 jeweils Ende Jahr zeigt.

5.2 Die drei Klimadiagramme zeigen die sogenannten Normwerte für die drei Messstationen. Das sind gemittelte Werte über die Jahre 1961 bis 1990.

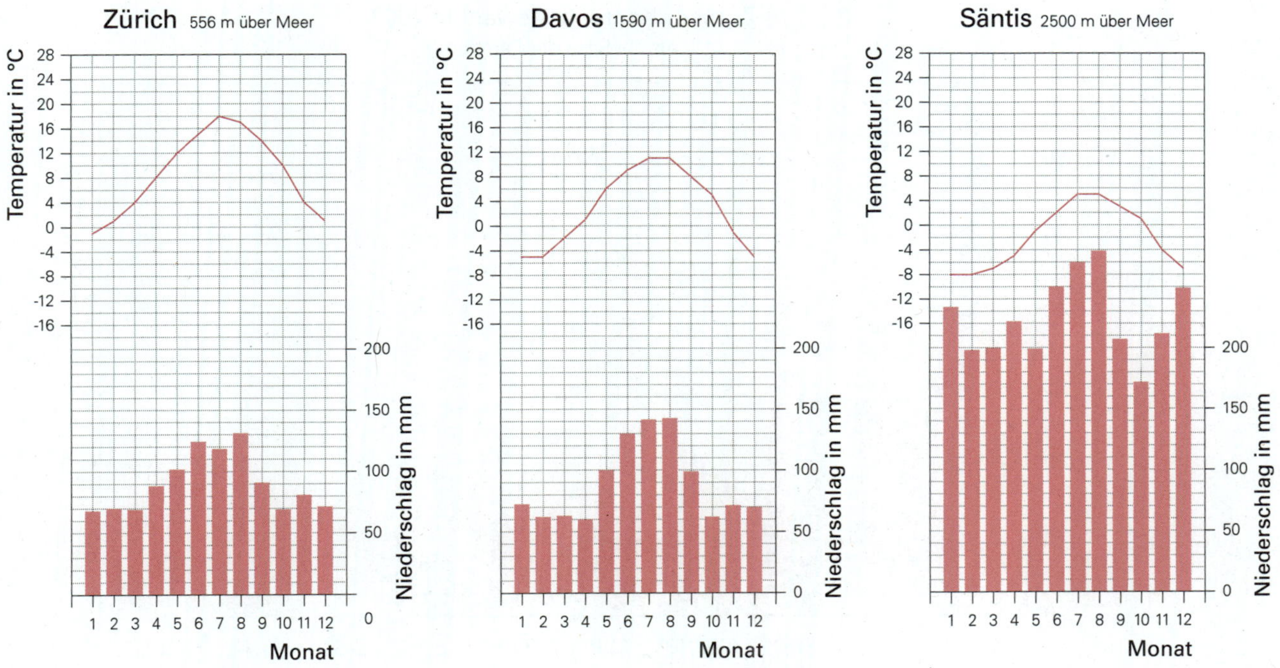

a Wie viele Monate ist das Monatsmittel der Temperaturen negativ?

Zürich: .... Davos: .... Säntis: ....

b Wie gross ist der grösste Unterschied der mittleren Monatstemperaturen ungefähr?

Zürich: .... Davos: .... Säntis: ....

c Bei welcher Station findest du bei den Temperaturen den höchsten, bei welcher den tiefsten Monatsmittelwert? Notiere die entsprechenden Monate.

....

....

d Betrachte deine Resultate der Aufgaben a bis c.
Suche plausible Gründe für die Unterschiede der drei Stationen bezüglich ihrer mittleren Monatstemperaturen und deren Jahresverlauf.
Mache ein paar kurze Notizen.

....

....

....

....

5.3 Bei den Wahlen 2007 ins Parlament des Kantons Zürich haben gewisse Parteien Sitze gewonnen, andere verloren.

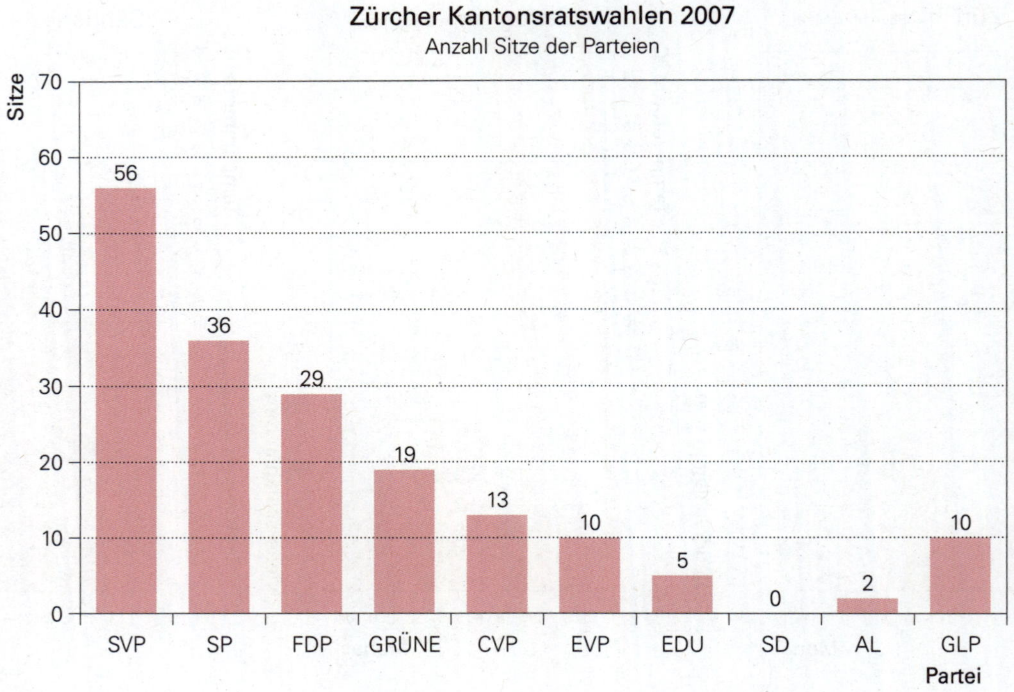

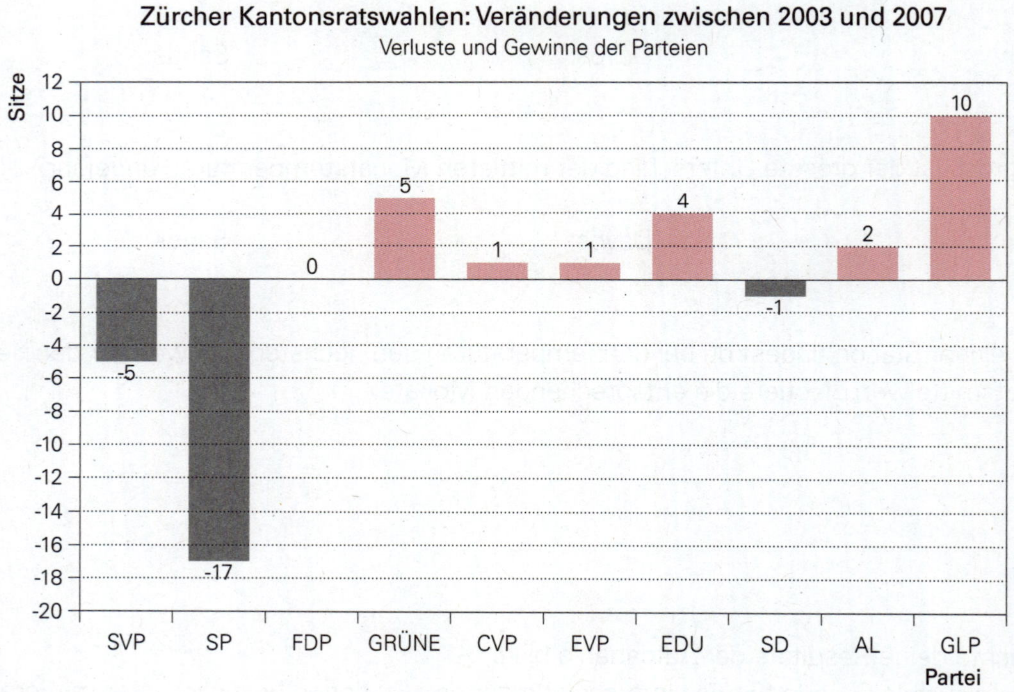

SVP Schweizerische Volkspartei
SP Sozialdemokratische Partei
FDP Freisinnig-Demokratische Partei
GRÜNE Grüne
CVP Christlichdemokratische Volkspartei
EVP Evangelische Volkspartei
EDU Eidgenössisch-Demokratische Union
SD Schweizer Demokraten
AL Alternative Liste/PdA
GLP Grünliberale

- Was kannst du alles aus diesen beiden Säulendiagrammen herauslesen?
  Stelle auch sinnvolle Rechnungen auf.
- Was fällt dir auf?
  Notiere mindestens drei verschiedene Aussagen, die du auch begründen kannst.
- Tausche dich mit anderen in der Klasse darüber aus, was ihr herausgefunden habt.

1.1 ↗ Du kannst auch gegen den Computer «Schiffe versenken» spielen.

Schiffe versenken

2.1 **a** Markiere im Koordinatensystem die folgenden Punkte:

A (-7/-8)

B (-5/-9)

C (11/-1)

D (11/1)

E (-5/9)

F (-7/8)

G (7/1)

H (5/0)

I (-3/-4)

K (-3/4)

L (-5/5)

M (-3/-6)

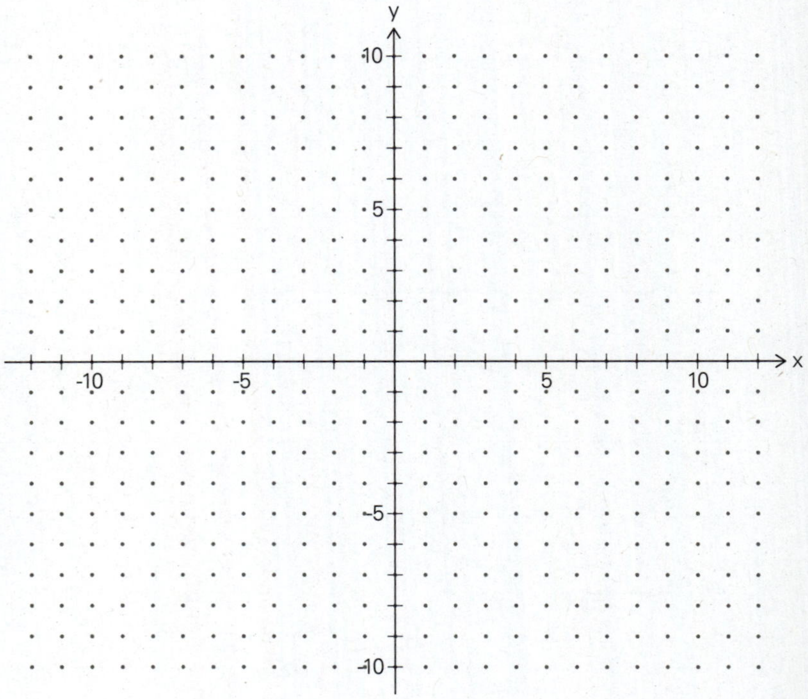

b Verbinde die Punkte der Reihe nach gradlinig:

A → B → C → D → E → F → A

F → G → H → I → M → D

B → L → K → I

Eine Verbindungsstrecke fehlt. Zeichne sie auch noch ein.

c Betrachte die entstandene Figur genau.

Was meinst du dazu? ....

....

Die Wirkung kannst du noch erhöhen, indem du die Flächen verschieden einfärbst.

2.2 **a** Die Ecken eines Quadrates haben folgende Koordinaten.
Vervollständige und zeichne das Quadrat im Koordinatensystem ein.

A (3/4)

B (6/4)

C (........../1)

D (3/..........)

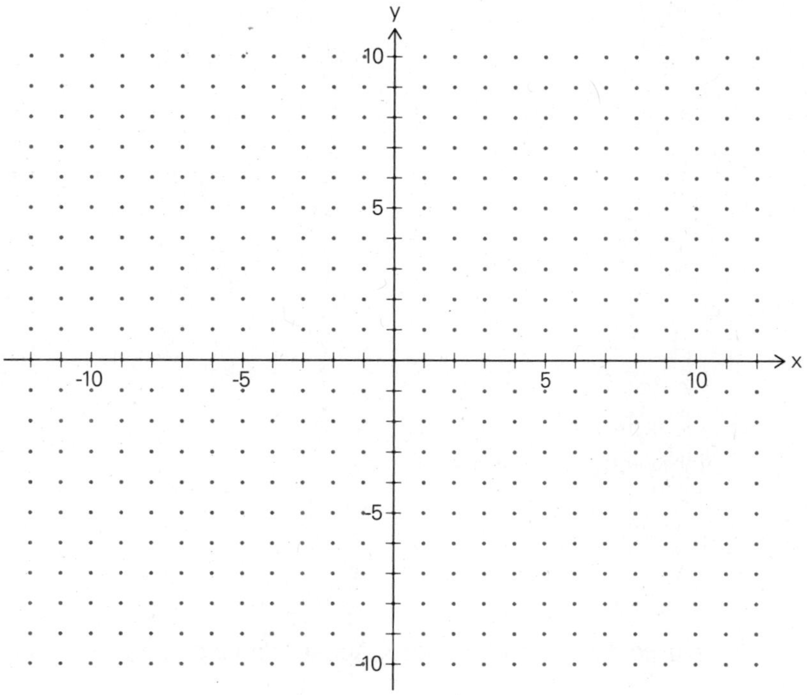

b Das Quadrat wird am Nullpunkt gespiegelt. Bestimme zuerst die Koordinaten des gespiegelten Quadrates und zeichne es dann ein.

A' (........../..........)

B' (........../..........)

C' (........../..........)

D' (........../..........)

c Verbinde gradlinig:

A mit D'

D mit A'

C' mit dem Punkt (0/4)

C mit dem Punkt (0/-4)

Betrachte die entstandene Figur.

Was meinst du dazu? ....

....

....

....

....

2.3 **a** Die sichtbaren Ecken eines Würfels mit Kantenlänge 4 haben die angegebenen Koordinaten. Vervollständige und zeichne ihn.

A (2/3)

B (6/3)

C (6/7)

D (....../7)

E (8/4)

F (....../......)

G (....../......)

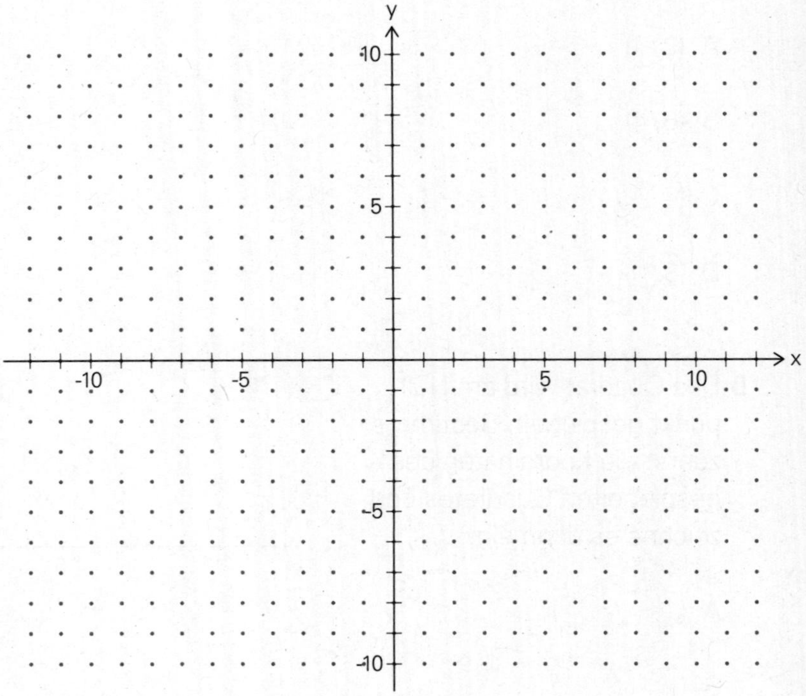

b Wie lauten die Koordinaten der nicht sichtbaren achten Ecke?

H (....../......)

c Spiegle den Würfel an der x-Achse, danach an der y-Achse und schliesslich am Nullpunkt.

d Ergänze bei jedem Würfel die fehlende Ecke und die noch nicht gezeichneten drei Kanten. Kennzeichne deutlich, welche Kanten vorne und welche hinten liegen.

e Aus welchen Richtungen siehst du die vier gezeichneten Würfel? Notiere zu jeder Zeichnung Stichworte.

Oben links: ....

....

....

....

Oben rechts: ....

....

....

....

Unten links: ....

....

....

....

Unten rechts: ....

....

....

....

2.4 Mit (x/y) sollen die Koordinaten der Ecken des gegebenen Dreiecks beschrieben werden.

a Bestimme die Koordinaten des Originaldreiecks:

A (....../......)

B (....../......)

C (....../......)

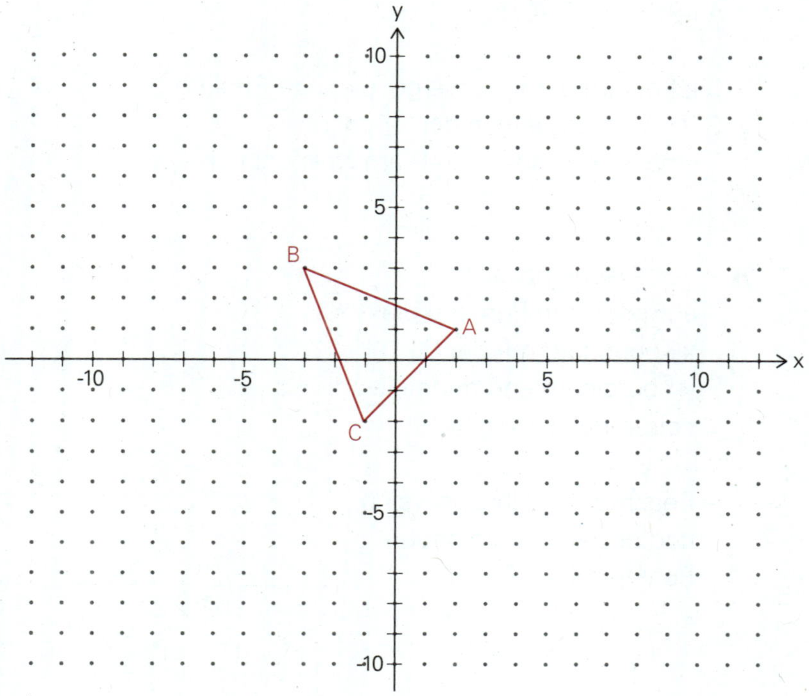

b Für die Koordinaten der Ecken neuer Dreiecke gilt:

(x + n/y)

Das heisst, n wird zur x-Koordinate addiert.

Bestimme nun die Koordinaten von zwei neuen Dreiecken:

für n = 7	für n = -6
A' (9/......)	A'' (....../1)
B' (....../......)	B'' (....../......)
C' (....../......)	C'' (....../......)

Zeichne die Dreiecke mit Farbe ein.

c Jetzt soll für die Koordinaten der Ecken der neuen Dreiecke gelten: (x + m/y + m)

Zeichne mit einer anderen Farbe zwei neue Dreiecke:

für m = 6	für m = -6
(....../......)	(....../......)
(....../......)	(....../......)
(....../......)	(....../......)

d In die Lücken zwischen dem gegebenen Dreieck und den zwei Dreiecken von Aufgabe c passen genau zwei weitere Dreiecke, die gleich liegen. Zeichne sie ein.

Wie gross ist m für diese zwei Dreiecke? m = ... und m = ...

2.5 **a** Trage diese Punkte im Koordinatensystem ein:

A (-8/8)   B (0/8)

C ist der an der y-Achse gespiegelte Punkt A.
G ist A gespiegelt an der x-Achse.
F erhältst du, indem du B am Nullpunkt spiegelst.

b – Vertausche bei allen aufgeführten Punkten die x-Koordinate mit der y-Koordinate und trage die neuen Punkte ein.

– Beachte den Uhrzeigersinn und bezeichne die neuen Punkte mit D, E und H.

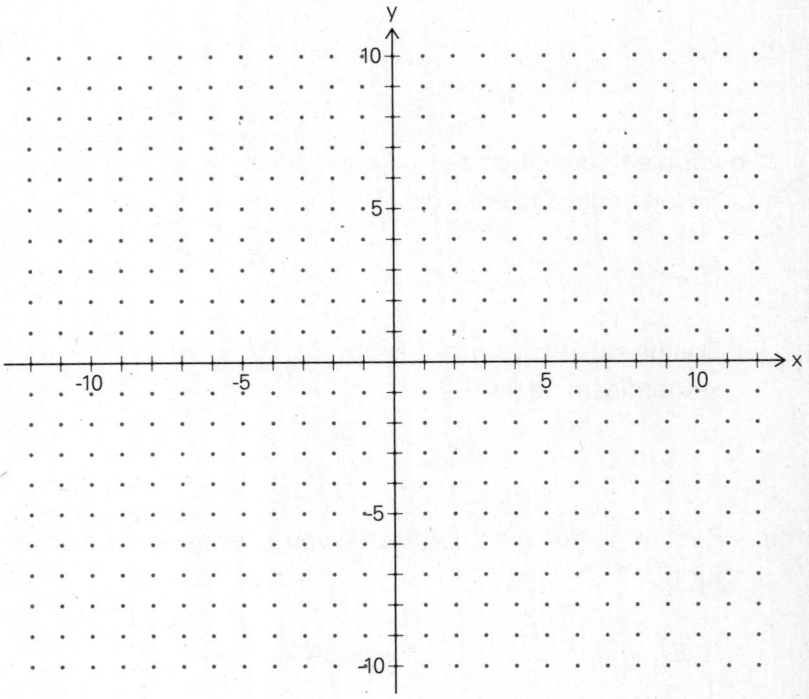

c Welcher Symmetrie entspricht dieser Koordinatentausch bei Aufgabe b?

....

d Verbinde die Punkte der Reihe nach mit Strecken: A → F → C → H → E → …

Bestimmt merkst du, wie es weitergeht.

e Was meinst du zum entstandenen Bild?
Notiere Stichworte zu allem, was dir auffällt. Tauscht dann eure Beobachtungen in der Klasse aus.

....

....

....

....

3.1 **a** Zeichne im Fünfeck auf der nächsten Seite die Diagonalen ein.
Im Inneren entsteht ein weiteres, kleineres Fünfeck. Zeichne auch hier alle Diagonalen ein.
Mache das noch einmal.

b Verlängere die Seiten des Ausgangsfünfecks, bis sie sich schneiden.

Diese Schnittpunkte bilden ein ....
Zeichne es ein.

c Bestimme die Koordinaten der Ecken des grössten Fünfecks und notiere sie.
Vergleiche mit den Lösungen deiner Klassenkameradinnen und Klassenkameraden.

d Aus den Koordinaten der beiden obersten Ecken des grössten Fünfecks kannst du die Seitenlänge des entsprechenden Fünfecks berechnen.
Das geht auch bei zwei Ecken im nächst kleineren Fünfeck.
Auch die Länge der Diagonalen kannst du aus den Koordinaten von zwei günstigen Ecken bestimmen.
Kontrolliere mit Nachmessen.

Fülle folgende Tabelle mit den Längenangaben zu deinen drei oder vier Fünfecken aus:

Länge der Diagonale d	Länge der Seite s	Quotient d : s
....	....	....
....	....	....
....	....	....
....	....	....

Was stellst du fest?

....

....

....

Der Quotient in diesem Beispiel ist eine ganz besondere Zahl.
Im Internet findest du Informationen zum Stichwort «Goldener Schnitt».

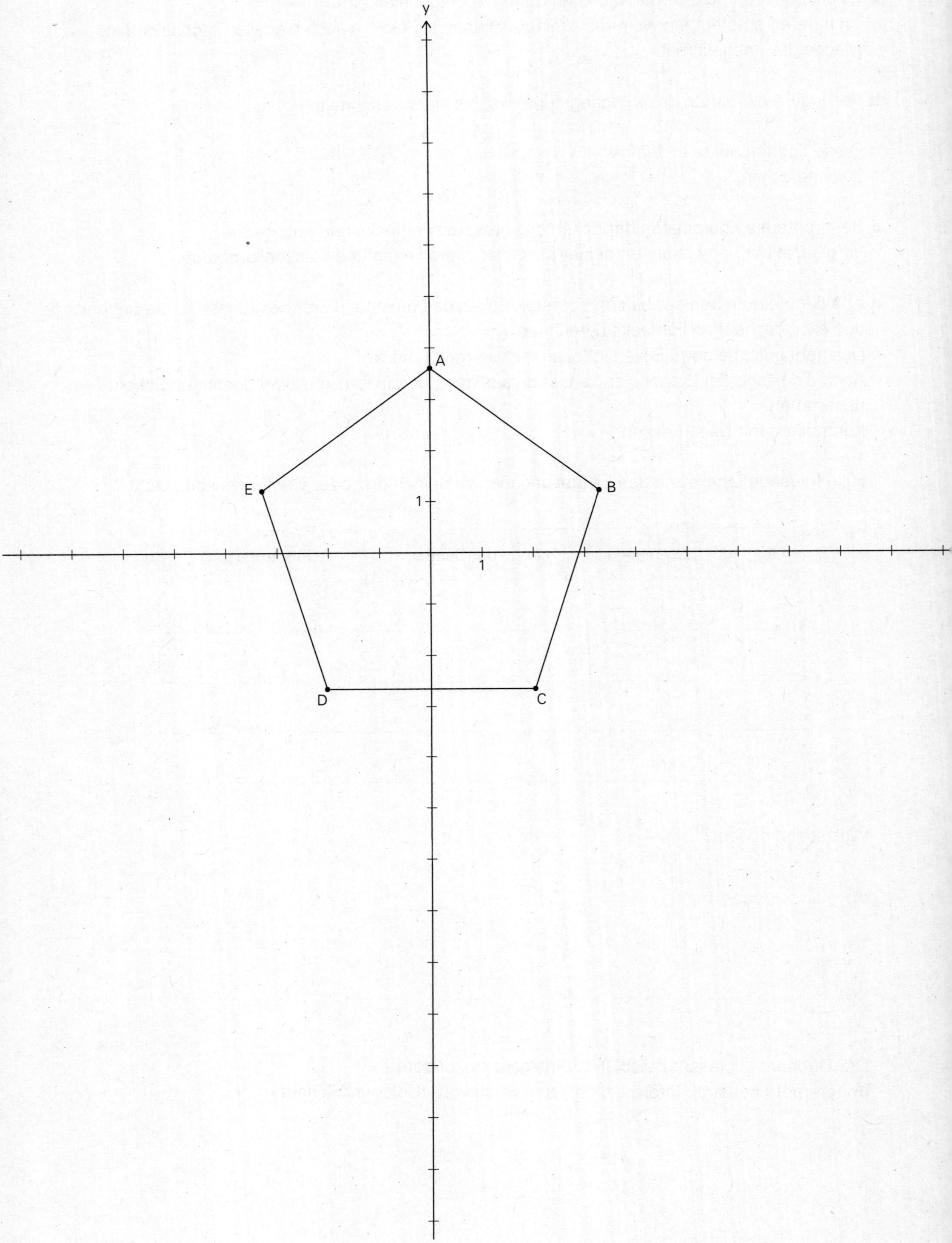
y
A
B
C
D
E
1
1

3.2 **a** Zeichne unten ein Koordinatensystem mit dem angegebenen Nullpunkt:
9 cm in allen vier Richtungen.

Die Ecken des Dreiecks ABC haben folgende Koordinaten [in cm]:

A (1.8/3.7), B (4.9/1.2), C (5.8/4.6)

Zeichne das Dreieck ein und spiegle es mit einer achsensymmetrischen Konstruktion, also mit Zirkel und Geodreieck, an der x-Achse und an der y-Achse.

b Spiegle das Dreieck ABC mit einer punktsymmetrischen Konstruktion am Nullpunkt.

c Kontrolliere deine Konstruktion:
Spiegle das punktsymmetrisch abgebildete Dreieck an der x- und an der y-Achse.

(0/0)

4.1 «Kartenmassstab 1 : 100 000» bedeutet, dass das, was in der Karte dargestellt ist, in der Wirklichkeit 100 000-mal grösser ist.
Berechne, wie gross folgende Distanzen aus einer Karte in diesem Massstab in Wirklichkeit sind.
Gib deine Ergebnisse in km an:

a 1 cm ....

b 5 cm ....

c 13.5 cm ....

d 6 mm ....

4.2↗ **a** Auf allen 23 Landeskarten der Schweiz im Massstab 1 : 100 000 beträgt die Distanz zwischen zwei Koordinatenlinien immer 1 cm. Nur jede zehnte Koordinatenlinie ist jedoch aufgedruckt.
Wie viele km beträgt diese Distanz zwischen zwei gedruckten Linien in der Wirklichkeit?

b In diesem Kartenausschnitt ist links, anschliessend an eine Koordinatenlinie, ein Quadrat mit Seitenlänge 1 cm hervorgehoben.
Wie gross ist diese Fläche in der Wirklichkeit?

c Wie gross ist die Luftlinien-Distanz vom Bahnhof Cham (Mitte) bis zum Zeltplatz an der Mündung der Lorze in den Zugersee?

d Bestimme die Luftlinien-Distanz vom Bahnhof Cham bis zum rot markierten Punkt bei der Autobahnauffahrt nordöstlich davon.

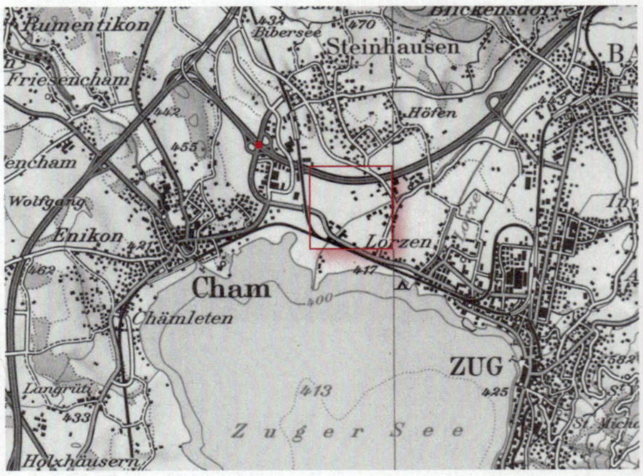

4.3 Die Quadrate unten sollen leere Kartenausschnitte wie in Aufgabe 4.2 darstellen.
Die Ecke links unten ist mit ihren Koordinaten angeschrieben.

Trage die durch ihre Koordinaten angegeben Punkte ein (siehe Beispiel).

Beispiel: (692.300/263.400)

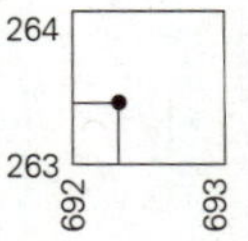

a
(692.300/263.300)

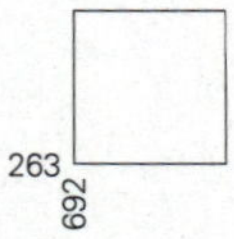

b
(692.700/263.900)

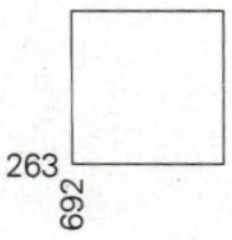

c
(692.100/263.800)

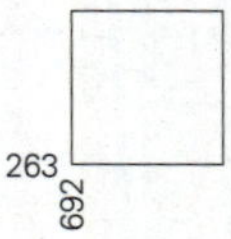

d
(692.400/263.500)

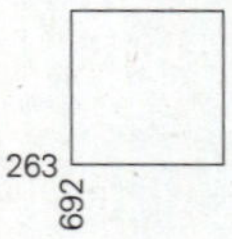

4.4 **a** Auf welchen markanten Punkt beziehen sich die Koordinatenangaben (679.350/237.550)?

....

b Wie lauten die Koordinaten des Hauses links neben dem Buchstaben L?

....

4.5 **a** Auch das Koordinatennetz der Landeskarten der Schweiz hat einen Nullpunkt. In welchem Land liegt er?

....

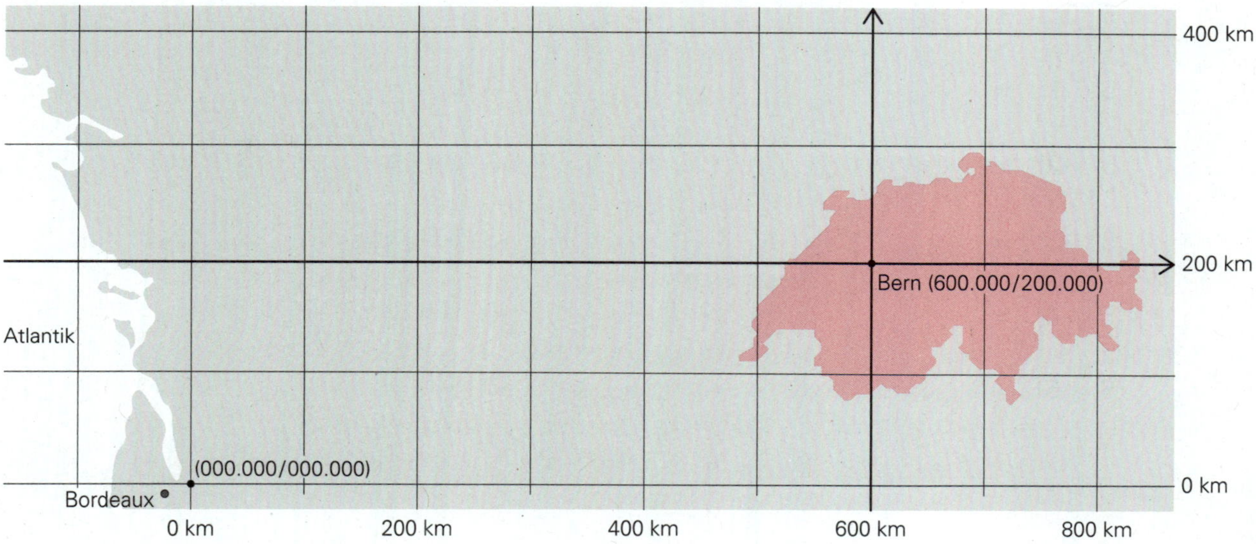

b Im Prinzip ist man frei, den Nullpunkt irgendwo festzusetzen.
Suche Vorteile, warum man ihn nicht mitten in der Schweiz, zum Beispiel bei der alten Sternwarte der Universität Bern (siehe Themenbuch), festgelegt hat.
Vergleiche zum Beispiel den Zahlenwert der x-Koordinate mit jenem der y-Koordinate eines beliebigen Punktes in der Schweiz.

....

....

....

....

....

....

....

1.1 ↗ Ein ähnliches Spiel wie das Saldo-Spiel findest du auf dem Computer.

Saldo-Spiel

1.2 «Anders kann es gar nicht sein …»
- Rechne aus.
- Ergänze in gleicher Weise die zwei leeren Zeilen unten mit Rechnungen.

a

$5 \cdot 3 = 15$

$5 \cdot 2 = 10$

$5 \cdot 1 = 5$

$5 \cdot 0 =$ ……

$5 \cdot (-1) =$ ……

$5 \cdot (-2) =$ ……

$5 \cdot (-3) =$ ……

$5 \cdot (-4) =$ ……

$5 \cdot (-5) =$ ……

……………………

……………………

b

$-3 \cdot 5 = -15$

$-3 \cdot 4 = -12$

$-3 \cdot 3 = -9$

$-3 \cdot 2 =$ ……

$-3 \cdot 1 =$ ……

$-3 \cdot 0 =$ ……

$-3 \cdot (-1) =$ ……

$-3 \cdot (-2) =$ ……

$-3 \cdot (-3) =$ ……

……………………

……………………

Beobachte, wie sich von Zeile zu Zeile der eine Faktor und wie sich das Produkt verändert.
Was schliesst du daraus? Mache ein paar kurze Notizen.

……………………………………………

……………………………………………

……………………………………………

1.3 ↗ Zeige, dass $-4 \cdot (-6)$ nicht gleich -24 sein kann.

2.1

a

$17 \cdot (-3) =$ ……

$-5 \cdot 15 =$ ……

$-23 \cdot 4 =$ ……

$-13 \cdot x = -65$ $x =$ ……

b

$-4 \cdot (-9) =$ ……

$-6 \cdot (-11) =$ ……

$-24 \cdot (-2) =$ ……

$-12 \cdot x = 108$ $x =$ ……

c -42 : 7 = ...

63 : (-9) = ...

-84 : (-12) = ...

-144 : x = -12 x = ...

d 14 : (-2) = ...

-36 : (-4) = ...

-102 : 3 = ...

85 : x = -17 x = ...

2.2↗ **a** Weitere Aufgaben zum Trainieren findest du auf dem Computer.

Grundoperationen mit ganzen Zahlen

b Auch mit diesem Spiel auf dem Computer kannst du üben.

«Drei-Räder»-Spiel

2.3 **a** Bestimmt kannst du erkennen, wie du die begonnene Zeichnung nach aussen fortsetzen kannst. Zeichne so viele Quadrate ein wie möglich.

b Markiere je mit einer Farbe alle Quadratecken, zu denen die untenstehenden Koordinatenangaben passen.

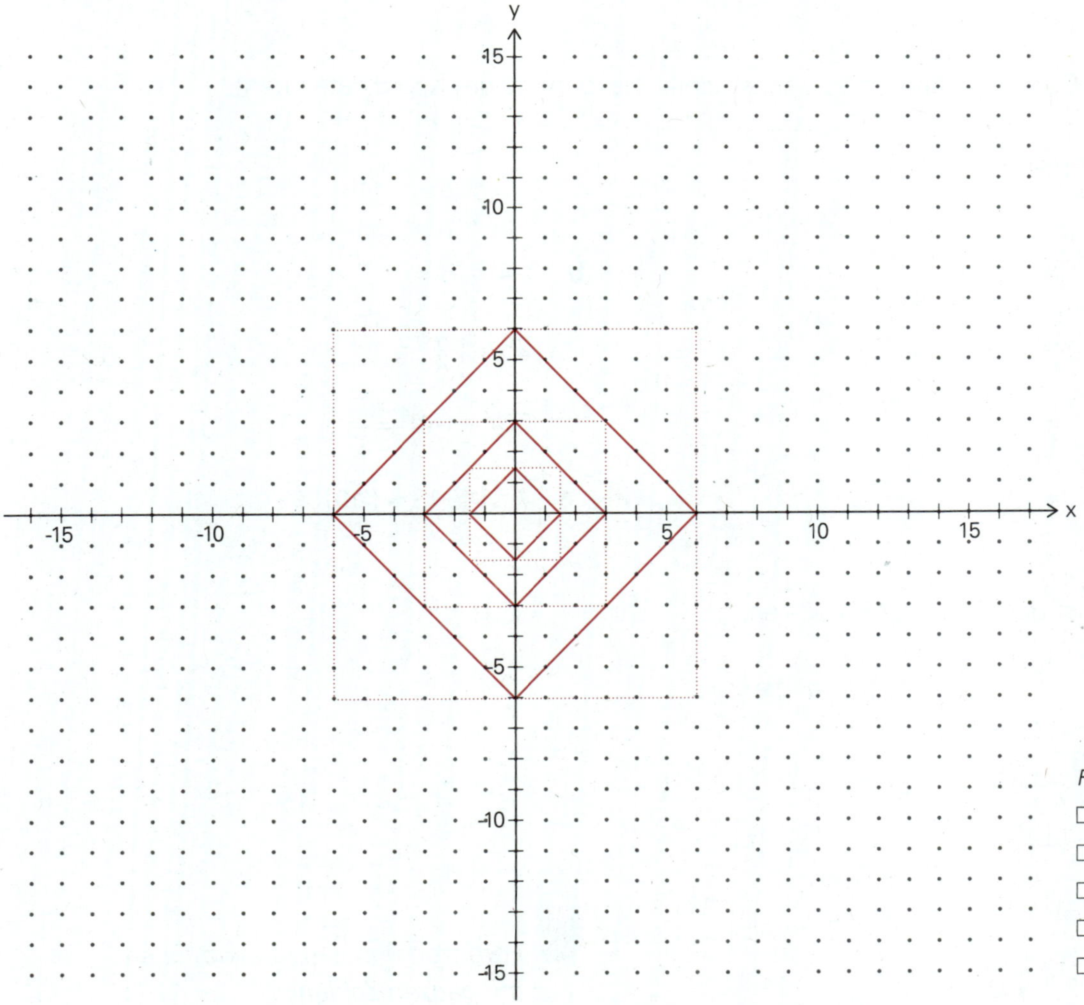

Farbe/Koordinaten

- ☐ (n · 1.5/0)
- ☐ (a · 1.5/a · 1.5)
- ☐ (0/m · (-1.5))
- ☐ (b · (-1.5)/b · 1.5)
- ☐ (b · (-1.5)/b · (-1.5))

Bemerkung: Die Variablen n, a, m und b stehen für natürliche Zahlen.

c Suche Koordinatenangaben, die für die Quadratecken passen auf der

– x-Achse vom Nullpunkt nach links: ....

– y-Achse vom Nullpunkt nach oben: ....

d Die Ecken der mit ausgezogenen Strecken gezeichneten Quadrate können mit diesen Koordinaten beschrieben werden:

$(1.5 \cdot t/0)$ oder $(0/1.5 \cdot t)$

Welche ganzen Zahlen muss man in t einsetzen, um die Koordinaten aller vier Ecken des 5. Quadrates, das du gerade nicht mehr zeichnen konntest, zu erhalten?

....

e Wo liegen die Punkte, die mit folgender Koordinatenangabe beschrieben werden können? Zeichne einen Strahl ein.

$(1.5 \cdot t/-1.5 \cdot t)$

2.4↗ Auf dem Computer findest du ein Lernspiel, bei dem es um Koordinaten geht.

Hasenjagd

3.1 **a**

$(-15)^2$ = ...

$(-12)^3$ = ...

$(-3)^3$ = ...

$(-2)^{10}$ = ...

b

$(-4)^3 : 8$ = ...

$28 + (-2)^5$ = ...

$(-5)^4 - (-4)^5$ = ...

$7 \cdot 11 \cdot 13 + (-10)^3$ = ...

c Wie ist das Resultat? Kreuze an.

	positiv	*negativ*
$8 \cdot (-3)^5$	☐	☐
$(-2)^6 \cdot (-5)^2$	☐	☐
$(-1)^{99} \cdot (-4)^7$	☐	☐
$-9 \cdot (-2)^8 \cdot (-6)^9$	☐	☐

Potenzen und Grundoperationen mit ganzen Zahlen

4.1 ↗ Im Themenbuch hast du den «Windchill-Effekt» kennen gelernt. Benütze die dort aufgeführte Tabelle.

a Das Thermometer zeigt 5 °C an.
Wie gross ist der «Windchill-Effekt» bei einem Wind von 40 km/h?

b Bei einem Wind von 40 km/h hat man auf der Haut das Gefühl einer Temperaturveränderung von etwa -9°. Welche wirkliche Temperatur zeigt das Thermometer?

c Das Thermometer zeigt -10 °C an. Der «Windchill-Effekt» beträgt -8 °C.
Mit welcher Geschwindigkeit wird der Wind ungefähr blasen?

d Das Thermometer zeigt eine wirkliche Temperatur von 5° an. Der Wind bläst mit 60 km/h und bewirkt einen «Windchill-Effekt» von -7°. Wie gross ist die empfundene Temperatur?

e Den Term $1.363 \cdot t - 8.142$ hast du bereits im Themenbuch kennen gelernt. Er gilt für die Windgeschwindigkeit von 50 km/h.
Setze für t zuerst -5° und dann auch noch 0° ein und berechne die empfundene Temperatur.
Überprüfe deine Resultate mit den Angaben in der Tabelle.

4.2 Der Term für die Berechnung des «Windchill-Effekts» sieht je nach Windgeschwindigkeit verschieden aus.

a Benütze die Tabelle aus dem Themenbuch und betrachte die folgenden Terme genau.
Du kannst ohne zu rechnen herausfinden, welcher Term zu welcher Windgeschwindigkeit passt.
Ordne zu.

$1.337 \cdot t - 7.396$ ●	● 10 km/h
$1.195 \cdot t - 3.315$ ●	● 20 km/h
$1.363 \cdot t - 8.142$ ●	● 30 km/h
$1.385 \cdot t - 8.771$ ●	● 40 km/h
$1.305 \cdot t - 6.473$ ●	● 50 km/h
$1.262 \cdot t - 5.242$ ●	● 60 km/h

b In der Aufgabe a hört die Zuordnung bei 60 km/h auf. Die Tabelle zeigt aber auch noch die Werte für 70 km/h und 80 km/h an.
Fällt dir in der Tabelle etwas auf?
Äussere Vermutungen, warum die beiden Terme für diese Windgeschwindigkeiten hier nicht mehr aufgeführt wurden.

4.3↗ Während du bei 20° von einem milden Frühlingstag sprechen kannst, würde eine Amerikanerin protestieren; für sie sind etwa 70° im Schatten angenehm mild. Wie kommt das?
Es gibt Länder, in denen die Temperatur nicht in Celsius-Grad, sondern in Fahrenheit-Grad gemessen wird.

a Woran erkennst du bei diesem Thermometer, welche Art Grad angezeigt wird?

b Schaue im Lexikon oder im Internet nach, woher die Bezeichnungen «Celsius» und «Fahrenheit» kommen. Mache dir dazu ein paar kurze Notizen.

c Welche Temperatur zeigt dieses Thermometer? Gib deine Ablesung auf das Grad genau und auf zwei verschiedene Arten an.

d Mit dem folgenden Term kannst du Celsius-Gradangaben in Fahrenheit-Gradangaben umrechnen:

$\frac{9}{5} \cdot c + 32$

Überprüfe deine Ablesung von Aufgabe c.

e Benütze den obigen Term und rechne folgende Temperaturen in Grad Fahrenheit um:

100 °C	30 °C	0 °C	-20 °C
50 °C	10 °C	-10 °C	-40 °C

f Umgekehrt kannst du auch Temperaturangaben von Grad Fahrenheit umrechnen in Grad Celsius. Dazu benützt du den folgenden Term:

$(f - 32) \cdot \frac{5}{9}$

Rechne um.

203 °F	32 °F	0 °F	-22 °F
95 °F	14 °F	-4 °F	-40 °F

g Was stellst du bei deinen Resultaten bei den letzten Umrechnungen von Aufgabe e und f fest?

h In der Wissenschaft wird auch mit sogenannten «Kelvin» gearbeitet.
Suche Informationen dazu im Internet oder im Lexikon und mache dir Notizen.
Stelle Terme auf, wie man Angaben von °C in K oder umgekehrt von K in °C umrechnen kann.

5.1 Beschreibe kurz, was mit den folgenden Termen ausgedrückt wird.

a Saldo-Spiel: $s - 5 \cdot (-20)$

……………………………………………………………………………………

……………………………………………………………………………………

……………………………………………………………………………………

……………………………………………………………………………………

b Konto-Spiel: $k - (-4)$

……………………………………………………………………………………

……………………………………………………………………………………

……………………………………………………………………………………

……………………………………………………………………………………

5.2 **a** $35 - (-55) =$ ……………

$-17 + (-22 - 1) =$ ……………

$8 - (17 - 24) =$ ……………

$-(19 - 7) + (2 - 14) =$ ……………

b $6 \cdot (-4) + 18 =$ ……………

$-16 \cdot 2 - 9 \cdot 4 =$ ……………

$-7 \cdot (-5) + (-3) \cdot 9 =$ ……………

$-66 + (-8) \cdot (-9) =$ ……………

c $5^2 - (-5) =$ ……………

$-78 + 3^2 \cdot 9 =$ ……………

$-(4^3) - (-6) \cdot (-7) =$ ……………

$5 \cdot 3^2 - 12^2 =$ ……………

d Setze das richtige Zeichen >, < oder = ein.

$-6 \cdot 2 + 28$ ⬡ $-9 \cdot (-4) - 5 \cdot 4$

$2 \cdot (-10) - 6 \cdot (-5)$ ⬡ $-14 - (-8) : 2$

$5 \cdot (-7) + (-3) \cdot (-10)$ ⬡ $-64 : 8 - 6$

$-(6^2) : 9$ ⬡ $3^3 - (-7) \cdot (-4) + 2^2$

Rechnen mit ganzen Zahlen

Zu diesem Teilkapitel sind keine Aufgaben vorhanden.

Zu diesem Teilkapitel sind keine Aufgaben vorhanden.

1 –

2 –

3.1 **a** Die Winkel in jeder Zeile gehören zu einem Viereck.
Berechne den fehlenden Winkel. Notiere auch passende Vierecksformen.

	α	β	γ	δ	passende Vierecksformen
①	90°	....	90°	90°	....
②	....	62°	118°	62°	....
③	134°	46°	....	46°	....
④	104°	33°	104°	....	....
⑤	90°	....	90°	120°	....
⑥	82°	74°	95°	....	....
⑦	76°	65°	....	82°	....

↗ **b** Bei den folgenden Konstruktionen gilt immer a = 7 cm.
Konstruiere mit den Angaben aus der Tabelle zu jeder Zeile ein Viereck. Zusätzlich gilt für:
① b = 3 cm
② b = 4 cm
③ b = 7 cm
④ b = 7 cm

↗ **c** Vergleiche deine in der Aufgabe b gezeichneten Vierecke mit dem, was du in der Tabelle unter «mögliche Vierecksformen» notiert hast.
Wenn du Unterschiede festgestellt hast, wie kannst du sie erklären?

3.2 ↗ **a** Betrachte die Zeilen ⑥ und ⑦ in der Tabelle von Aufgabe 3.1.
Konstruiere dazu zwei eindeutige Vierecke.

- Auf welche Angabe in der Tabelle kannst du dabei verzichten?
- Was für Angaben müsstest du noch zusätzlich kennen?
  Wähle sie geschickt und konstruiere die beiden Vierecke.

b Wie viele Angaben musst du *mindestens* kennen, um einen Rhombus genau und eindeutig konstruieren zu können?
Mache Beispiele: Skizziere Rhomben und markiere die Stücke, die du kennen müsstest.
Wähle die Masse der Stücke geschickt und konstruiere zwei Beispiele.

3.3 Bisher hast du die Winkel im Inneren eines Vierecks betrachtet. Die sogenannten Aussenwinkel (siehe Zeichnung) sind aber auch interessant.

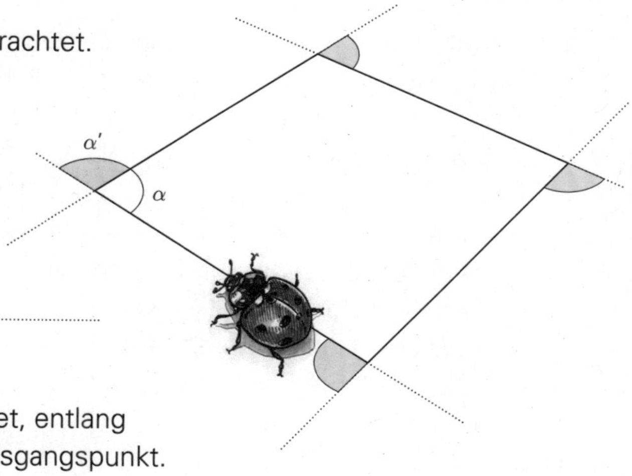

a Welche Beziehung haben zugehörige Innen- und Aussenwinkel, zum Beispiel α und α', zueinander?

....

b Stelle dir vor, du «wanderst», wie es der Käfer andeutet, entlang der Seiten rund um das Viereck wieder zurück zum Ausgangspunkt.

Um wie viele Grad hast du dich dann insgesamt gedreht? ....

c Wie hängt das Resultat von Aufgabe b mit den vier Aussenwinkeln zusammen?

....

d Verallgemeinere das Resultat von Aufgabe c:
Zeichne ein paar beliebige Vielecke mit unterschiedlichen Eckenzahlen von 3 bis 7 auf ein Blatt.
Markiere die Aussenwinkel.
Mache «Käferwanderungen» rund um die Vielecke und formuliere deine Entdeckung über die Aussenwinkel in einem kurzen Satz.

....

....

3.4↗ Stelle von diesem Viereck eine Drehfolie her mit Drehpunkt M.
Um welche Art Viereck handelt es sich hier?

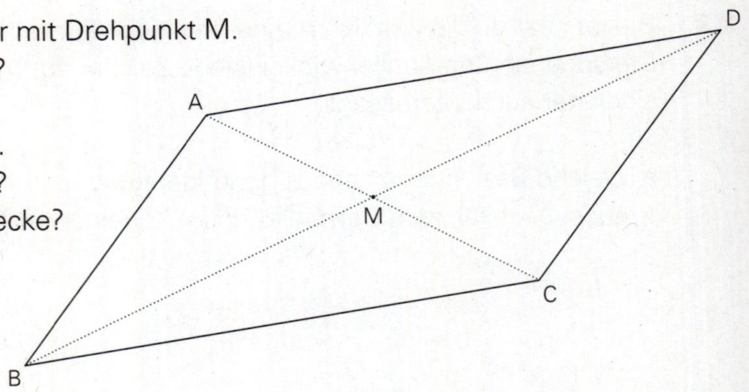

Drehe die Viereckskopie, die Folie, um 180°.
- Wo befinden sich die Ecken A und B nun?
- Welche Eigenschaft haben Parallelenvierecke?
- Was bedeutet das für die Diagonalen im Parallelenviereck?
- Welche anderen Vierecksformen haben die erwähnte Eigenschaft ebenfalls?

3.5 Mache ein Kreuz, wenn eine Viereckart eine bestimmte Eigenschaft aufweisen *muss*.

Vierecksform → Eigenschaft ↓	allgemeines Viereck	Trapez	Drachen	Parallelen-viereck	Rhombus	Rechteck	Quadrat
Alle vier Seiten sind gleich lang	☐	☐	☐	☐	☐	☐	☐
Gegenüberliegende Seiten sind gleich lang	☐	☐	☐	☐	☐	☐	☐
Je 2 gleich lange Seiten bilden gemeinsam eine Ecke	☐	☐	☐	☐	☐	☐	☐
Alle vier Winkel sind gleich gross	☐	☐	☐	☐	☐	☐	☐
Gegenüberliegende Winkel sind gleich gross	☐	☐	☐	☐	☐	☐	☐
Genau zwei der vier Winkel sind gleich gross	☐	☐	☐	☐	☐	☐	☐
Je zwei gegenüberliegende Seiten sind parallel	☐	☐	☐	☐	☐	☐	☐
Genau zwei gegenüberliegende Seiten sind parallel	☐	☐	☐	☐	☐	☐	☐
Genau zwei der vier Seiten sind gleich lang	☐	☐	☐	☐	☐	☐	☐
Die Diagonalen sind gleich lang	☐	☐	☐	☐	☐	☐	☐
Beide Diagonalen halbieren sich gegenseitig	☐	☐	☐	☐	☐	☐	☐
Die Diagonalen stehen senkrecht aufeinander	☐	☐	☐	☐	☐	☐	☐
Keine Symmetrieachse	☐	☐	☐	☐	☐	☐	☐
Genau eine Symmetrieachse	☐	☐	☐	☐	☐	☐	☐
Genau zwei Symmetrieachsen	☐	☐	☐	☐	☐	☐	☐
Mehr als zwei Symmetrieachsen	☐	☐	☐	☐	☐	☐	☐
Ist nur punktsymmetrisch	☐	☐	☐	☐	☐	☐	☐
Ist achsen- und punktsymmetrisch	☐	☐	☐	☐	☐	☐	☐

3.6 Notiere bei jeder Aufgabe möglichst viele verschiedene Vierecksformen, die in Frage kommen. Das Viereck hat folgende Eigenschaften:

a Alle vier Winkel sind gleich gross.

b Gegenüberliegende Winkel sind gleich gross.

c Genau zwei Seiten sind gleich lang und die Diagonalen sind auch gleich lang.

d Genau zwei Winkel sind gleich gross und je zwei gleich lange Seiten bilden eine Ecke des Vierecks.

3.7↗ Mit dem Computer kannst du Zusammenhänge zwischen den verschiedenen Vierecksformen systematisch untersuchen.

Vom Rechteck zum Quadrat
Vom Parallelenviereck zum Rechteck
Vom Parallelenviereck zum Rhombus
Spezialfälle beim Rhombus
Spezialfälle beim Drachen
Spezialfälle beim Trapez

3.8↗ **a** Wähle aus den dir bekannten sieben Vierecksformen drei aus und konstruiere je ein Beispiel. Konstruiere bei deinen drei Vierecken die vier Seitenmittelpunkte.

b Verbinde bei den Vierecken je zwei benachbarte Seitenmittelpunkte. Was für Figuren erhältst du durch diese Verbindungen? Warum?

Mit dem Computer kannst du diese Entdeckung noch weiter untersuchen.

Seitenmittenviereck

3.9 ↗ *Zum Tüfteln:*

a Was ist das Besondere an diesen beiden Tischformen unten?
Untersuche die vorgeschlagenen fünf Tischanordnungen.
Notiere Eigenschaften, die dir auffallen, und tausche deine Entdeckungen mit Mitschülerinnen und Mitschülern aus.

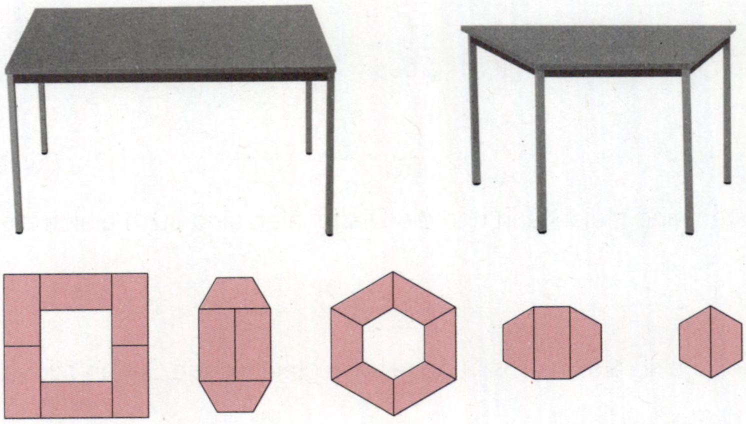

Illustration aus einem Möbelkatalog

b Aus einem einzigen farbigen A4-Papier sollst du 8 bis etwa 10 identische solche «Tisch-Trapeze» herstellen. Überlege, zeichne und schneide aus. Die längste Trapezseite soll 8 cm messen.
Stelle mit einem andersfarbigen Papier auch noch passende 8 bis 10 identische «Tisch-Rechtecke» her.

c Erfinde mit den ausgeschnittenen Rechtecken und Trapezen weitere Anordnungen, die dir sinnvoll erscheinen. Skizziere die Anordnungen und vergleiche deine Kreationen mit anderen in der Klasse.

4.1 Der Flächeninhalt eines Parallelenvierecks beträgt 24 cm^2. Die Seite a misst 6 cm.

a Beschreibe, wo in Bezug zur Seite a die Ecken C und D liegen.

b Winkel α misst 70°. Konstruiere das Parallelenviereck.

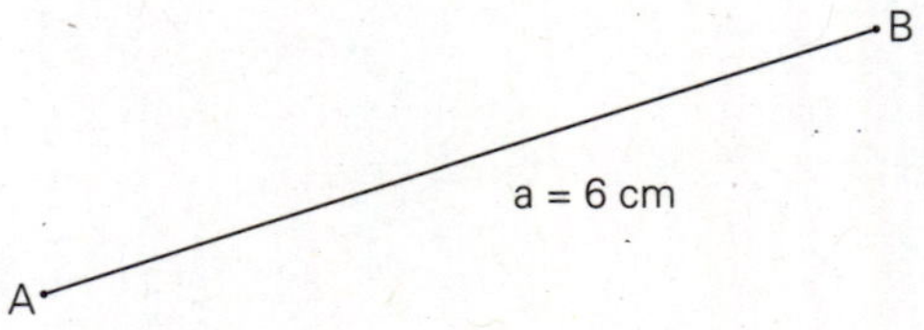

c Der Winkel β misst 130°.
Konstruiere das Parallelenviereck.

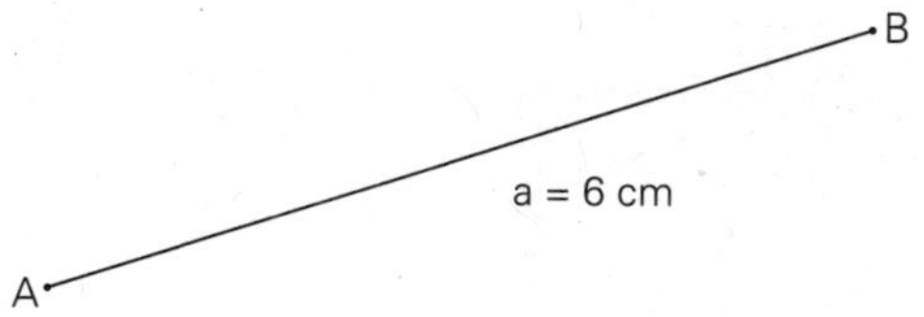

d Konstruiere mit Farbe auch einen flächengleichen Rhombus über der Seite a.

e Wie sieht das Parallelenviereck über der Seite a aus, das flächengleich ist, aber den kleinsten Umfang aufweist? Verwende eine andere Farbe.

4.2↗ Mit dem Computer kannst du noch weitere Erfahrungen sammeln über die Flächenberechnung bei Parallelenvierecken.

Parallelenviereck: Flächenberechnung

4.3↗ Die gegebenen Stücke gehören zu einem Parallelenviereck.
Berechne dessen Flächeninhalt und die Höhe auf die zweite gegebene Seite.

a a = 6 cm, d = 4.5 cm und h_a = 3.5 cm

b a = 7.3 cm, b = 8.6 cm und h_b = 4.6 cm

c b = 7.5 cm, c = 7.5 cm und h_c = 43 mm

d a = 6.4 cm, b = 64 mm und h_b = 2.8 cm

Flächenberechnung Parallelenviereck

5.1 **a** In einem Rechteck mit Länge 8 cm und Breite 5 cm werden die Mittelpunkte benachbarter Seiten gradlinig miteinander verbunden.

Dadurch entsteht ein ....

Wie gross ist der Inhalt seiner Fläche? ....

b Zwei Seiten eines Rhombus von 7 cm Länge liegen auf zwei Parallelen, die einen Abstand von 4.5 cm aufweisen.

Wie gross ist der Inhalt seiner Fläche? ....

5.2↗ Mit dem Computer kannst du weitere Erfahrungen sammeln über die Flächenberechnung bei Drachen.

Drachen: Flächenberechnung

5.3 Die gegebenen Diagonalen gehören zu einem Drachen. Berechne dessen Flächeninhalt.

a e = 6 cm und f = 4.6 cm ....

b e = 7.4 cm und f = 5 cm ....

c e = 76 mm und f = 7.6 cm ....

d e = 6.4 cm und f = 64 mm ....

e e = 0.3 m und f = 0.7 cm ....

f e = 0.5 m und f = 40 cm ....

g e = 12.5 cm und f = 25 mm ....

h e = 240 cm und f = 1.1 m ....

Flächenberechnung Drachen

6.1 **a** Konstruiere die beiden folgenden Trapeze im vorgegebenen Parallelenstreifen.
Markiere anschliessend die beiden Trapeze mit zwei verschiedenen Farben.
Beide haben die vorgegebene Seite a gemeinsam.

Trapez I: Winkel $\alpha = 65°$, Seite $c = 4$ cm
Trapez II: Winkel $\beta = 70°$, Mittellinie $m = 6$ cm

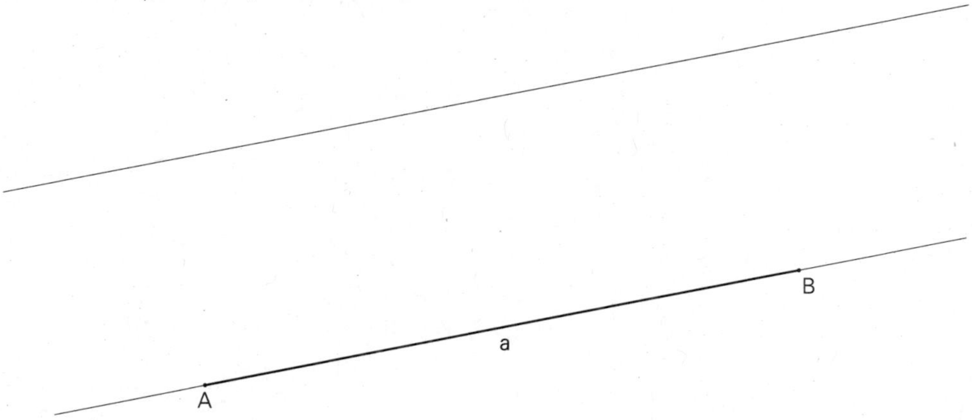

b Berechne den Flächeninhalt der beiden Trapeze.
Was stellst du fest? Begründe.

....

....

....

6.2 ↗ Mit dem Computer findest du noch eine andere Möglichkeit, den Term für die Berechnung des Flächeninhalts eines Trapezes zu verstehen.
Ausserdem kannst du Zusammenhänge zu anderen Vierecksformen entdecken.

Trapez: Flächenberechnung

6.3 ↗ Die gegebenen Stücke gehören zu einem Trapez. Berechne dessen Flächeninhalt.

a $a = 6$ cm, $c = 4$ cm und $h = 3$ cm

b $a = 5.4$ cm, $c = 8.6$ cm und $h = 3.6$ cm

c $a = 72$ mm, $m = 4.5$ cm und $h = 32$ mm

d $a = 6.4$ cm, $m = 44$ mm und $h = 2.8$ cm

e Berechne bei den Aufgaben c und d je die Länge der Seite c.

Flächenberechnung Trapez

7.1 – Schätze bei den unten gezeichneten sieben Vierecken ihren Flächeninhalt in cm^2.
– Berechne den Flächeninhalt. Miss dazu die nötigen Strecken und schreibe die Masse an. Eventuell musst du die Zeichnung ergänzen.
– Wie viele Prozente weicht deine Schätzung vom berechneten Wert ab? Der berechnete Wert entspricht 100%.

Beispiel:

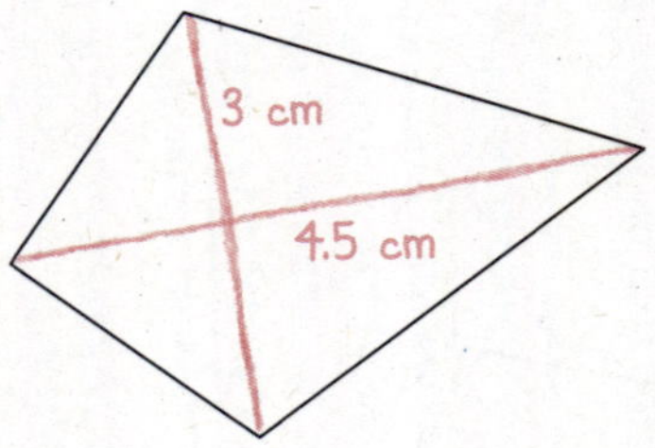

Schätzung: $5.5\ cm^2$

Berechnung: $\frac{3 \cdot 4.5}{2} = 6.75\ cm^2$

Abweichung in cm²: $1.25\ cm^2$

Abweichung in %: $6.75\ cm^2 \leftrightarrow 100\%$

$1.25\ cm^2 \leftrightarrow 18.51\ldots\% \approx 19\%$

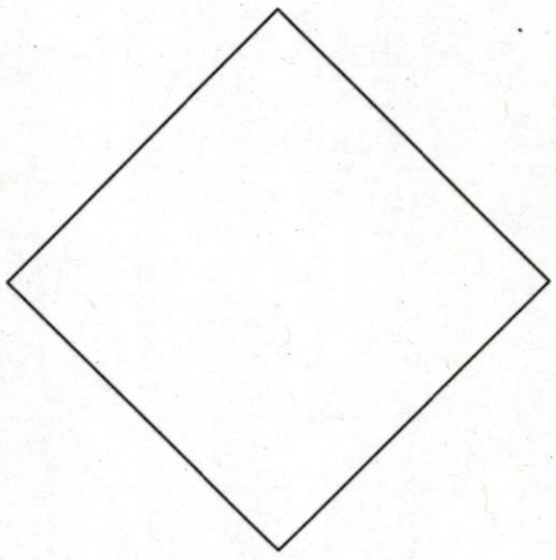

Schätzung: ....

Berechnung: ....

....

Abweichung in cm^2: ....

Abweichung in %: ....

....

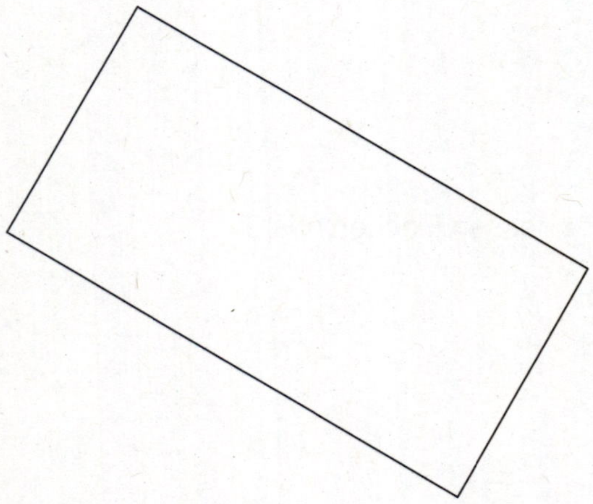

Schätzung: ....

Berechnung: ....

....

Abweichung in cm^2: ....

Abweichung in %: ....

....

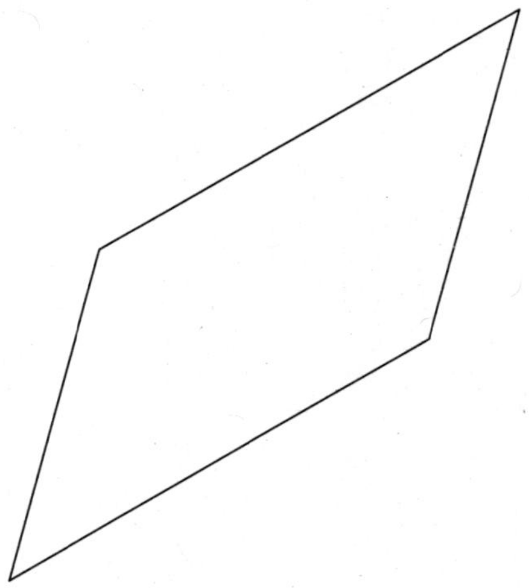

Schätzung: ....

Berechnung: ....

....

Abweichung in cm^2: ....

Abweichung in %: ....

....

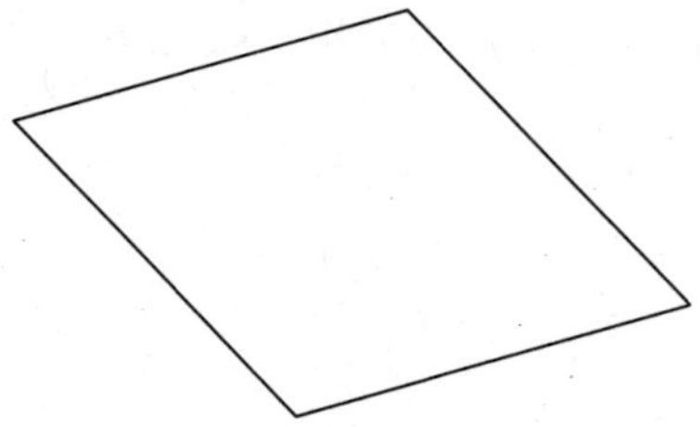

Schätzung: ....

Berechnung: ....

....

Abweichung in cm^2: ....

Abweichung in %: ....

....

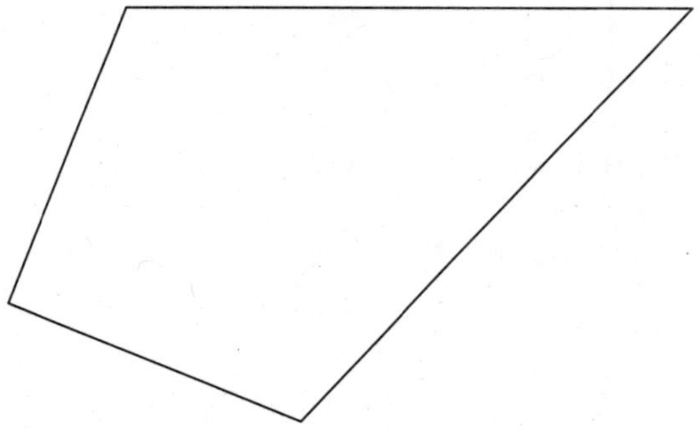

Schätzung: ....

Berechnung: ....

....

Abweichung in cm^2: ....

Abweichung in %: ....

....

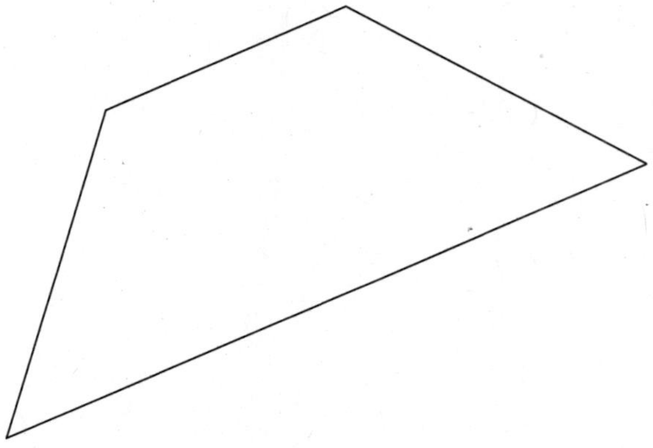

Schätzung: ....

Berechnung: ....

....

Abweichung in cm^2: ....

Abweichung in %: ....

....

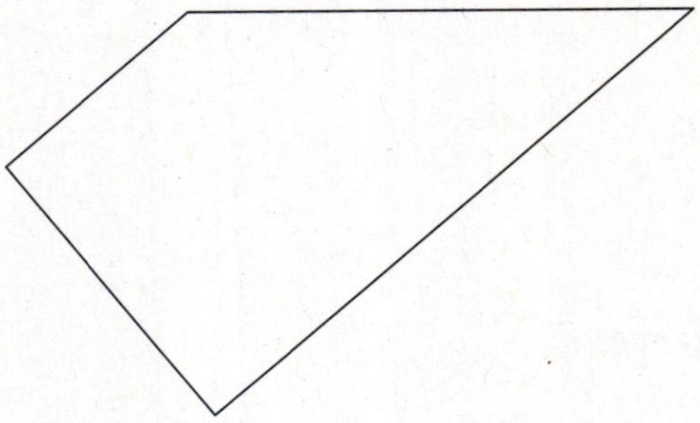

Schätzung: ....

Berechnung: ....

....

Abweichung in cm^2: ....

Abweichung in %: ....

....

7.2 ↗ Bei den folgenden acht Vierecken ist ihr Flächeninhalt und meist auch eine bestimmte Strecke bekannt.

- Berechne aus den Angaben eine weitere Strecke. Überprüfe deine Berechnungen, bevor du weiterfährst.
- Konstruiere je ein Viereck, das diesen Angaben entspricht.
  Notiere, wenn es mehrere Lösungen gibt.

a *Quadrat*	Flächeninhalt: $A = 25\ cm^2$	
b *Rechteck*	Flächeninhalt: $A = 24\ cm^2$	Länge: $l = 6$ cm
c *Rhombus*	Flächeninhalt: $A = 18\ cm^2$	Diagonale: $e = 9$ cm
d *Parallelenviereck*	Flächeninhalt: $A = 27\ cm^2$	Höhe: $h_a = 3$ cm
e *Drachen*	Flächeninhalt: $A = 16\ cm^2$	Diagonale: $e = 8$ cm
f *Trapez*	Flächeninhalt: $A = 15\ cm^2$	Mittellinie: $m = 5$ cm
g *Rhombus*	Flächeninhalt: $A = 21\ cm^2$	Höhe: $h_a = 3$ cm
h *Trapez*	Flächeninhalt: $A = 28\ cm^2$	Seite: $a = 5$ cm und Höhe: $h = 4$ cm

Flächenberechnung Vierecke gemischt

7.3 ↗ Ein Viereck soll einen Flächeninhalt von 36 cm² aufweisen.
Natürlich gibt es da viele verschiedene Möglichkeiten.

a Konstruiere drei Fälle: ein Rechteck, einen Rhombus und einen Drachen.

b Bestimme bei den Vierecken aus Aufgabe a den Umfang.
Wie könntest du sie anders konstruieren, sodass sich der Umfang verkleinert?

Mit dem Computer kannst du deine Untersuchungen vertiefen.

Rechteckumfang
Drachen – Rhombus
Rhombus – Quadrat

8.1 ↗ *Zum Tüfteln:*
Bei grossen Fahrzeugen wie Bussen, Cars, Trams oder Zügen findest du manchmal spezielle Scheibenwischer.
Auf der Illustration ist rechts ein üblicher und links ein spezieller Scheibenwischer zu sehen.

a Beschreibe den Unterschied zwischen den beiden Modellen.
Skizziere das linke Modell und markiere, wo der Drehpunkt liegt und wo das Wischerblatt befestigt ist.

b Überlege, wie die Fläche auf der Scheibe links im Bild ungefähr aussehen könnte, die vom linken Wischer-Modell geputzt wird.
Skizziere.

c Auf dem Computer findest du ein Programm, dass die Wischbewegung des speziellen Modells zeigt.
Vergleiche deine Skizze mit dem, was du dort beobachten kannst.

Scheibenwischer

d Nenne Vorteile und Nachteile des speziellen Scheibenwischer-Modells gegenüber dem herkömmlichen.

Ebene Figuren: 7c Dreiecke – die halben Vierecke

1.1↗ Auf dem Arbeitsblatt «Vom Viereck zum Dreieck» hast du in mehreren Vierecken eine Diagonale eingezeichnet. Dadurch entstanden jeweils zwei Dreiecke.

a Zeichne weitere Vierecke. Konstruiere auch Vierecke von Vierecksformen, die nicht auf dem Arbeitsblatt vorkommen. Zeichne je eine Diagonale ein.
Untersuche, was für Dreiecksformen jeweils entstehen.
Tausche deine Erfahrungen mit Kolleginnen und Kollegen aus und beantworte folgende Fragen:
– Bei welchen Vierecksarten entstehen immer zwei gleiche (kongruente) Dreiecke?
– Bei welchen Vierecksarten entstehen immer Dreiecke der gleichen Dreiecksart?

b *Zum Tüfteln:*
Wählst du einen Drachen oder ein Trapez geschickt und zeichnest dann eine Diagonale ein, so kannst du für jede Dreiecksart ein Dreieck erhalten.
Skizziere für jede der sieben Dreiecksarten einen Drachen und ein Trapez und beschreibe die speziellen Eigenschaften des Vierecks, die erfüllt sein müssen.

2.1↗ **a** Von einem Dreieck sind die Seite a = 7 cm, der Winkel $\beta = 40°$ und die Seite c = 3 cm bekannt. Konstruiere es in der Mitte eines leeren A4-Blattes ohne Häuschen.

b Markiere die drei Winkel je mit einer anderen Farbe.
Punktspiegle das Dreieck an jedem Seitenmittelpunkt.
Markiere in den drei neuen Dreiecken gleiche Winkel mit der gleichen Farbe wie beim ursprünglichen Dreieck.

c Was kannst du nun bei den drei Ecken des ersten Dreiecks sehen?
Notiere deine Beobachtung.

d Punktspiegle die neuen drei Dreiecke wiederum an den Seitenmittelpunkten.
Die Winkel musst du nicht mehr markieren.
Fahre weiter mit dem Spiegeln, bist du ein klar erkennbares Muster, ein Parkett, siehst.

2.2↗ **a** Verwende ein halbes A4-Blatt ohne Häuschen.
Konstruiere in der Mitte ein gleichseitiges Dreieck, dessen Seiten 4 cm messen.

b Punktspiegle das Dreieck an allen drei Seitenmittelpunkten.

c Punktspiegle die neu entstandenen Dreiecke wiederum und fahre so weiter, bist du das Parkett deutlich siehst. Statt der Punktspiegelung hättest du auch eine andere Abbildung benützen können, die zum gleichen Parkett führen würde. Welche und warum?

d Markiere bei den Dreiecken, die in Aufgabe b entstanden sind, die Winkel.
Wie gross sind die Winkel im gleichseitigen Dreieck? Begründe.

2.3 Die Grösse der markierten Winkel ist bekannt. Miss nach und ordne zu.
Berechne den dritten Winkel und überprüfe deine Rechnung durch Messen.

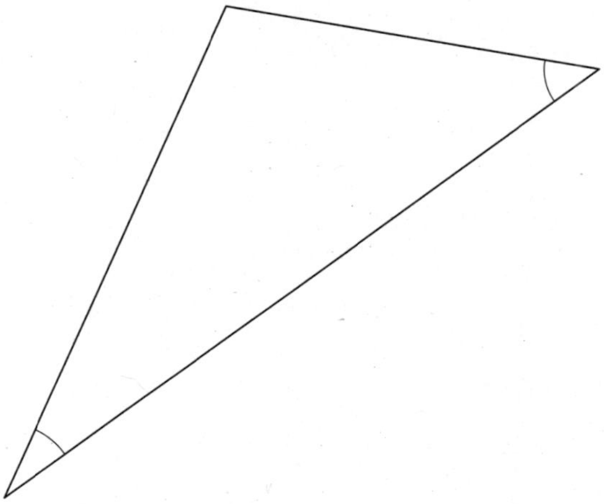

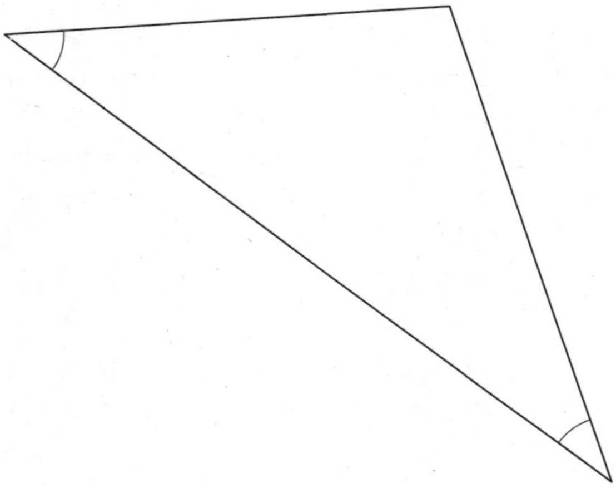

36°

45°

19°

47°

35°

40°

30°

30°

52°

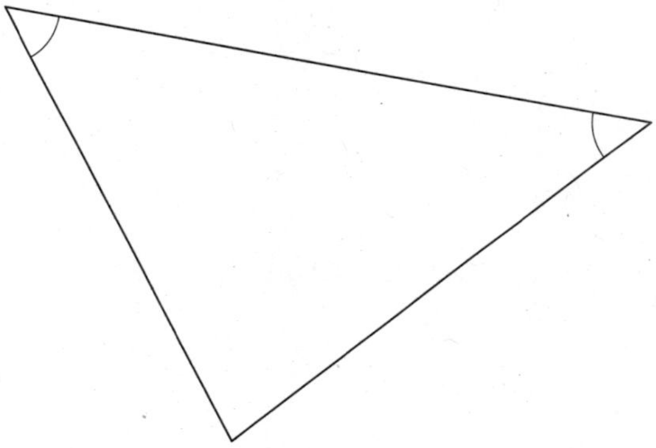

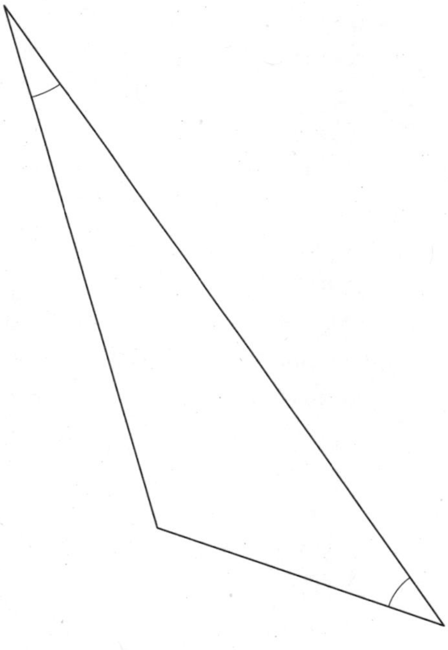

2.4↗ **a** In einem rechtwinkligen Dreieck misst ein Winkel 64°. Wie gross sind die anderen Winkel?

b Zwei Winkel in einem Dreieck messen je 43°.
Wie gross ist der dritte Winkel? Zu welcher Dreiecksart gehört dieses Dreieck?

c In einem Dreieck misst einer der Winkel 48°.
Wie viel messen die anderen beiden gleich grossen Winkel?
Zu welcher Dreiecksart gehört das Dreieck?

d In einem Rhombus misst der Winkel α 54°.
Der Rhombus wird durch eine Diagonale in zwei Dreiecke unterteilt.
Wie gross sind die Winkel dieser Dreiecke?
Zu welcher Dreiecksart gehören diese Dreiecke?

e Von einem Dreieck sind gegeben: a = b = 5 cm und γ = 60°.
Wie gross sind die beiden anderen Winkel?
Wie gross ist Seite c?

f Von einem Dreieck ABC kennt man diese Winkel: ∢ CAB = 48°, ∢ BCA = 53°.
Berechne und bezeichne den dritten Winkel auf die gleiche Art.
Zu welcher Dreiecksart gehört dieses Dreieck?

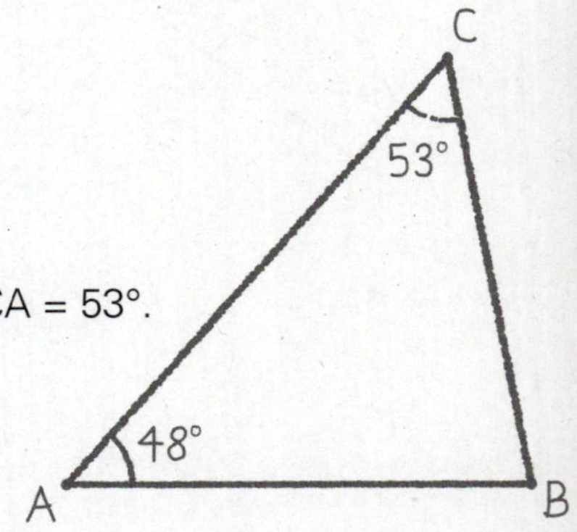

g Von einem Dreieck sind
– gegeben: Seite $\overline{AC}$ = 6.5 cm, ∢ CAB = 50°, ∢ BCA = 80°
– gesucht: Seite $\overline{BC}$, ∢ ABC

Dreieckswinkel

2.5 *Zum Tüfteln:*

a Im Kapitel «7b Vielfalt der Vierecksformen» hast du in der Arbeitsheft-Aufgabe 3.3, Seite 177, die Aussenwinkel (hier grau eingefärbt) kennen gelernt.
Wie gross ist die Summe der Aussenwinkel

– in einem Dreieck, ...

– in einem Viereck, ...

– in einem beliebigen n-Eck? ....

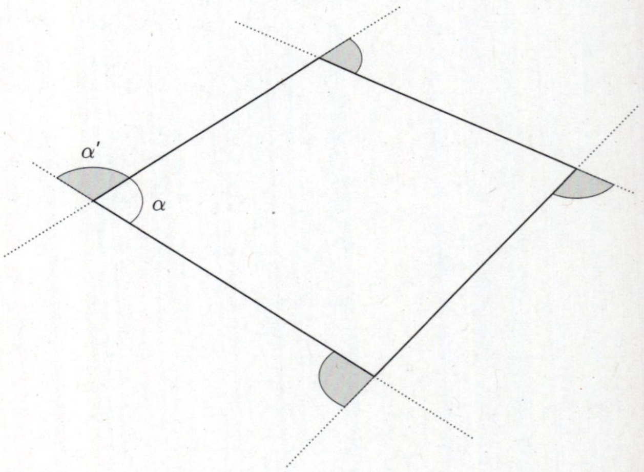

b In einem regelmässigen n-Eck sind alle Seiten gleich lang.
Wie heissen das regelmässige Dreieck und das regelmässige Viereck auch noch?

....

....

c Wie gross sind die Aussen- und die Innenwinkel in einem regelmässigen

- Fünfeck, ...
- Sechseck, ...
- Siebeneck und ....
- n-Eck? ....

d Dreiecke als Bausteine:
Wie gross ist die (Innen-)Winkelsumme

- in einem beliebigen Fünfeck?
- in einem beliebigen Sechseck?

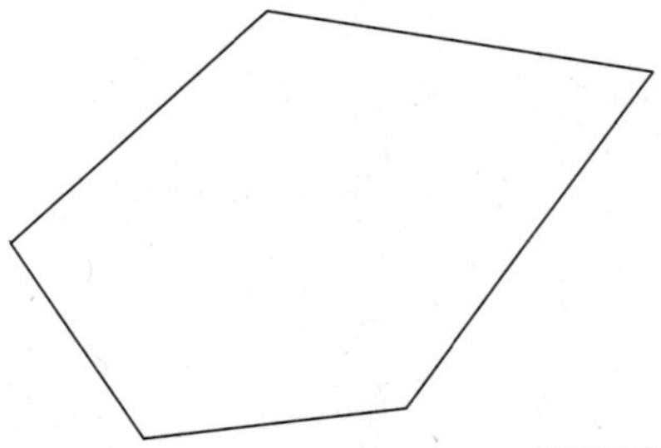
....

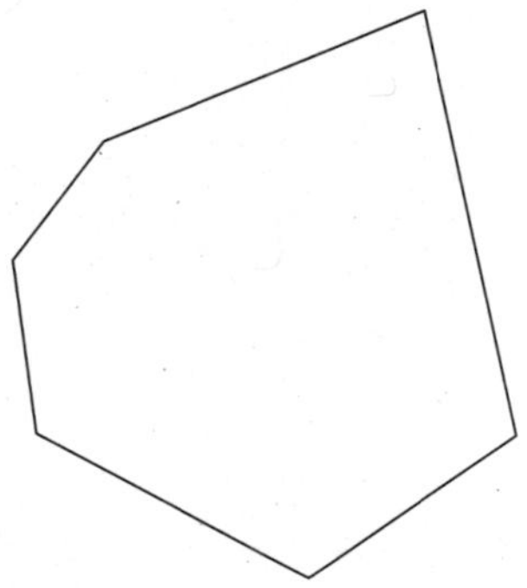
....

- in einem beliebigen n-Eck? ....

e Nimm an, A sei die Aussenwinkelsumme eines beliebigen n-Ecks, D sei die Winkelsumme eines beliebigen Dreiecks.
Was bedeuten dann die folgenden zwei Terme, bezogen auf das n-Eck?

- $n \cdot 180° - A$ ....
- $(n - 2) \cdot D$ ....

f Gegeben ist ein regelmässiges n-Eck.
Was bedeuten dann folgende Terme?

- $180° - \frac{360°}{n}$ ....
- $\frac{n \cdot 180° - 360°}{n}$ ....
- $\frac{(n - 2) \cdot 180°}{n}$ ....

3.1↗ Konstruiere nach folgenden Angaben je ein *gleichschenkliges* Dreieck mit seinen drei Höhen. Überprüfe, ob sich die Höhen oder ihre Verlängerungen in einem Punkt schneiden.

a $c = 8.5$ cm, $\alpha = \beta = 75°$

b $c = 8.5$ cm, $\alpha = \beta = 60°$

c $c = 8.5$ cm, $\alpha = \beta = 45°$

d $c = 8.5$ cm, $\alpha = \beta = 35°$

e Notiere bei den Aufgaben a bis d, um welche Dreiecksart es sich handelt.
Stell dir vor, alle vier Dreiecke seien übereinander gezeichnet, das heisst, sie hätten die Seite c gemeinsam. Wo befinden sich dann die vier Ecken C?

Höhen im gleichschenkligen Dreieck

4.1↗ **a** Zeichne ein beliebiges Dreieck. Seine kürzeste Seite soll ungefähr 5 cm messen.
Zeichne auf eine seiner drei Seiten die zugeordnete Höhe ein und bestimme den Mittelpunkt M einer der anderen zwei Seiten.
Punktspiegle das Dreieck an M.

b Was erhältst du für eine Figur?
Wie kannst du damit die Flächenformel des Dreiecks «Seite mal zugeordnete Höhe, durch 2» begründen?

4.2↗ **a** Konstruiere auf einem A4-Blatt ohne Häuscheneinteilung ein grosses Dreieck mit $c = 20$ cm, $b = 18$ cm und $\alpha = 60°$ und bezeichne die drei Winkel.
Konstruiere auch seine Höhe h_c.

b Schneide das Dreieck aus.
Falte das Dreieck so, dass jede Ecke auf den Punkt zu liegen kommt, den die Höhe h_c mit der Seite c bildet (Höhenfusspunkt).

c Untersuche das gefaltete Dreieck. Was stellst du fest?

4.3↗ Berechne jeweils die fehlende Grösse des Dreiecks.

a Beliebiges Dreieck: $a = 4.6$ cm, $h_a = 3.5$ cm, $A = ?$

b Beliebiges Dreieck: $A = 56$ cm^2, $c = 8$ cm, $h_c = ?$

c Rechtwinkliges Dreieck: $\gamma = 90°$, $a = 64$ mm, $b = 46$ mm, $A = ?$

d Rechtwinkliges Dreieck: $\gamma = 90°$, $A = 1240$ mm^2, $a = 10$ cm, $b = ?$

e Gleichseitiges Dreieck: $A = 29.115\ldots$ cm^2, $b = 8.2$ cm, $h_c = ?$

f Gleichschenkliges Dreieck: $\alpha = \beta$, $a = 67$ mm, $h_b = 5.3$ cm, $A = ?$

g Gleichschenkliges Dreieck: $\alpha = \beta$, $A = 2250$ mm^2, $h_c = 4.5$ cm, $c = ?$

Dreiecksflächenberechnung

4.4↗ Mit dem Computer kannst du Zusammenhänge entdecken und deine Kenntnisse vertiefen.

Flächenberechnung im Dreieck
Untersuchungen mit Dreiecksflächen
Gleichschenklige Dreiecke
Rechtwinklige Dreiecke
Flächenbestimmung alternativ

4.5 *Zum Tüfteln:*
Im Themenbuch hast du erfahren, dass du beim Spiegeln eines Dreiecks an einer seiner Seiten sehr oft einen Drachen erhältst. Daraus kannst du die Formel für die Berechnung des Flächeninhaltes eines Dreiecks herleiten.
Was es bedeutet, wenn es keinen Drachen ergibt, wirst du jetzt untersuchen.

a Spiegle das rechtwinklige Dreieck an der Seite b, das gleichschenklige Dreieck an der Seite c und das gleichseitige Dreieck an der Seite a.

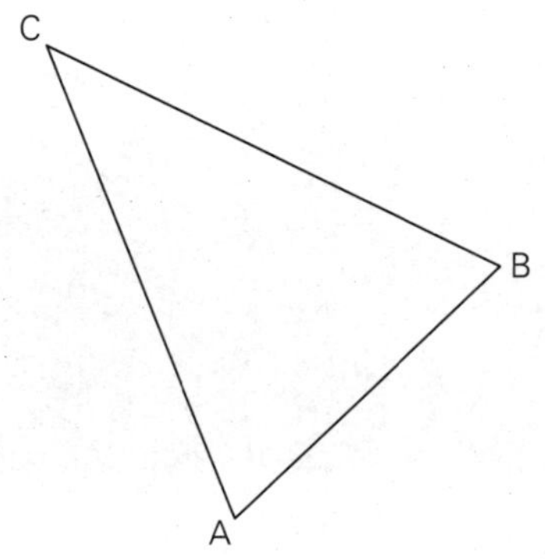

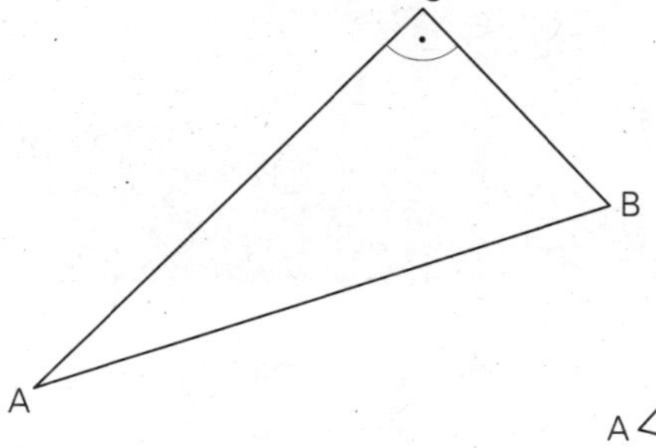

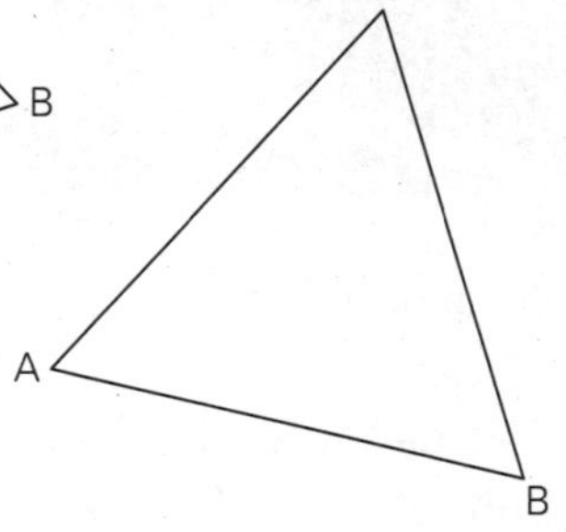

b Was für eine Figur entsteht jeweils?
Schreibe darunter, zu welcher Vierecksform die entstandende Figur gehört.

c Begründe mit Hilfe der Figuren in Aufgabe a, warum die Flächenformel «Seite mal zugeordnete Höhe, durch 2» auch beim gleichschenkligen und beim gleichseitigen Dreieck gilt.

....

....

d Beim rechtwinkligen Dreieck entstand in Aufgabe a kein Viereck.
Spiegle das Dreieck auch noch an der Seite a.
Suche eine Begründung, warum bei diesem Dreieck gilt: Flächeninhalt $A = \frac{a \cdot b}{2}$

....

....

....

4.6↗ *Zum Tüfteln:*

a Zeichne ein beliebiges spitzwinkliges Dreieck ABC und konstruiere die Höhe h_a.
Bezeichne die beiden Teilstrecken von a mit m und n.
Konstruiere Parallelen zu h_a durch B und C und eine Parallele zur Seite a durch A.

b Das Dreieck ABC wird durch h_a in zwei Dreiecke zerlegt. Zu welcher Dreiecksart gehören sie?
Ihren Flächeninhalt kannst du mit den angeschriebenen Strecken berechnen.
Stelle dafür je einen Term auf.
Mit den beiden Termen kannst du eine Formel für den Flächeninhalt des Dreiecks ABC herleiten.

5.1↗ Im Themenbuch auf Seite 79 findest du die farbige Grafik, die nach dem Originalbild von Max Bill aus dem Jahr 1974 «vier gleichgrosse farbquanten» (240 cm × 40 cm) gezeichnet wurde.
Hier ist die Grafik nochmals schwarz-weiss wiedergegeben.

a Berechne den Flächeninhalt des Originalbildes.

b Was bedeutet der Titel des Originalbildes von Max Bill?
Trägt es den Titel zurecht?
Überprüfe und begründe.

6.1↗ a Im Bild rechts haben das Quadrat, das Dreieck und das Rechteck den gleich grossen Flächeninhalt. Berechne die Breite des Rechtecks.

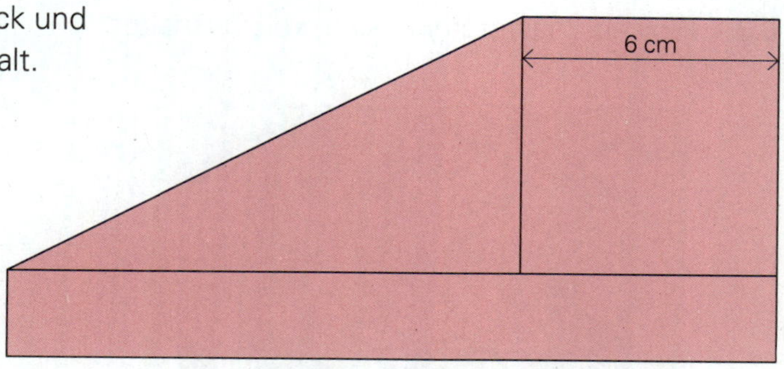

b Quadrat, Dreieck und Trapez haben den gleich grossen Flächeninhalt. Berechne die Höhe des Trapezes.

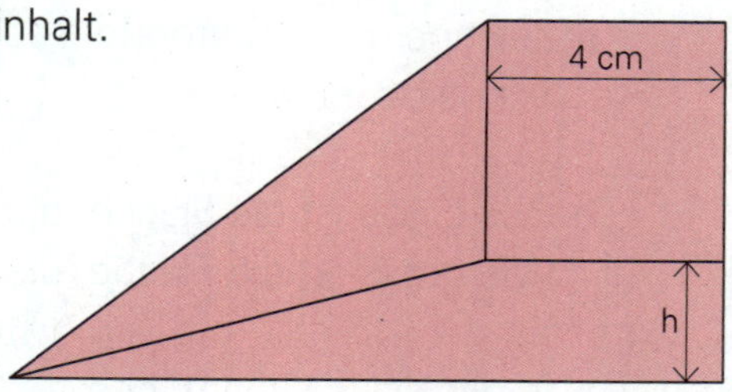

6.2↗ a Dies ist das Netz eines Körpers. Wie heisst er?

b Wie gross ist seine Oberfläche?

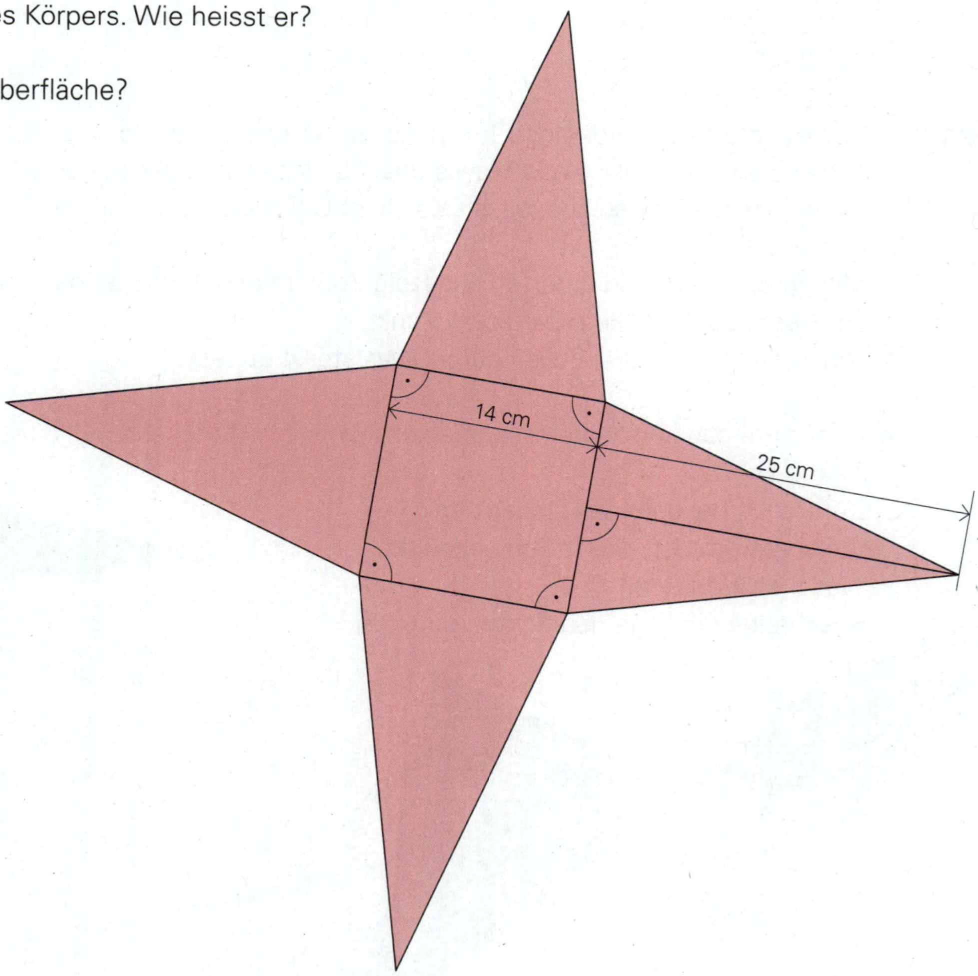

6.3↗ Solche Pflastersteine sind weit verbreitet.

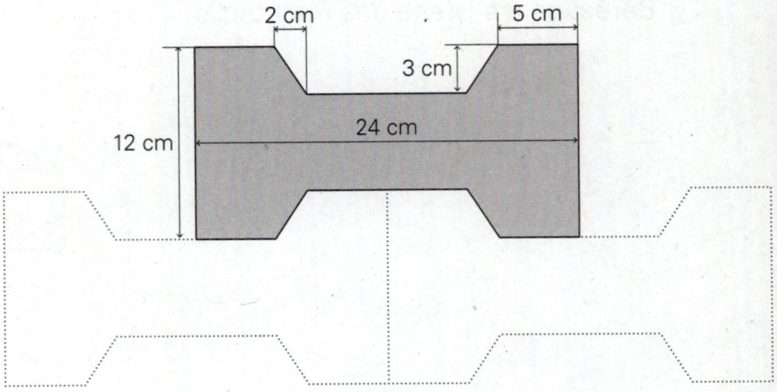

a Zeichne den Pflasterstein auf ein leeres A4-Blatt ohne Häuschen.
Schneide ihn aus.

b Wie gross ist die Fläche, die ein Stein bedeckt?
Wie gross ist die Fläche, die 20 Steine bedecken?

c In der Klasse könnt ihr mit 20 ausgeschnittenen «Steinen» parkettieren.
Notiert eure Überlegungen zu folgenden Fragen:
Wie legt ein Gärtner den Bedarf an solchen Pflastersteinen fest, wenn er einen vorgegebenen rechteckigen Platz pflastern soll? Was ist dabei zu berücksichtigen und zu bedenken?

7.1↗ **a** Stelle aus einem mindestens 1 mm dicken A4-Karton ein grosses ungleichseitiges Dreieck her.
Lege es auf die Kante eines Massstabes, sodass eine Ecke auf dieser Kante liegt.
Richte das Dreieck so aus, dass es sich im Gleichgewicht befindet.

Markiere, wie im Bild unten links gezeigt, den gegenüberliegenden Punkt auf der Dreiecksseite und verbinde die Ecke mit diesem Punkt.
Führe dies für alle drei Ecken durch. Was stellst du fest?

b Balanciere das Kartondreieck auf einem Bleistift, wie du es im Bild rechts siehst.

Der Punkt, bei dem das Dreieck im Gleichgewicht ist, heisst **Schwerpunkt.**
Was stellst du fest?
Beschreibe die Lage des Schwerpunktes.

7.2 Die Strecke, welche die Ecke eines Dreiecks mit dem Mittelpunkt der gegenüberliegenden Dreiecksseite verbindet, heisst **Schwerlinie.**

a Konstruiere die drei Schwerlinien in diesem Dreieck.

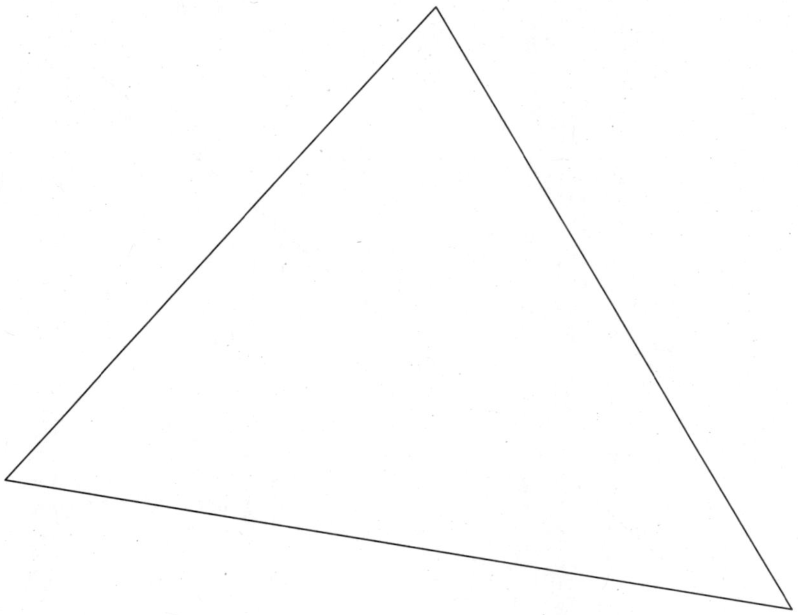

Welche Kontrolle ergibt sich?

b Mit dem Computer kannst du die Schwerlinien im Dreieck weiter untersuchen.

Schwerlinien im Dreieck

7.3 **a** Konstruiere im Dreieck unten

- die drei Mittelsenkrechten der Dreiecksseiten,
- die drei Schwerlinien und
- die drei Höhen.

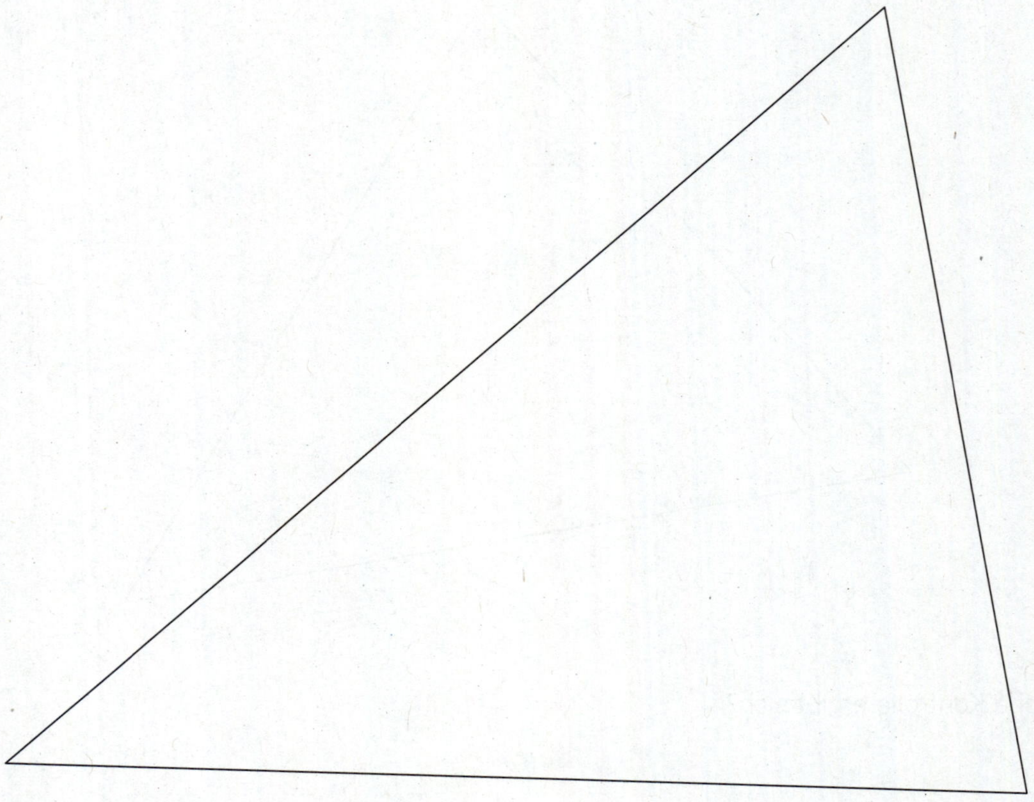

b Du hast drei Schnittpunkte erhalten.
Was vermutest du, wenn du ihre gegenseitige Lage vergleichst?

↗ **c** Konstruiere ein rechtwinkliges und ein stumpfwinkliges Dreieck und überprüfe an beiden deine Vermutung von Aufgabe b.

7.4 Du wirst eine weitere Besonderheit des gleichseitigen Dreiecks entdecken.
Zeichne ein gleichseitiges Dreieck mit Seitenlänge $s = 6.5$ cm und konstruiere dann seine Höhen, Mittelsenkrechten und Schwerlinien.
Notiere einen kurzen Merksatz über deine Beobachtungen.

Merksatz:

....

....

....

7.5↗ Konstruiere Dreiecke mit den folgenden Angaben:

a Seite $c = 7$ cm; Höhe $h_c = 4$ cm; Schwerlinie $s_c = 5$ cm

b Seite $c = 6$ cm; Schwerlinie $s_c = 4.5$ cm; Winkel $\beta = 60°$

c Seite $b = 5$ cm ; Schwerlinie $s_b = 7$ cm; Winkel $\gamma = 60°$

d Seite $a = 6.5$ cm; Seite $b = 4.5$ cm; Schwerlinie $s_b = 6$ cm

1.1 In einem Restaurant werden Getränke serviert. Die Tabelle zeigt dir, wie viele Getränke (Kaffee, Cola, Mineralwasser) im Verlaufe eines Tages verkauft wurden.

	Anzahl Kaffee k	Anzahl Cola c	Anzahl Mineralwasser m	Term für die Einnahmen
09.30–12.00 Uhr	15	8	9	*15k + 8c + 9m*
12.00–14.00 Uhr	9		27	
14.00–22.30 Uhr	23	9		
Total		**56**	**63**	

a Fülle die Tabelle aus.

b Berechne das Total der Einnahmen, wenn der Kaffee Fr. 4.50, die Cola Fr. 5.– und das Mineralwasser Fr. 4.20 kostet.

1.2 Im Restaurant werden drei verschiedene Desserts angeboten: Vanillequark, Apfelringe und Torte.

Der Vanillequark kostet v Fr.

Die Apfelringe kosten a Fr.

Die Torte kostet t Fr.

a Über Mittag wurde achtmal Vanillequark, fünfmal Apfelringe und elfmal Torte bestellt. Am Abend wurde noch dreimal Vanillequark, zweimal Apfelringe und viermal Torte bestellt. Notiere die Terme für die Einnahmen aus den Desserts.

– Über Mittag

– Am Abend

– Total

b Die Wirtin verkauft die Desserts über Mittag günstiger.
Die Tabelle zeigt dir die unterschiedlichen Preise in Franken.
Berechne das Total der Einnahmen für die verkauften Desserts in Aufgabe a.

	Vanillequark	Apfelringe	Torte
Normaler Preis	5.50	6.–	7.–
Preis über Mittag	4.–	4.50	6.–

c Stelle den Preisunterschied zwischen je zwei Desserts mit Hilfe von Variablen dar.

d Irrtümlicherweise wurde bei neun Gästen, die Torte gegessen hatten, der tiefere Preis für Apfelringe verrechnet.

- Stelle den dadurch entstandenen Einnahmenverlust mit Hilfe eines Terms dar.
- Berechne den Verlust in Franken, wenn sich der Irrtum über Mittag ereignet hätte.

e Eine Wandergruppe kommt ins Restaurant. Sie besteht aus e Erwachsenen und j Jugendlichen. Notiere für jede Situation einen Term mit Variablen für die Einnahmen aus den Desserts.

- Alle Jugendlichen entscheiden sich für Vanillequark, alle Erwachsenen bestellen Torte.
- Fünf Erwachsene verzichten auf ein Dessert. Die anderen Erwachsenen essen Apfelringe.
- Drei Erwachsene und alle Jugendlichen essen Torte. Die anderen Erwachsenen essen Vanillequark.

Die Tabelle unten zeigt dir, wofür die Variablen in den Aufgaben 2.1 bis 4.3 stehen.

Variable	Bedeutung
f	Preis Fisch-Menü
p	Preis Pasta-Menü
a	Preis Apfelringe
t	Preis Torte
v	Preis Vanillequark
c	Preis Cola
k	Preis Kaffee
m	Preis Mineralwasser
e	Anzahl Erwachsene
j	Anzahl Jugendliche

2.1 Beschreibe, welche Situationen durch die folgenden Terme dargestellt werden könnten.

$f - 1$ ....

$2ea$ ....

$c - m$ ....

$13k + 7t$ ....

$8(p + c)$ ....

$6 (v - 2)$ ....

$(e + j - 9)f$ ....

$(j - 4 + e - 3)a$ ....

....

$jp + (e - 1)p + f$ ....

....

2.2 Notiere mit den Variablen aus der Tabelle auf Seite 202 vier verschiedene sinnvolle Terme und erkläre ihre Bedeutung.

– ....

....

– ....

....

– ....

....

– ....

....

2.3 Beschreibt der Term die Einnahmen aus der Situation richtig oder falsch? Kreuze an. Korrigiere die falschen Terme.

Term	Situation	richtig	falsch	korrigierter Term
12v	12 Personen bezahlen je ein Vanillequark-Dessert.	☐	☐	....
p + 5	Eine Person bezahlt das Pasta-Menü und gibt noch Fr. 5 Trinkgeld.	☐	☐	....
(e – 1)t	Mit Ausnahme einer Person, haben alle Erwachsenen eine Torte bezahlt.	☐	☐	....
13(k – 1)	Eine von 13 Personen hat ihren Kaffee nicht bezahlt.	☐	☐	....
12v	Eine von 12 Personen bezahlt ein Vanillequark-Dessert.	☐	☐	....
4c + 2	Viermal wurde eine Cola bezahlt. Jemand hat noch Fr. 2 dazugelegt.	☐	☐	....
13(k – 1)	13 Personen haben ihren Kaffee bezahlt, der um Fr. 1 billiger angeboten wurde.	☐	☐	....
(e – 1)t	Alle Erwachsenen haben für die Torte einen Franken weniger bezahlt.	☐	☐	....
4c + 2	4 Personen bezahlen ihre Cola, zwei weitere Personen an diesem Tisch bezahlen nichts.	☐	☐	....
p + 5	Jemandem wurde das Pasta-Menü um Fr. 5 zu teuer verrechnet.	☐	☐	....

3.1 Notiere den Term für die Einnahmen auf verschiedene Arten.
Eine Gruppe von 8 Gästen bestellt viermal den Fisch und viermal die Pasta.

....

3.2 Notiere in den beiden Aufgaben den Term für die Einnahmen auf verschiedene Arten.

a Vom Fisch-Menü wurden am Donnerstag x Portionen und am Freitag y Portionen verkauft.

....

b Vom Pasta-Menü wurden am Donnerstag und am Freitag je w Portionen verkauft.

....

3.3 Notiere für jede Situation zwei Terme für die Einnahmen. Wende das Distributivgesetz an.

Situation	Terme für die Einnahmen
Eine Gruppe von 14 Personen bestellt siebenmal Kaffee und siebenmal Cola.	.... = ...
Neunmal wird Vanillequark und neunmal Torte bestellt.	.... = ...
11 Gäste verzehren das Fisch-Menü, ebenso viele verspeisen die Pasta.	.... = ...
x Gäste trinken Kaffee, ebenso viele bestellen Cola.	.... = ...
Es werden gleich viele Portionen Vanillequark wie Tortenstücke verkauft.	.... = ...
Es werden doppelt so viele Cola wie Mineralwasser konsumiert.	.... = ...
Es werden 15 Vanillequark und ebenso viele Tortenstücke verkauft. Die Tortenstücke sind um Fr. 1 verbilligt.	.... = ...
Die Preise für Fisch und Pasta wurden um je Fr. 3 gesenkt. Es werden gleich viele Portionen von jedem Menü verkauft.	.... = ...

4.1 Grosszügige Gäste geben dem Servierpersonal noch Trinkgeld. Notiere die Terme für die Einnahmen.

Situation	Terme für die Einnahmen
4 Gäste mit Pasta, insgesamt Fr. 4 Trinkgeld	=
9 Gäste mit Fisch, insgesamt Fr. 9 Trinkgeld	=
16 Gäste mit Pasta, insgesamt Fr. 8 Trinkgeld	=
35 Gäste mit Fisch, insgesamt Fr. 70 Trinkgeld	=
24 Gäste mit Fisch, insgesamt Fr. 36 Trinkgeld	=

4.2↗ *Ausklammern und Ausmultiplizieren*

4.3 Die Preise für Fisch und Pasta betragen immer noch f Fr. und p Fr. Das Restaurant wirbt nun mit einer Aktion, bei der die Preise reduziert sind.

a Am ersten Tag wurden 25 Fischmenüs zum Aktionspreis und 25 Stück Torte verkauft.

Stelle den Term für die Einnahmen auf verschiedene Arten dar …

… und schreibe auf, wie die verschiedenen Termdarstellungen gedeutet werden können.

b Vom Pasta-Menü wurden am zweiten Tag x Portionen und am dritten Tag y Portionen zum Aktionspreis verkauft. Notiere den Term für die Einnahmen auf verschiedene Arten.

5.1 ↗ Notiere jede Situation mit Termen. Verwende Variablen. Erkläre, wofür die verwendeten Variablen stehen.

Beispiel:
Du kannst dir eine beliebige Zahl denken, aber meine Zahl ist immer um 5 grösser.

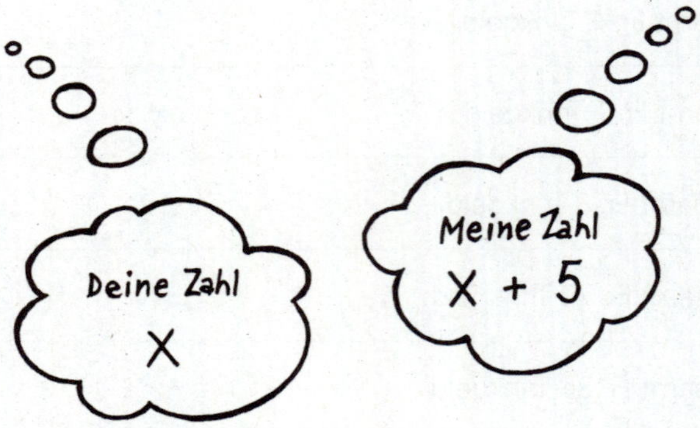

a Bei der Fluggesellschaft Swiss hat die Zahl der Passagiere gegenüber dem Vorjahr um 25 000 zugenommen.

b Länge und Breite eines Rechtecks unterscheiden sich um 8 cm.

c Zwei Elektromobile unterscheiden sich in der Reichweite der Batterien um 150 km.

d Die Zahl der freilebenden Biber hat sich in den letzten 20 Jahren verdreifacht.

e Die Menschen in Andorra (Land mit der höchsten Lebenserwartung) werden durchschnittlich 50 Jahre älter als die Menschen in Swasiland (Land mit der tiefsten Lebenserwartung).

f Gegeben sind drei aufeinander folgende Zahlen aus der Neunerreihe.

g Die Sitzplätze in einem Bus sind zu drei Vierteln besetzt.

h Die Zahl der Zoobesucher ist in diesem Jahr um $\frac{1}{3}$ höher gegenüber dem Vorjahr.

i 70% der Erdoberfläche bestehen aus Wasser.

k Während eines Räumungsverkaufs werden Jeans um 40% billiger angeboten.

l Daniel ist 4 Jahre älter als Monika, aber 3 Jahre jünger als Nico.

6.1 Veranschauliche die Terme mit Hilfe deiner Kärtchen und fülle die Tabelle aus.

Term	Vereinfachter Term	Setze ein	Wert des Terms
3a + 4a	=	a = 3.25	....
2b + 2	=	b = 8	....
5a + 5b	=	a = 3 b = 9	....
b + 3b	=	b = 17	....
2a + 3	=	a = -4	....
3(b + 1)	=	b = 6	....
4(a + b)	=	a = 3 b = -5	....
2(a + 4)	=	a = 11	....
3(2 + b)	=	b = 4	....

Beispiele:

4a + 4 = 4(a + 1)

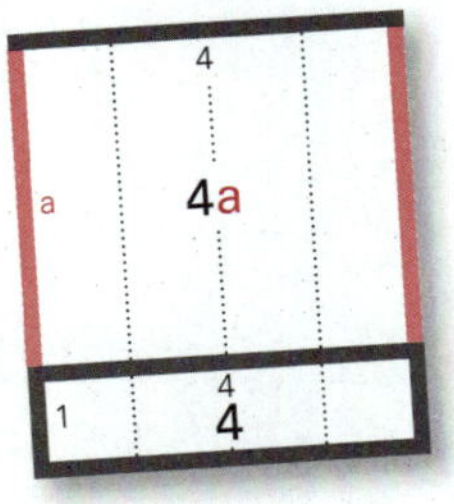

Die Kärtchen bilden zusammen ein neues Rechteck. Der Term kann mit Hilfe des Distributivgesetzes als Produkt geschrieben werden.

3b + 2

Die Kärtchen bilden zusammen kein neues Rechteck. Der Term kann nicht anders geschrieben werden.

6.2 – Verbinde die gleichen Terme.
– Prüfe dein Ergebnis mit Hilfe der Kärtchen.

5a + 5b ●	● 1 + 4a
1 + 3b ●	● 5a
3b + b ●	● 2a + 2
4a + 1 ●	● 4b
2(a + 1) ●	● 4b + 4
2a + 3a ●	● 3b + 1
4(b + 1) ●	● 5(a + b)

6.3 Rechenmauern.
In den Beispielen siehst du, wie Rechenmauern von unten nach oben aufgebaut sind.

Beispiele:

	2	
-1		*3*
5	-6	9

	a + 2b + c	
a + b		*b + c*
a	b	c

Fülle die Rechenmauern aus.

a

	…………	
…………		…………
7	2y	x

b

	…………	
…………		…………
4c	3c	-5

c

	…………	
…………		…………
9a	3b	3a

d

	…………		
…………		…………	
…………	…………	…………	
a	b	c	d

e

	…………		
…………		…………	
…………	…………	…………	
2e	f	3e	1

f

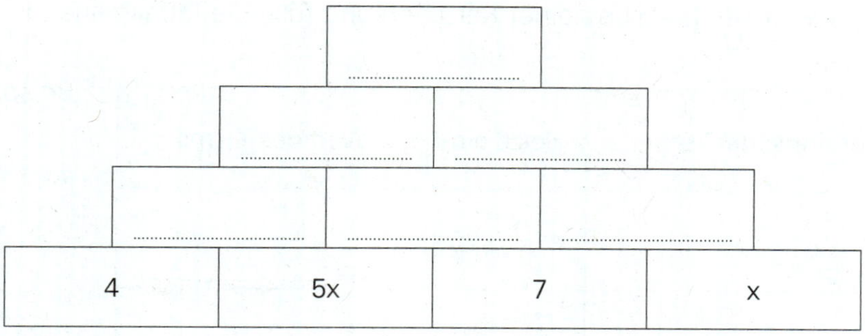

Rechenmauern 1 (Arbeitsblatt)

6.4 **a** Bilde in der untenstehenden Art mit vier «2a-Kärtchen» ein Rechteck.

– Vergleiche diese Fläche mit der Rechtecksfläche von zwei «4a-Kärtchen». Was stellst du fest?

....

– Notiere die beiden Terme möglichst einfach.

$4 \cdot 2a =$ ....

$2 \cdot 4a =$ ....

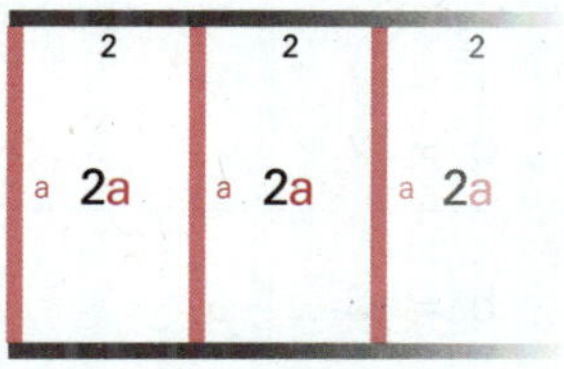

b Schreibe die folgenden Terme möglichst einfach.

$3 \cdot 2b =$ ....

$3a \cdot 9 =$ ....

$4 \cdot 5a + 2a =$ ....

$b + 7 \cdot 2b =$ ....

$6 \cdot 4a + 3a =$ ....

$5 \cdot 2a + 3 \cdot 11b =$ ....

$7 \cdot 5a + 9 \cdot 4b =$ ....

$6 \cdot 4a + 3 \cdot 8b =$ .... = ...

$2 \cdot 8a + 4 \cdot 4b =$ .... = ...

$3 \cdot 4a + 4 \cdot 6b =$ .... = ...

Addition und Multiplikation von Termen

7.1 Veranschauliche die Terme mit Hilfe deiner Kärtchen und fülle die Tabelle aus.

Term	Vereinfachter Term	Setze ein	Wert des Terms
5a – 2a	=	a = 3.25	....
4b – 3b	=	b = 17	....
3a – a	=	a = 37	....
2a – 2b	=	a = 29 b = 19	....
3b – 3	=	b = -14	....
a – 1	=	a = 1.35	....
5b – 5a + 5	=	a = 9 b = 11	....
3a + 3b – 3	=	a = 8 b = -2	....
5(b – 1)	=	b = -3	....
2(a – 2)	=	a = -4	....
4(b – a + 1)	=	a = -1 b = 3	....
3(a + b – 1)	=	a = 3 b = -2	....

Beispiele:

4a – 4 = 4(a – 1)

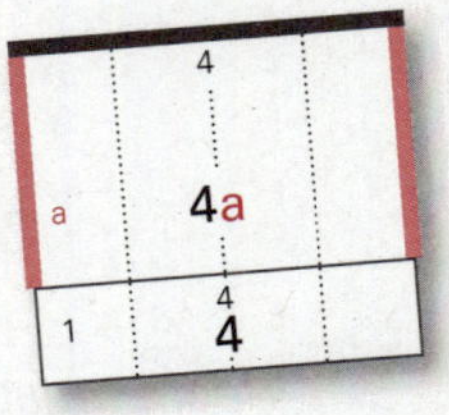

Die Kärtchen bilden zusammen ein neues Rechteck. Der Term kann mit Hilfe des Distributivgesetzes als Produkt geschrieben werden.

3b – 2

Die Kärtchen bilden zusammen kein neues Rechteck. Der Term kann nicht anders geschrieben werden.

7.2 – Verbinde die gleichen Terme.
– Prüfe dein Ergebnis mit Hilfe der Kärtchen.

5a – a ●	● 3b – b
2b ●	● 1
3b – 2b ●	● 5
4b – 4 ●	● 2(b – a)
2b – 2a ●	● 3a – 3
5a – 5a ●	● 2a – 4
5b – b ●	● 4(b – 1)
3(a – 1) ●	● b
2(a – 2) ●	● 4a
4b + 1 – 4b ●	● 0

7.3 Vereinfache die Terme schrittweise so weit wie möglich.

3u – 5u = ...	9b – 6 – (-3b) = ...
4x – (-4) = ...	-6y – (-5y) = ...
7a – (-2a) = ...	-3a – 11a – (-9) = ...
-1 – (-3x) = ...	-2 – (-8x) – 10x = ...
-8p – 4p = ...	-5u – 7 – (-2u) = ...

Subtraktion von Termen

7.4 Fülle die Rechenmauern aus.

a

	14w – 11	
....	....	
3	9w	....

b

	11e + 9	
....	....	
....	4e	-2

c

	-12x + 13	
....		....
8	....	3

d

	....	
2a – 5		....
-a + 3	....	2a + 4

e

	y	
....		6y + 5
....	....	2y – 1

f

	1	
4x – 3		....
....	....	-x – 7

Rechenmauern 2 (Arbeitsblatt)

7.5 Du erinnerst dich, wie man Summen und Differenzen mit Hilfe der Klammer-Regeln addiert und subtrahiert:

$25 + (17 + 3) = 25 + 17 + 3 = 45$ $\qquad$ $25 - (17 + 3) = 25 - 17 - 3 = 5$

$25 + (17 - 3) = 25 + 17 - 3 = 39$ $\qquad$ $25 - (17 - 3) = 25 - 17 + 3 = 11$

Wende dieses Verfahren auf die Terme mit Variablen an. Notiere die Terme in anderer Form.

Beispiele:

$3b + (1 - 2b) = 3b + 1 - 2b = 3b - 2b + 1 = b + 1$

$3b - (1 - 2b) = 3b - 1 + 2b = 3b + 2b - 1 = 5b - 1$

a $4a - (2a - 1) =$ ....

b $b + (4b + 4) =$ ....

c $-a - (3 - 2a) =$ ....

d $5 + (3b - 2) =$ ....

e $3c - (c - 4) =$ ....

f $5p - (3q + 2p) =$ ....

g $-4 - (3x - 3) =$ ....

h $-x + (5y - x) =$ ……………………………………

i $6y - (7y - 1) =$ ……………………………………

Addition/Subtraktion von Klammertermen

7.6↗ Anna und Nicole haben beide den Term $9y - 4(2y - 1)$ umgeformt:

Anna: $9y - 4(2y - 1) = y - 4$

Nicole: $9y - 4(2y - 1) = y + 4$

- Wer hat richtig umgeformt, wer falsch? Überprüfe durch Einsetzen von Zahlen.
- Wie haben Anna und Nicole gerechnet?

7.7 Beim Vereinfachen von Termen, wie beispielsweise $5x - 3(4 - 2x)$, gehst du entsprechend dem Beispiel vor.

Beispiel:

$5x - 3(4 - 2x)$

1. Schritt: Ausmultiplizieren. Es gilt: Punkt- vor Strichrechnung $= 5x - (12 - 6x)$

2. Schritt: Klammern öffnen $= 5x - 12 + 6x$

3. Schritt: Ordnen $= 5x + 6x - 12$

4. Schritt: Zusammenfassen $= 11x - 12$

Vereinfache die Terme mit der oben beschriebenen Vorgehensweise.

a $21y - 4(3y + 2)$

= ……………………………………

= ……………………………………

= ……………………………………

= ……………………………………

b $9a - 3(6a - 1)$

= ……………………………………

= ……………………………………

= ……………………………………

= ……………………………………

c $13x + 9(7 - x)$

=

=

=

=

d $2b - 5(8 + 4b)$

=

=

=

=

e $-8e + 6(7 - e)$

=

=

=

=

f $14u - 7(1 - 2u)$

=

=

=

=

g $23w - 9(2w - 5)$

=

=

=

=

h $-4a + 2(11 - 9a)$

=

=

=

=

i $-9x - 8(2x - 5)$

=

=

=

=

k $-y - 3(4 - 2y)$

=

=

=

=

Terme vereinfachen

8.1 – Veranschauliche die Terme mit deinen Kärtchen.
– Notiere die Terme in anderer Form.

a $a^2 + ab =$ ....

b $ab + 4b =$ ....

c $3b + b^2 =$ ....

d $a^2 + 4a =$ ....

e $b^2 - 3b =$ ....

f $ab - a^2 =$ ....

g $5a - ab =$ ....

h $b^2 - b =$ ....

8.2 Die Figuren in der Tabelle sind aus Rechtecken und Quadraten zusammengesetzt.
Fülle die Tabelle aus.

Figur	Term für den Flächeninhalt A	Term für den Umfang U	Setze ein und rechne aus: x = 4 y = 7 w = 9
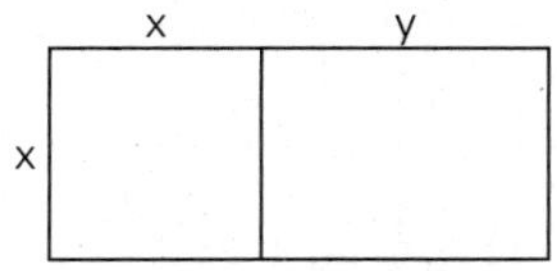	A = ... = ...	U = ... = ...	A = ... U = ...
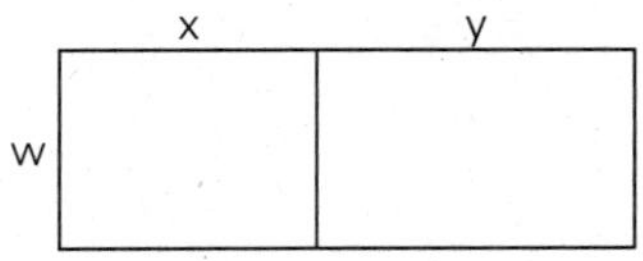	A = ... = ...	U = ... = ...	A = ... U = ...
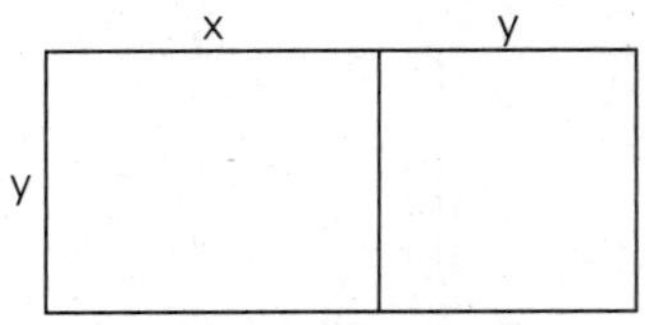	A = ... = ...	U = ... = ...	A = ... U = ...
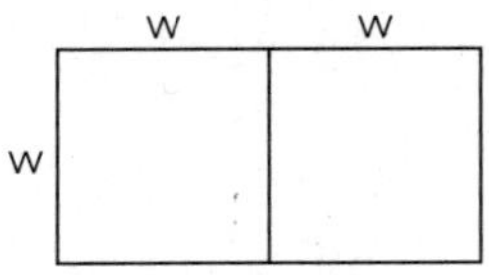	A = ... = ...	U = ... = ...	A = ... U = ...

Terme erstellen (Arbeitsblatt)

8.3 **a** – Notiere zu jeder farbigen Figur unten einen Term für den Flächeninhalt.
– Stelle diesen Term auf verschiedene Arten dar.

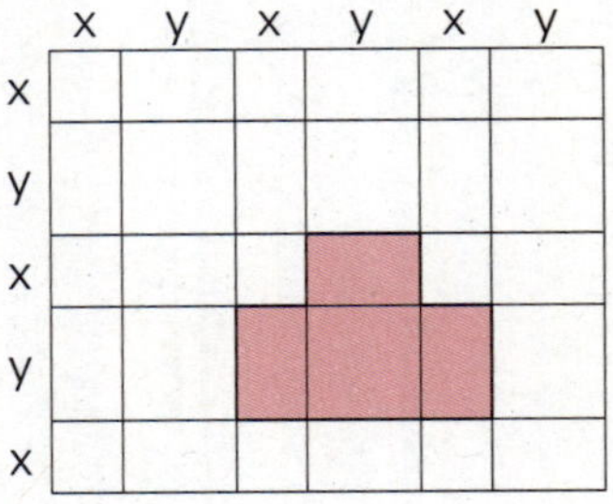

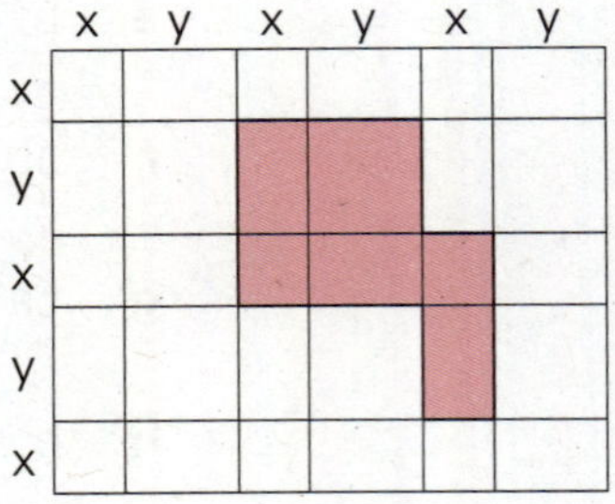

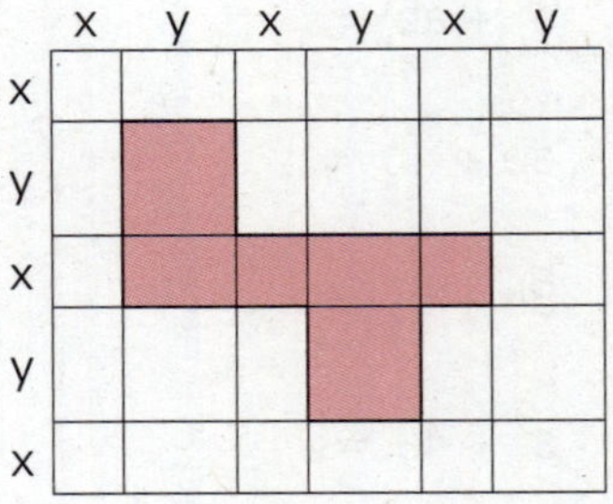

b Skizziere in jedem Gitter eine zusammenhängende Figur, sodass der Flächeninhalt dem gegebenen Term entspricht.

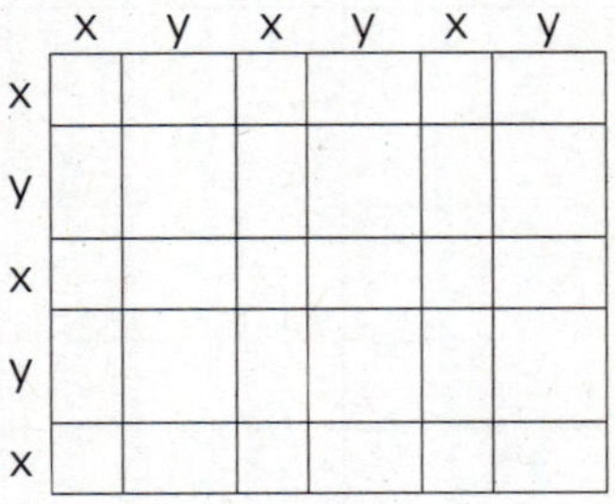

$3x^2 + 2xy$

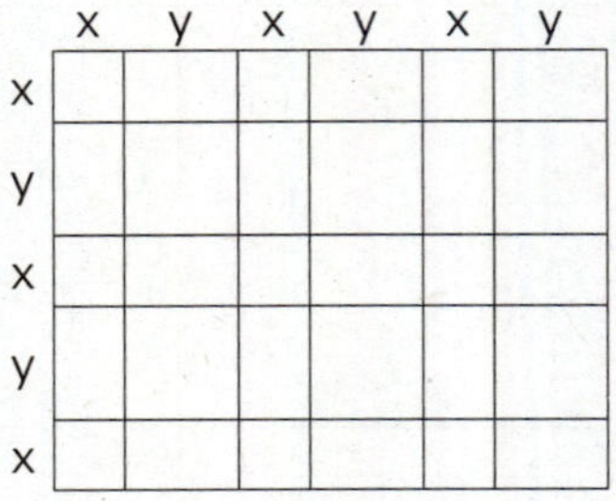

$2x^2 + 3xy + 2y^2$

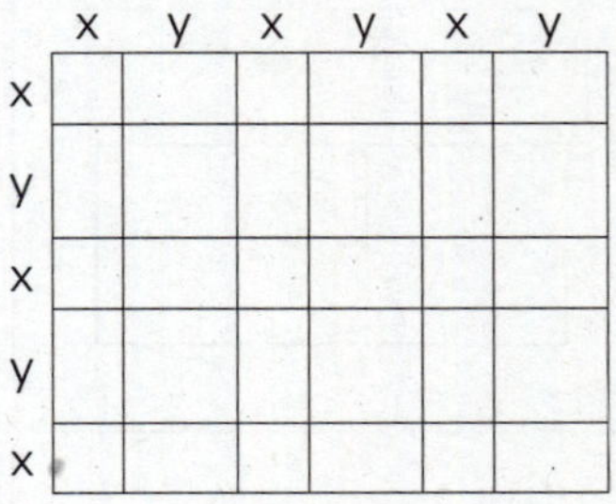

$x^2 + 2xy + y^2$

c – Skizziere in jedem Gitter eine beliebige, zusammenhängende Figur.
– Notiere einen möglichst einfachen Term für deren Flächeninhalt.

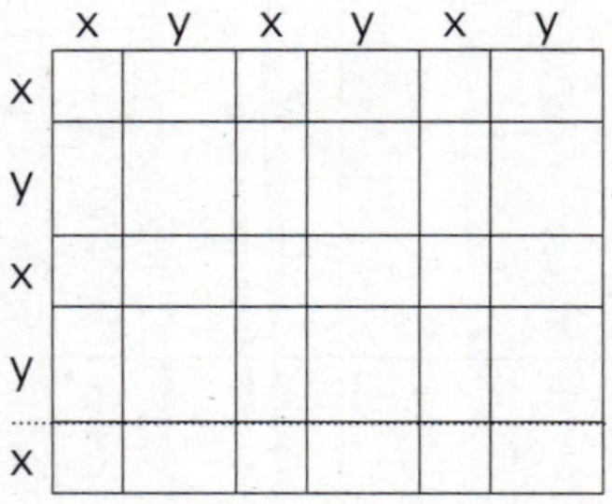

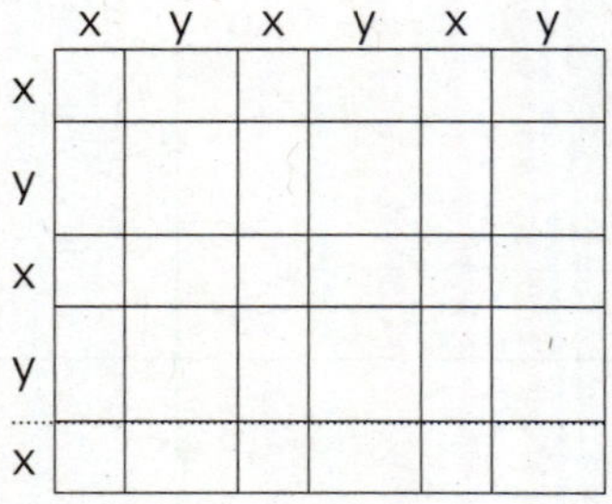

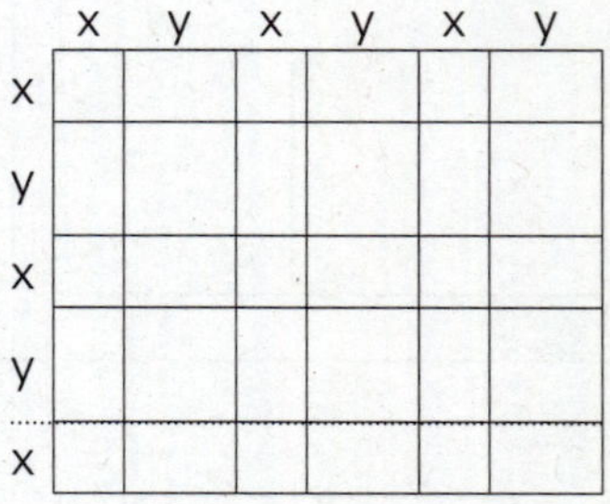

8.4 Stelle mit einem möglichst einfachen Term dar:

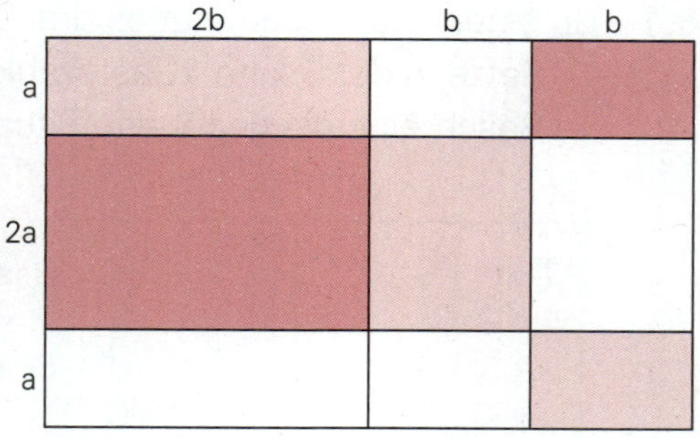

– Summe der Flächeninhalte der dunkelroten Rechtecke

A = ...

– Summe der Flächeninhalte der hellroten Rechtecke

A = ...

– Summe der Flächeninhalte der weissen Rechtecke

A = ...

– Flächeninhalt des ganzen Rechtecks

A = ...

8.5 Bisher war es möglich, die Terme in Form von Situationen oder als geometrische Figuren zu beschreiben. Bei den folgenden Termen ist dies nicht mehr möglich. Du kannst jedoch auch diese Terme mit Hilfe der bekannten Gesetze und Regeln umformen oder vereinfachen. Notiere die Terme in anderer Form.

a $a(a + b) =$ ....

b $2xy(x - 3) =$ ....

c $4c(3c + d) =$ ....

d $x(xy - y^2) =$ ....

e $7ab(a + b) =$ ....

f $(5c - d)cd =$ ....

g $a^2b(b + 6) =$ ....

h $6x^2 : (2x) =$ ....

i $-12ab : (3b) =$ ....

k $8a^2b : (4ab) =$ ....

l $18xy : (-9x) =$ ....

m $-24e^2f : (-4ef) =$ ....

n $-14ab^2 : (7ab) =$ ....

o $x + x : x - x =$ ....

Termumformungen 1

8.6 Mit dem Computer kannst du gemischte Aufgaben zum Rechnen mit Variablen lösen.

Termumformungen 2

9.1 In einem Restaurant hat es drei Säle mit den Namen «Buche», «Eiche» und «Ahorn».
- Setze in der Spalte «Gästezahlen» die richtigen Zahlen ein. Beachte das Beispiel.
- Beschreibe die gegebene Situation in der Tabelle jeweils mit Termen.

Text	Gästezahlen	Terme	Gästezahlen	Terme
In der «Eiche» hat es 11 Gäste mehr als in der «Buche». Im «Ahorn» hat es 4 Gäste weniger als in der «Eiche».	*Beispiel:* *Buche* 9 *Eiche* **20** *Ahorn* 16 *Total* 45	 *Buche* $x - 11$ *Eiche* x *Ahorn* $x - 4$ *Total* $3x - 15$	 Buche 10 Eiche …… Ahorn …… Total ……	 Buche y Eiche …… Ahorn …… Total ……
In der «Buche» hat es 9 Gäste weniger als in der «Eiche». Im «Ahorn» hat es 7 Gäste mehr als in der «Buche».	Buche 15 Eiche …… Ahorn …… Total ……	Buche x Eiche …… Ahorn …… Total ……	Buche …… Eiche 30 Ahorn …… Total ……	Buche …… Eiche y Ahorn …… Total ……
Im «Ahorn» sind 4 Gäste weniger als in der «Buche». In der «Eiche» sind doppelt so viele Gäste wie in der «Buche».	Buche …… Eiche …… Ahorn 16 Total ……	Buche …… Eiche …… Ahorn x Total ……	Buche 18 Eiche …… Ahorn …… Total ……	Buche y Eiche …… Ahorn …… Total ……
In der «Eiche» hat es dreimal so viele Gäste wie in der «Buche». Im «Ahorn» hat es 12 Gäste mehr als in der «Buche».	Buche 9 Eiche …… Ahorn …… Total ……	Buche x Eiche …… Ahorn …… Total ……	Buche …… Eiche …… Ahorn 24 Total ……	Buche …… Eiche …… Ahorn y Total ……

Text	Gästezahlen	Terme	Gästezahlen	Terme
In der «Eiche» hat es 12 Gäste weniger als in der «Buche» und 9 Gäste mehr als im «Ahorn».	Buche .... Eiche 25 Ahorn .... Total	Buche .... Eiche x Ahorn .... Total	Buche 21 Eiche .... Ahorn .... Total	Buche y Eiche .... Ahorn .... Total ....
In der «Eiche» sind dreimal so viele Gäste wie in der «Buche», aber 8 Gäste weniger als im «Ahorn».	Buche .... Eiche 42 Ahorn .... Total	Buche x Eiche .... Ahorn .... Total	Buche .... Eiche .... Ahorn .... Total 50	Buche y Eiche .... Ahorn .... Total ....

1 –

2.1↗ Frau Berger lässt ihr Auto für CHF 470 reparieren. Zudem kauft sie 4 neue Pneus. Ein Pneu kostet x Franken.

a Notiere einen Term für die gesamten Kosten.

b Die Rechnung für Reparatur und Pneus beläuft sich auf CHF 970.
- Ergänze den Term von Aufgabe a zu einer Gleichung.
- Rechne aus, wie viel ein Pneu kostet.

2.2↗ Honigmelonen werden zu y Franken das Stück angeboten. Der Koch eines Jugendlagers bestellt 60 Stück. Dazu kommen Gemüse für CHF 280 und Salat für CHF 150.

a Notiere einen Term für die gesamten Kosten.

b Die Rechnung für Melonen, Gemüse und Salat beläuft sich auf CHF 700.
- Ergänze den Term von Aufgabe a zu einer Gleichung.
- Rechne aus, wie viel eine Honigmelone kostet.

2.3↗ Eine Reiseleiterin stellt die Kosten für eine Bahnfahrt mit Verpflegung für 28 Personen zusammen. Die Verpflegungskosten sind bekannt, den Billettpreis kennt sie noch nicht.

Anzahl Reisende	28
Billettpreis pro Person	CHF x
Frühstück im Zug pro Person	CHF 11
Sandwich und Getränk pro Person	CHF 9

a Notiere einen Term für die gesamten Kosten der Reise.

b Die gesamten Kosten der Reise betragen CHF 1540.
- Ergänze den Term von Aufgabe a zu einer Gleichung.
- Rechne aus, wie hoch der Billettpreis pro Person ist.

2.4↗ Schülerinnen und Schüler planen ein Skilager. Angemeldet sind 40 Personen, die Lagerdauer beträgt 5 Tage. Bis auf den Fahrpreis sind die Kosten klar.

Verpflegungspauschale pro Person und Tag	CHF 15
Unterkunft pro Person und Tag	CHF 8
Skiliftabonnement pro Person für 5 Tage	CHF 180
Fahrpreis pro Person	CHF y

a Notiere einen Term für die gesamten Lagerkosten.

b Wie hoch ist der Fahrpreis pro Person, wenn die Kosten für das Lager CHF 13 000 betragen? Löse die Aufgabe mit Hilfe einer Gleichung.

2.5 ↗ Die Rockgruppe «Hammer» bringt eine neue CD auf den Markt. Sie erhält für jede verkaufte CD CHF 3. Die Herstellerfirma verlangt für die Produktion der CD von der Rockgruppe CHF 10 000. Es werden y CDs verkauft.

a Wie viel Geld nimmt die Rockgruppe mit der CD ein? Notiere einen Term.

b Die Rockgruppe verdient mit der CD CHF 65 000.
- Ergänze den Term von Aufgabe a zu einer Gleichung.
- Rechne aus, wie viele CDs verkauft wurden.

2.6 ↗ Eine Gruppe von Jugendlichen geht ins Kino.
- Schreibe dazu eine Geschichte. Deine Geschichte soll die Grösse der Gruppe, den unbekannten Billettpreis, die Kosten für Pausenglacés und für Pausengetränke enthalten.
- Stelle die gesamten Ausgaben als Term dar.
- Ergänze den Term zu einer Gleichung, sodass der Billettpreis ausgerechnet werden kann.

2.7 ↗ Welche Lösung gehört zu welcher Gleichung? Ordne zu.

Gleichung			*Lösung*
$7 + x = 9 + 5$	●	●	10
$5a + 13 - 21 = 42$	●	●	3
$6^2 = 8b - 4$	●	●	7
$4e + 7e + 25 = 58$	●	●	5

3.1 ↗ Die Veranstalter eines «Openair-Festivals» haben Wetterpech. Es werden 7000 Tageskarten weniger verkauft als geplant. Die Tageskarte kostet CHF 80.

a Wähle eine Variable und beschreibe ihre Bedeutung.

b Notiere einen Term für die Einnahmen aus den Tageskarten.

c Die gesamten Einnahmen aus den Tageskarten betragen CHF 2 800 000.
- Ergänze den Term von Aufgabe b zu einer Gleichung.
- Mit wie vielen verkauften Tageskarten haben die Veranstalter bei der Planung gerechnet?

3.2↗ Pedalo fahren ist ein Sommervergnügen. Für Gruppen senkt eine Bootsvermietung den Preis pro Pedalo um CHF 3 pro Stunde. Die Leitung eines Ferienlagers mietet 18 Pedalos für 2 Stunden.

a Wähle eine Variable und beschreibe ihre Bedeutung.

b Notiere einen Term für die Einnahmen der Bootsvermietung.

c Das Ferienlager bezahlt für die Bootsmiete CHF 684.
- Ergänze den Term von Aufgabe b zu einer Gleichung.
- Wie hoch ist der normale Preis für ein Pedalo pro Stunde?

3.3↗ Eine Übernachtung in der Jugendherberge in Klosters ist im Winter um 14 Franken teurer als im Sommer. Die Auslagen für Abendessen, Lunchpaket und Kurtaxe betragen pro Übernachtung immer CHF 25.50. Vier Jugendliche bleiben im Winter eine Nacht in dieser Jugendherberge.

a Wähle eine Variable und beschreibe ihre Bedeutung.

b Notiere einen Term für die Ausgaben der Jugendlichen für Übernachtung und Verpflegung.

c Die Jugendlichen bezahlen insgesamt für Übernachtung und Verpflegung CHF 282.
- Ergänze den Term von Aufgabe b zu einer Gleichung.
- Wie viel kostet eine Übernachtung pro Person im Sommer?

3.4↗ In einem Lebensmittelgeschäft wird der Normalpreis für eine Flasche Cola während einer Aktion um 20 Rappen gesenkt. Lara und Toni kaufen 24 Flaschen. Sie bezahlen mit Gutscheinen im Wert von CHF 35 und mit Bargeld.

a Wähle eine Variable und beschreibe ihre Bedeutung.

b Notiere einen Term für den Betrag, den sie an der Kasse bar bezahlen müssen.

c Sie bezahlen an der Kasse CHF 37 in bar.
- Ergänze den Term von Aufgabe a zu einer Gleichung.
- Wie hoch ist der Normalpreis für eine Flasche Cola?

4.1↗ Löse die Gleichungen.

a $3(x + 5) = 36$

b $2y + 3(y - 6) = 22$

c $4x - (12 + x) = 48$

d $17 = y + 5(2y - 1)$

e $8(1 + 4y) - 12y = 28$

f $2 = 3y - 7(y + 2)$

g $x - 4(6 - x) = -9$

h $2(5a + 7) - 3a = -14$

i $0 = 6b - 3(b + 5)$

Gleichungen 1

4.2↗ Marc und Anna spielen das «Denk dir eine Zahl»-Spiel.
Anna sagt: «Denk dir eine ganze Zahl.» Marc wählt eine Zahl.
Anna fährt weiter:
- «Addiere 3.
- Multipliziere die Summe mit 10.
- Subtrahiere vom Produkt 20.
- Nenne mir die erhaltene Zahl.»

Marc hat die Rechenschritte im Kopf ausgeführt und nennt nun die Zahl 510.

a Anna findet die gedachte Zahl mit Hilfe einer Gleichung. Notiere diese Gleichung. Welche Zahl hat Marc gewählt?

b Beschreibe, wie du rasch von einer genannten Zahl auf die gedachte Zahl schliessen kannst.

c Spiele das Spiel mit deiner Banknachbarin, deinem Banknachbarn oder in der Klasse.

d Erfinde ein eigenes «Denk dir eine Zahl»-Spiel.

4.3↗ «Ich denke mir eine Zahl,
- addiere 10,
- multipliziere mit 10,
- subtrahiere 10,
- dividiere durch 10

und erhalte 10.»

a Notiere eine Gleichung.

b Wie heisst die gedachte Zahl?

c Ersetze im Text die Zahl 10 durch 7, durch 13, durch 24. Bestimme jeweils die gedachte Zahl. Was stellst du fest? Kannst du ein Muster erkennen? Begründe.

5.1↗ Tina und Sandro haben Hochbetrieb beim Servieren im Restaurant. Eines der Menüs kostet y CHF. Sandro hat dieses Menü 15-mal serviert und dabei für Getränke noch CHF 144 eingenommen. Tina hat das Menü 18-mal serviert und dabei für Getränke CHF 81 kassiert.

a Stelle die Einnahmen von Tina und Sandro mit Hilfe von Termen dar.

b Nimm an, dass Tina und Sandro gleich viel eingenommen hätten.
- Stelle diese Situation mit Hilfe einer Gleichung dar.
- Berechne den Preis für das Menü.

5.2↗ Tamara campiert mit Lisa im Zelt am Türlersee. Eine Übernachtung kostet CHF y pro Person. Sie verbringen 15 Nächte gemeinsam auf dem Campingplatz. Für Essen und Unterhaltung verbraucht Tamara während dieser Zeit CHF 400. Ihre Freundin Lisa bleibt noch 5 Nächte länger. Sie lebt sparsamer und verbraucht während der ganzen Zeit für Essen und Unterhaltung nur CHF 360.

a Stelle die Ausgaben von Tamara und Lisa mit Hilfe von Termen dar.

b Tamara und Lisa haben am Türlersee insgesamt gleich viel Geld ausgegeben.
- Bilde mit den Termen von Aufgabe a eine Gleichung.
- Wie viel kostet eine Übernachtung pro Person?

5.3↗ Die Werbung für einen Seilpark verspricht «Fun&Action». Eine Klasse von 24 Schülerinnen und Schülern plant einen Ausflugstag in diesen Park. Zusätzlich zum Eintrittsgeld liegen noch CHF 180 in der Klassenkasse. Der Ausflugstag fällt in die Zeit einer Grippewelle. Nur 19 Jugendliche sind dabei. Dafür verbleiben CHF 275 in der Klassenkasse.
- Stelle den Sachverhalt als Gleichung dar.
- Wie hoch ist der Eintrittspreis pro Schülerin oder Schüler?

5.4↗ Das Reiseunternehmen «Chaos-Safari-Tours» hat die Organisation einer Safari für eine Touristengruppe nicht im Griff. Am ersten Tag stehen 5 Safaribusse bereit. Für 12 Personen ist jedoch kein Platz vorhanden. Am zweiten Tag schickt das Unternehmen 7 Busse vom gleichen Typ, dafür bleiben nun 20 Plätze leer.
- Stelle den Sachverhalt als Gleichung dar.
- Wie viele Personen gehören zur Touristengruppe?

5.5↗ Die Mitglieder einer Expedition überprüfen die Vorräte. Dauert die Expedition noch 14 Tage, so fehlen 9 Tagesportionen. Bei einer Dauer von 12 Tagen bleiben 5 Tagesportionen übrig.
- Stelle den Sachverhalt als Gleichung dar.
- Wie viele Personen nehmen an dieser Expedition teil?

6.1↗ Ein neues Handy kommt auf den Markt. Teleshop Rot verkauft 25 dieser Handys und für CHF 9701 weitere Elektronikartikel. Bei Elektro-Schwarz kostet das gleiche Handy CHF 10 weniger. Schwarz verkauft 37 Handys und für CHF 8512.20 Elektronikartikel.
Die beiden Firmen haben gleich viel Geld eingenommen.
- Stelle den Sachverhalt als Gleichung dar.
- Was kosten die Handys bei Teleshop Rot und bei Elektro-Schwarz?

6.2↗ Ein Fussballstadion wird umgebaut. Im neuen Stadion gibt es nur noch Sitzplätze. Dadurch gehen 2000 Zuschauerplätze verloren. Damit die maximal möglichen Billetteinnahmen gleich bleiben, wurde der durchschnittliche Eintrittspreis im neuen Stadion auf CHF 36 erhöht. Der durchschnittliche Eintrittspreis lag vor dem Umbau bei CHF 32 pro Spiel.
Überlege, was ausgerechnet werden kann und rechne.

6.3↗ Ein Glücksspiel für zwei Personen und eine Spielleiterin oder einen Spielleiter:
Gespielt wird mit schwarzen und weissen Münzen. Die schwarzen Münzen haben einen Wert von 9 Punkten, die weissen Münzen einen Wert von 5 Punkten.

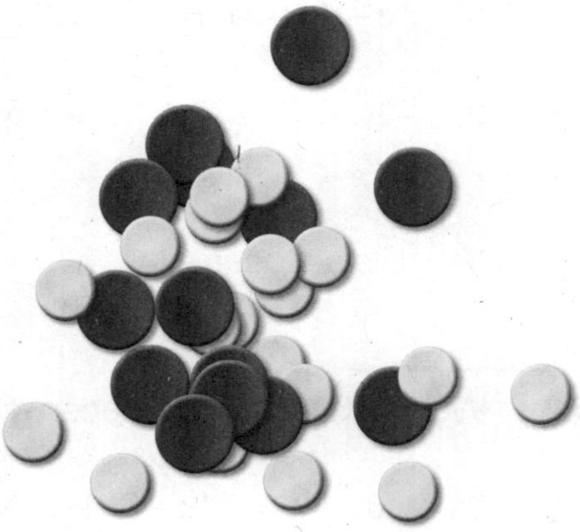

Das Spiel wird so gespielt:
- Die Spielleitung notiert eine Zielzahl. Diese Zahl dürfen die beiden Spielenden nicht kennen.
- Die beiden Spielenden wählen nun beliebig viele schwarze und weisse Münzen und addieren ihre Punktzahlen.
- Gewonnen hat, wer mit seiner Punktzahl näher bei der Zielzahl liegt.

a Spielt das Spiel zu dritt.

b Sara und Ben spielen nach leicht geänderten Regeln gegeneinander.
Die Spielleitung legt für jedes Spiel den Wert der schwarzen Münze neu fest. Sara und Ben kennen diesen Wert jedoch nicht. Sie wissen nur, dass der Wert der weissen Münze stets um 4 kleiner ist als der Wert der schwarzen Münze. Das Spiel geht los:
- Die Spielleitung legt den Wert der schwarzen Münze und die geheime Zielzahl fest.
- Sara und Ben wählen wiederum ihre Münzen.
- Die Spielleitung berechnet nun für beide die Summe ihrer Punktzahlen und notiert die Abweichung von der Zielzahl.
- Gewonnen hat, wer mit seiner Punktzahl näher bei der Zielzahl liegt.

Bestimme für die drei Spiele in der Tabelle unten jeweils den Wert der schwarzen und der weissen Münze sowie die Zielzahl.

		Anzahl Münzen		Abweichung von der Zielzahl	Gewinnerin/Gewinner
		schwarz	weiss		
Spiel 1	Sara	5	3	8 Punkte zu wenig	✔
	Ben	4	2	18 Punkte zu wenig	
Spiel 2	Sara	6	1	23 Punkte zu wenig	✔
	Ben	8	4	30 Punkte zu viel	
Spiel 3	Sara	3	7	15 Punkte zu viel	
	Ben	5	1	9 Punkte zu wenig	✔

6.4↗ Spiele das Spiel von Aufgabe 6.3 b mit zwei Klassenkameradinnen oder -kameraden. Die Spielleitung führt eine Tabelle wie oben. Beide Spieler können diese Tabelle sehen. Gewonnen hat nun nicht mehr, wer mit seinen Punkten näher bei der Zielzahl liegt. Gewonnen hat, wer den Wert der schwarzen und der weissen Münze zuerst herausfindet.

Wechselt die Rollen im Dreierteam.

7.1↗ Löse die Gleichungen.

a $5y - (9 + 2y) = 8(y - 3)$

b $29y - (y - 27) = 13 + 7(5y + 1)$

c $4(x + 1) - 13 = 5x - (51 + 8x)$

d $12 - 5(9 - 2x) = 3(x - 2) - 27$

Gleichungen 2

7.2↗ Welche Gleichungen haben die gleiche Lösung? Ordne zu.

$2x + 10 - 7x = 3(x - 5) + 1$ ●	● $x - (8x + 5) = 15 + 2(11 - 7x)$
$7(2x + 1) = 5x + 16$ ●	● $3x - (8 - x) = 5(3 - x) + 4$
$-7 + 8x - 19 = 15 + 3(x - 17)$ ●	● $12x - 4(x + 4) = 3 + 5(4x + 1)$
$x + 8(12 - x) = 7x - (5x - 42)$ ●	● $3x - 6(x - 3) = 13 + 2(7 - 6x)$

7.3↗ Es gibt auch Gleichungen mit ungewohnten Lösungen.

a $4x + 6 = 7x + 3(2 - x)$

b $5(x - 4) - (12 - x) = 11 + 6(1 + x)$

7.4↗ Mit dem Computer kannst du Gleichungen lösen, die alle bisherigen Formen umfassen.

Gleichungen 3

8.1↗ Anna, Nils und Nora helfen in den Ferien bei der Schulhausreinigung. Alle erhalten den gleichen Stundenlohn. Wer am längsten arbeitet, bekommt noch einen einmaligen Zuschlag von CHF 50. Anna arbeitet 14 Stunden, Nils 17 Stunden und Nora 19 Stunden.
Nach Abschluss der Reinigungsarbeiten werden insgesamt CHF 950 ausbezahlt.
- Wie hoch ist der Stundenlohn?
- Wie viel haben Anna, Nils und Nora verdient?

8.2↗ **a** Vergrössere das Sechsfache einer Zahl um 32. Du erhältst dann gleich viel, wie wenn du das Doppelte dieser Zahl um 8 verkleinern würdest. Wie heisst die Zahl?

b Verdreifache eine um 5 verkleinerte Zahl. Du erhältst dann gleich viel, wie wenn du die ursprüngliche Zahl um 9 vergrössern würdest.

c In einer vierstelligen Zahl mit der Quersumme 19 ist die Hunderterziffer um 4 grösser als die Tausenderziffer. Die Zehnerziffer ist um 7 kleiner als die Einerziffer, die ihrerseits um 1 grösser ist als die Hunderterziffer. Notiere die vierstellige Zahl.

d Die Ziffern 6 und 0 bilden zusammen mit der Einerziffer eine dreistellige Zahl. Diese Zahl ist 76-mal so gross wie ihre Einerziffer. Notiere die dreistellige Zahl.

8.3↗ **a** Die Summe von fünf aufeinander folgenden natürlichen Zahlen ist 465. Wie heissen diese Zahlen?

b Gibt es vier aufeinander folgende natürliche Zahlen, deren Summe 292 beträgt?
Begründe deine Antwort.

c *Zum Tüfteln:*
Betrachte die gegebene Zahlenfolge: 1, 3, 6, 10, 15, … .
Mit der gleichen Gesetzmässigkeit ist eine andere Zahlenfolge aufgebaut, bei der die Summe der ersten fünf Glieder 165 beträgt. Notiere die ersten acht Glieder dieser Folge.

8.4↗ **a** Ein Rechteck ist doppelt so lang wie breit. Der Umfang misst 90 cm.
Berechne Länge und Breite des Rechtecks.

b In einem gleichschenkligen Dreieck sind die beiden gleich langen Seiten je 3 cm länger als das Doppelte der Länge der dritten Seite. Der Umfang des Dreiecks beträgt 51 cm.
Berechne die Längen der drei Seiten.

8.5↗ **a** Die Umfänge dieser vier Quadrate messen zusammen 224 mm.
Berechne den Umfang des kleinsten Quadrates.

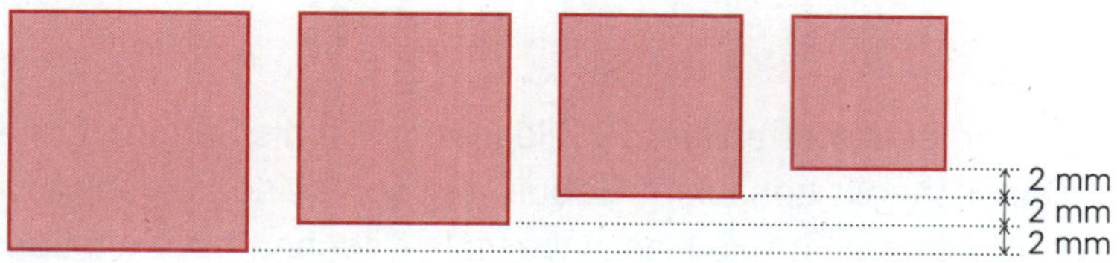

b Die Umfänge dieser vier gleichseitigen Dreiecke messen zusammen 276 cm.
Berechne die Seitenlänge des kleinsten Dreiecks.

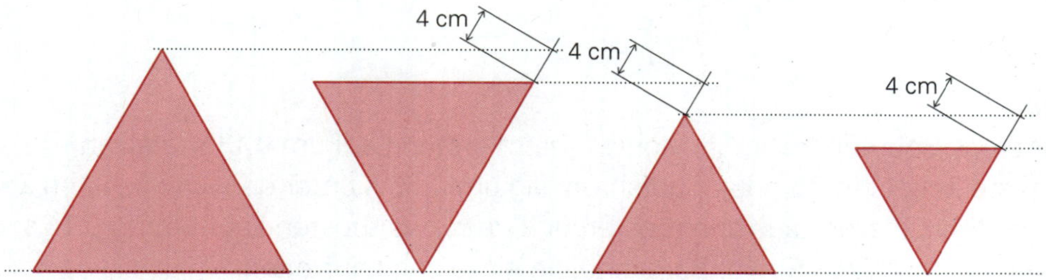

8.6↗ Tamara und Lisa vergleichen ihr Taschengeld. Tamara besitzt dreimal so viel wie Lisa. Sie zahlt ihr nun die 4 Franken Schulden zurück und stellt fest, dass sie jetzt genau doppelt so viel Geld hat wie ihre Freundin. Wie viel Geld hat nun jede der beiden Freundinnen?

8.7↗ Grossmutter seufzt: «Im Alter lässt man nach. Vor 40 Jahren war ich noch 10-mal so alt wie meine Enkelin, heute bin ich nur noch doppelt so alt wie sie.» Wie alt ist die Grossmutter heute?

8.8 ↗ Ein gerader Gartenweg soll mit rechteckigen Platten belegt werden. Zur Auswahl stehen zwei Plattentypen, die sich in der Länge um 20 cm unterscheiden. Wird der Weg mit 12 grossen Platten belegt, so fehlen noch 40 cm, bei 17 kleinen Platten ragt die letzte Platte 20 cm über das Ende des Wegs hinaus.

a Berechne die Längen der beiden Plattentypen und die Länge des Gartenwegs.

b Wie lassen sich die beiden Plattentypen kombinieren, damit der Weg genau belegt wird?

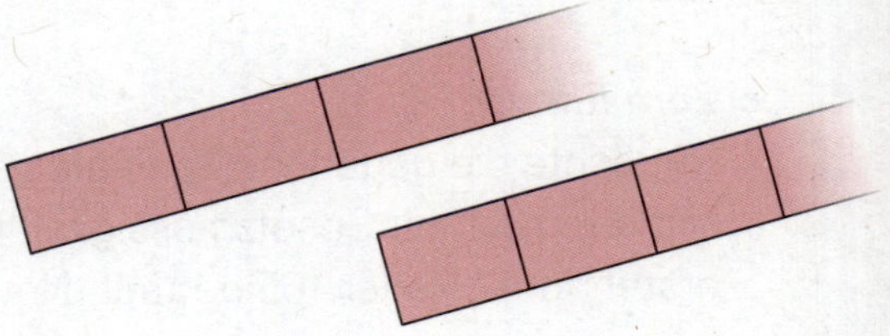

8.9 ↗ Alle zwei Jahre findet entweder die Fussball-Weltmeisterschaft oder die Fussball-Europameisterschaft statt. Dani, Lena und Sandro sind begeisterte Sammler von Bildchen der Fussball-Mannschaften. Zusammen verfügen sie über 580 Bildchen. Berechne jeweils, wer wie viele Bildchen hat.

a Sandro hat doppelt so viele Bildchen wie Dani, aber 20 weniger als Lena.

b Dani hat 25 Bildchen weniger als Lena. Sandro hat 48 Bildchen mehr als Dani.

c Lena hat 3-mal so viele Bildchen wie Dani. Dani hat 30 Bildchen mehr als Sandro.

d Sandro hat Lena 5 seiner Bildchen geschenkt und hat jetzt doppelt so viele Bildchen wie Dani. Lena hat nun gleich viele Bildchen wie Dani. Wie viele Bildchen hatte jeder, bevor das Geschenk gemacht wurde?

e Vor dem Geburtstag von Lena hatte Dani 15 Bildchen mehr als Sandro. Lena hatte 20 Bildchen weniger als Dani. Dani schenkt Lena zum Geburtstag von seinen eigenen Bildchen, so dass sie nun doppelt so viele Bildchen hat wie Dani. Wie viele Bildchen hat Dani Lena geschenkt?

8.10 ↗ Bei einem Rockkonzert bezahlt eine Gruppe von 15 Erwachsenen und 36 Jugendlichen gleich viel Eintrittsgeld wie eine andere Gruppe mit 9 Erwachsenen und 48 Jugendlichen.
Wie verhalten sich die Eintrittspreise für Erwachsene und für Jugendliche zueinander?

8.11 ↗ *Zum Tüfteln:*
Der Sieger eines Bobrennens in St. Moritz fuhr im ersten Lauf um 0.13 s langsamer als im vierten Lauf. Die beste Zeit, im dritten Lauf gefahren, lag um 0.56 s unter der schwächsten Zeit aus dem zweiten Lauf. Die Differenz aus dem besten und dem zweitbesten Lauf betrug 0.14 s, die Gesamtzeit aus allen vier Läufen 4:20.89 min. Berechne die einzelnen Laufzeiten.

9.1 ↗ Du kennst schon viele Formeln aus der Geometrie. Jede Formel kannst du wie eine Gleichung äquivalent umformen.

Beispiel:
Wenn beim Rechteck der Umfang U und die Länge a bekannt sind, so kannst du seine Breite b berechnen.
Die Formel zur Berechnung des Rechteckumfangs wurde nach der Breite b «aufgelöst».
In Worten: Beim Rechteck kann ich die Breite berechnen, indem ich den Umfang durch 2 teile und anschliessend die Länge subtrahiere.

$$U = 2(a + b) \quad | :2$$
$$U : 2 = a + b \quad | -a$$
$$U : 2 - a = b$$

a Forme die Rechtecksformel so um, dass du aus dem Umfang U und der Breite b die Länge a des Rechtecks berechnen kannst. Beschreibe.

b Zeige, wie man aus dem Umfang U eines Quadrates dessen Seite s berechnen kann. Beschreibe.

9.2 **a** Skizziere in der Tabelle unten die geometrischen Figuren und notiere die entsprechenden Formeln.

b Löse die Formeln schrittweise nach jeder Variablen auf.

Geometrische Figur	Formel
Rechteck	Formel zur Berechnung des Flächeninhalts …………………… …………………… ……………………
Drachen	Formel zur Berechnung des Flächeninhalts …………………… …………………… ……………………
Dreieck	Winkelsumme im Dreieck …………………… …………………… ……………………
Parallelenviereck	Formel zur Berechnung des Flächeninhalts …………………… …………………… ……………………
Trapez	Formel zur Berechnung der Mittelline aus den beiden parallelen Seiten …………………… …………………… ……………………

1.1↗ Stelle für die folgenden Aufgaben diese sechs Bausteine her:

drei solche Stangen

drei solche Winkel

1.2↗ **a** Skizziere die Bausteine in der unten abgebildeten Lage auf Punktpapier.

b In den Skizzen der Würfelkörper F und G gibt es «heikle» Punkte. «Heikle» Punkte der Skizze sind Punkte, die zu zwei verschiedenen Ecken des dreidimensionalen Würfelkörpers gehören. Kreise «heikle» Punkte in deinen Skizzen rot ein.

A

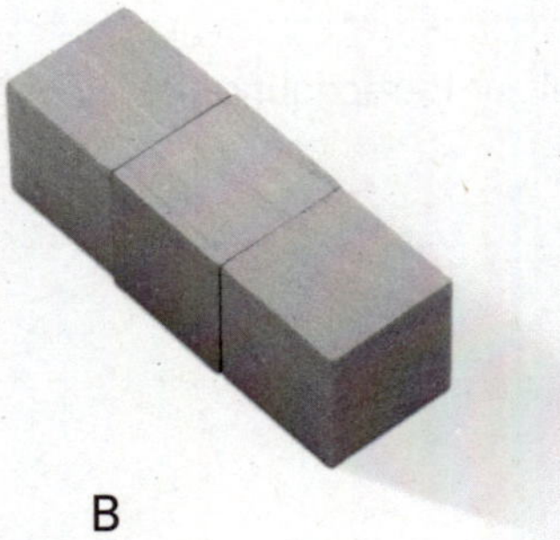

B

C

D

E

F

G

1.3↗ Arbeitet zu zweit:

- Baue mit deinen Bausteinen aus Aufgabe 1.1 einen Würfelkörper.
- Skizziere deinen Würfelkörper auf Punktpapier.
- Gib die Skizze deiner Partnerin oder deinem Partner.
- Baue den Würfelkörper deiner Partnerin oder deines Partners nach ihrer oder seiner Skizze.
- Kontrolliert gegenseitig eure Resultate.

1.4 ↗ Unten siehst du Baupläne von Würfelkörpern. Jeder Würfelkörper kann aus zwei oder drei Bausteinen (Stangen und Winkeln) hergestellt werden.

a Skizziere die Würfelkörper A bis E auf Punktpapier. Versuche, dies direkt vom Bauplan aus zu tun. Baue den Würfelkörper aus den Bausteinen nur falls nötig.

b Baue jeden Würfelkörper. Färbe in jeder deiner Skizzen jeden Baustein mit einer anderen Farbe.

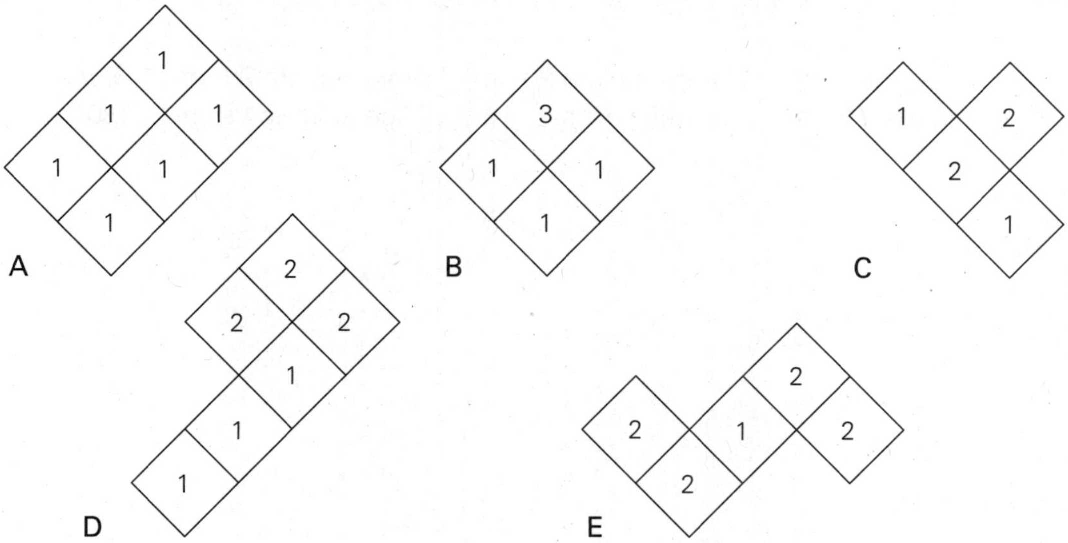

1.5 ↗ Die Treppe unten kann aus Bausteinen (Stangen und Winkeln) gebaut werden.
Eine Anleitung zum Bauen ist neben dem Foto skizziert. In der ersten Skizze ist nur ein Baustein dargestellt. Bei jeder weiteren Skizze kommt ein neuer Baustein dazu.

a Baue diese Treppe nach der Anleitung.

b Wähle für jeden Baustein eine andere Farbe. Verwende diese Farbe, um den Baustein in allen Skizzen der Anleitung zu färben.

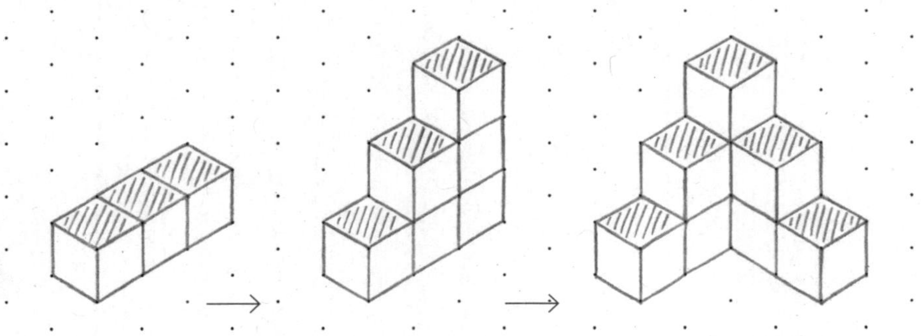

c Erfinde selber einen Würfelkörper aus Stangen und Winkeln und gib ihm einen passenden Namen: Brunnen, Haus, Sofa, …

d Skizziere eine Anleitung zum Bauen. Färbe jeden Baustein mit seiner eigenen Farbe.

e Gib deine Anleitung jemand anderem in deiner Klasse. Sie oder er baut den Würfelkörper nach dieser Anleitung. Stimmt der Würfelkörper? Ist deine Anleitung korrekt?

2 –

3.1 Unten siehst du vier Würfelkörper abgebildet, welche aus Winkel-Bausteinen bestehen. Diese Würfelkörper sollen gedreht und skizziert werden. Gehe bei jeder Aufgabe so vor:
- Stelle dir jede Drehung in Gedanken vor und zeichne den gedrehten Körper. Beachte: Gehe immer vom links skizzierten Würfelkörper aus.
- Kontrolliere deine Skizze, indem du den Würfelkörper tatsächlich drehst.
- Bei den Aufgaben c und d: Markiere den gefärbten Winkel in allen sechs Skizzen rot.

Stelle dir vor, du würdest den Würfelkörper von oben fassen.	Drehe ihn um 90° im Uhrzeigersinn.	Drehe ihn um 90° im Gegenuhrzeigersinn.	Drehe ihn um 180°.

a

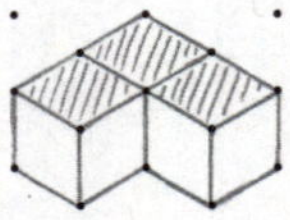

b

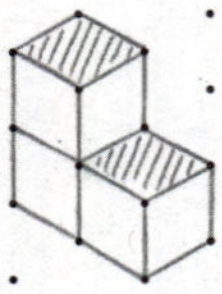

c

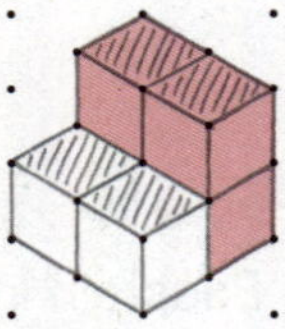

d

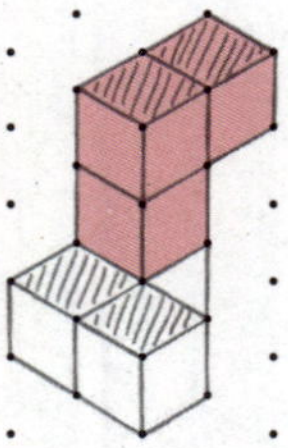

3.2↗ **a** Es gibt Würfelkörper, die beim wiederholten Drehen um 90° immer gleich aussehen. Baue einen solchen Würfelkörper aus Einzelwürfeln. Zeichne den Bauplan. Welche Merkmale muss ein solcher Körper haben?

b Wie ist ein Würfelkörper aufgebaut, der bei einer Drehung um 180° gleich aussieht wie der ursprüngliche Körper, nicht aber bei einer Drehung um 90° und um 270°? Baue einen solchen Körper und zeichne den Bauplan. Welche Merkmale muss ein solcher Körper haben?

4.1↗ a Baue alle möglichen Würfelkörper mit vier Würfeln. Es gibt acht verschiedene solche Würfelkörper.

b Skizziere diese acht Würfelkörper auf Häuschenpapier.

c Diese acht Würfelkörper heissen **Würfelvierlinge**, da alle aus vier Würfeln bestehen. Man kann sie mit Namen bezeichnen, die ihre Form charakterisieren: Stange, Platte, Haken, Treppe, Keule, Turm rechts, Turm links, Dreibein. Notiere zu jeder Skizze den passenden Namen.

4.2 Mit welchen zwei gleichen Würfelvierlingen lässt sich ein 2×2×2-Würfel herstellen?
- Skizziere für jede der drei Möglichkeiten eine Bauanleitung in die Würfelumrisse unten.
- Notiere den Namen des verwendeten Würfelvierlings.

Zeichne den ersten Würfelvierling. | Zeichne beide Würfelvierlinge.

1. Möglichkeit:

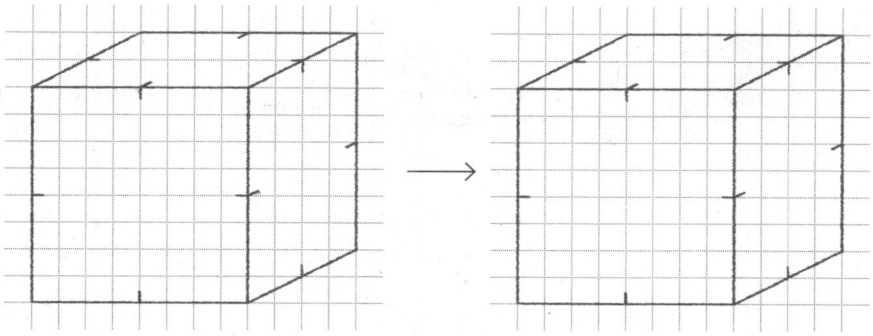

Name des Würfelvierlings: ....

2. Möglichkeit:

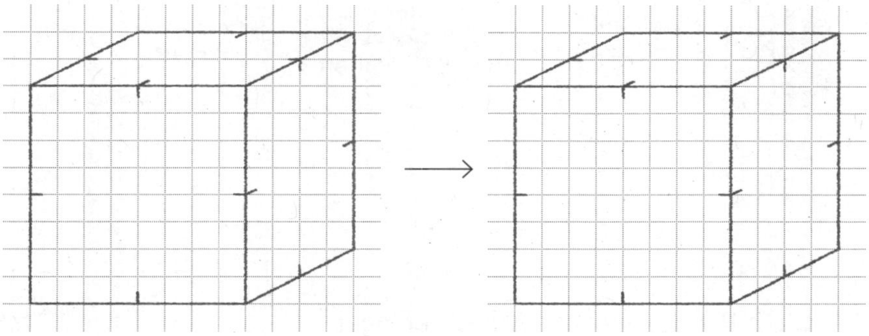

Name des Würfelvierlings: ....

3. Möglichkeit:

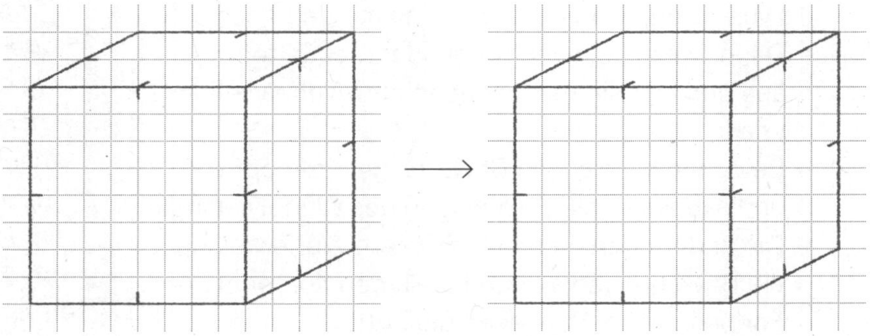

Name des Würfelvierlings: ....

4.3 **a** In den Abbildungen unten sind Würfelvierlinge in der Anfangsposition aufgestellt. Führe mit jedem Würfelvierling in Gedanken die auf dem Zettel notierten Bewegungen aus. Skizziere rechts die Endposition des Würfelvierlings.
Kontrolliere deine Skizze anschliessend, indem du die Bewegungen tatsächlich ausführst.

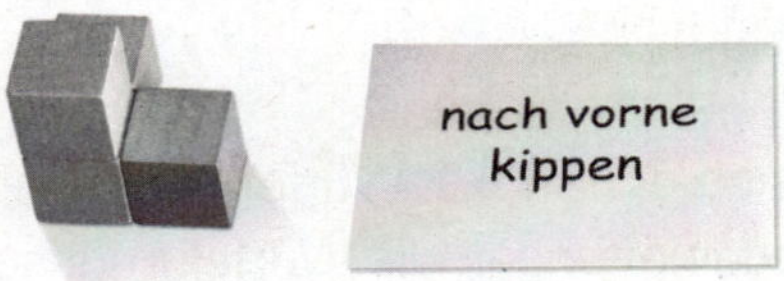

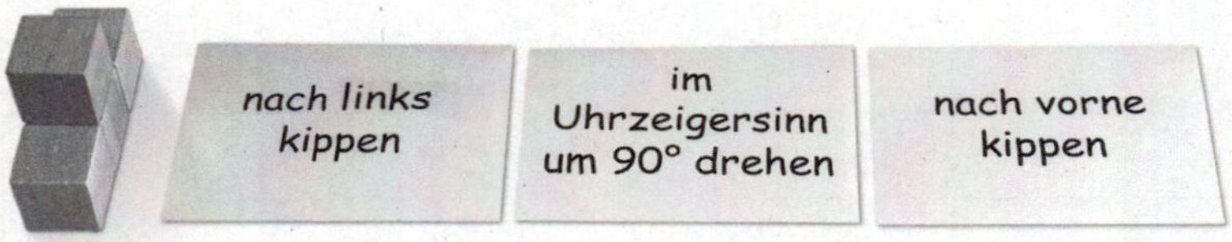

↗ **b** Ein Partnerspiel mit Würfelvierlingen.
Stellt das im Kasten rechts notierte Material für folgendes Spiel zusammen:
- Eine Person wählt aus ihrer Sammlung einen Würfelvierling aus und stellt ihn auf den Tisch.
- Dann wählt sie einen, zwei oder drei Zettel aus und legt sie rechts neben den Würfelvierling wie in Aufgabe a.
- Beide stellen sich die Bewegungen im Kopf vor und skizzieren die Endposition des Würfelvierlings.
- Die andere Person führt mit ihrem Würfelvierling die Bewegungen aus und stellt den Körper in der Endposition rechts neben die Zettel.
- Kontrolliert eure Skizzen.

Spielmaterial

- Eure zwei Sammlungen der acht Würfelvierlinge
- Sechs Zettel mit folgenden Texten:
  «nach hinten kippen»
  «nach vorne kippen»
  «nach links kippen»
  «nach rechts kippen»
  «im Uhrzeigersinn um 90° drehen»
  «im Gegenuhrzeigersinn um 90° drehen»

4.4↗ Würfelkörper können «verputzt» dargestellt werden, sodass die einzelnen Würfel nicht mehr sichtbar sind.

Beispiel:

2	2		
1	1	1	1

Schritte beim Skizzieren:

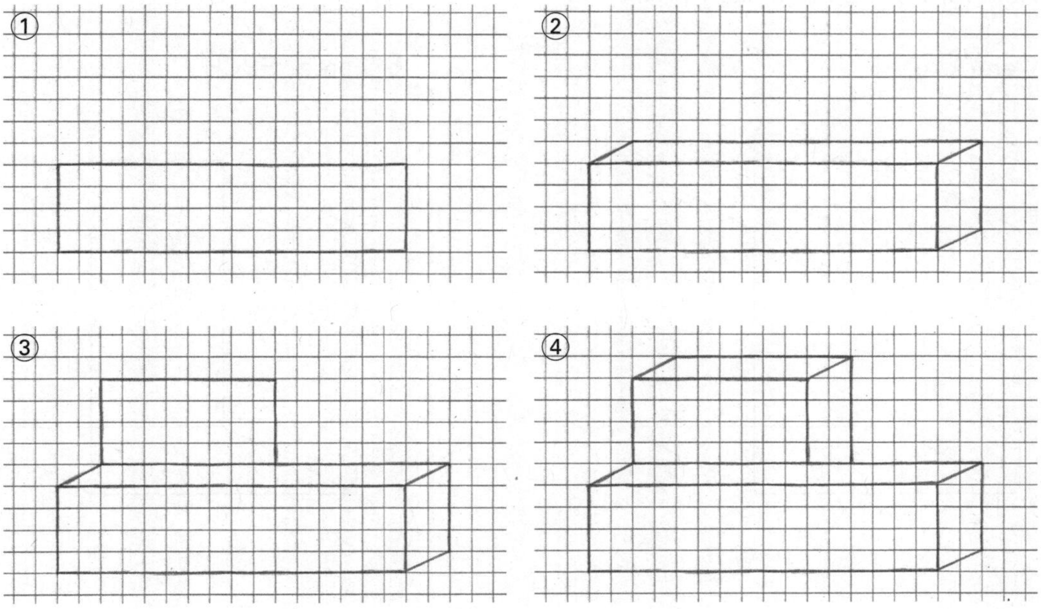

Gehe bei den folgenden Aufgaben wie folgt vor:
- Baue den Körper aus zwei Würfelvierlingen oder stelle ihn dir gedanklich vor.
- Skizziere den Körper «verputzt» wie im Schritt ④ oben.

a

2	2	2
1	1	

b

2	2	2
		2

c

1	2	2
1	1	1

d

2	1	2
1	1	1

e

3	2
2	1

f Was irritiert beim Betrachten der Skizze des Körpers von Aufgabe e?

4.5↗ *Zum Tüfteln:*

a Setze alle acht Würfelvierlinge zu einem 2×4×4-Quader zusammen.

b Skizziere deine Lösung als Bauanleitung.

c Stelle für den Quader von Aufgabe a eine Schachtel zur Aufbewahrung deiner Sammlung von Würfelvierlingen her.

5.1 Im abgebildeten Würfel sind die Punkte P, Q, R, S und T Mittelpunkte von Kanten.
- Zeichne mit Farbe das in der Aufgabe gegebene Viereck ein.
- Markiere beim Viereck rechte Winkel, falls solche vorhanden sind.
- Notiere, welche Form das Viereck hat.

a Viereck ADHE

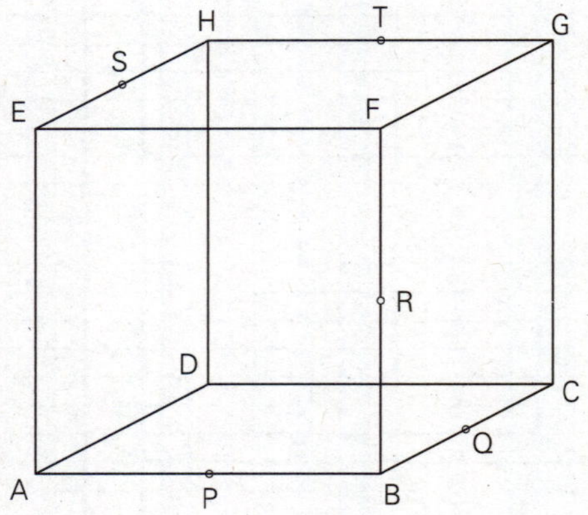

....

b Viereck EBCH

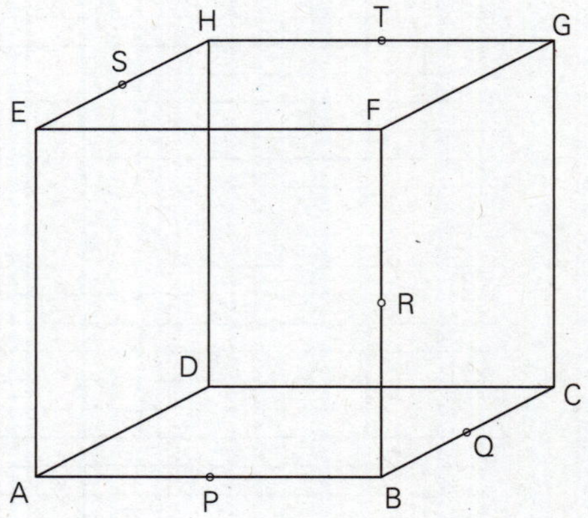

....

c Viereck PBGT

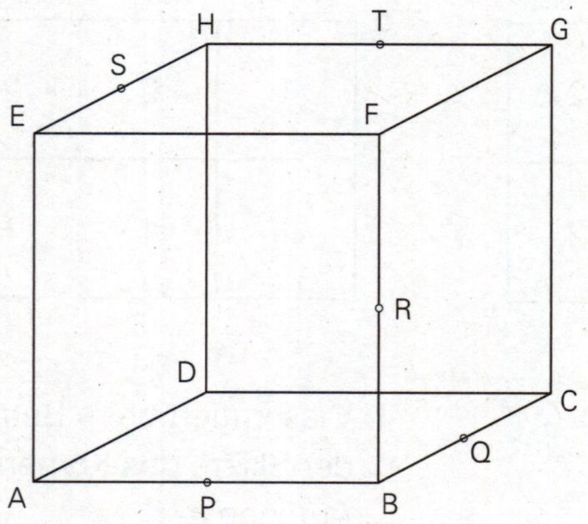

....

d Viereck APGT

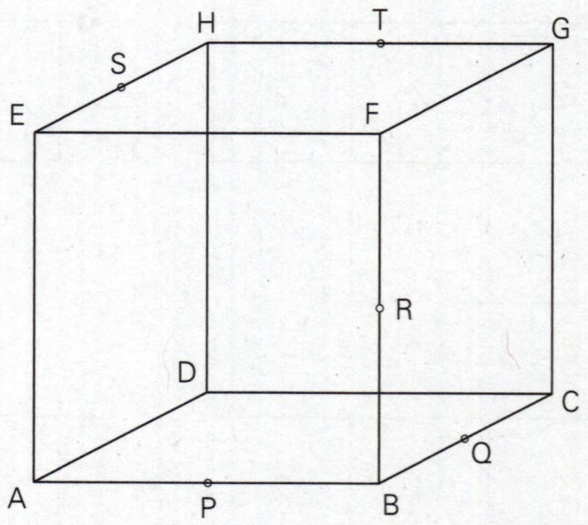

....

e Viereck RCGF

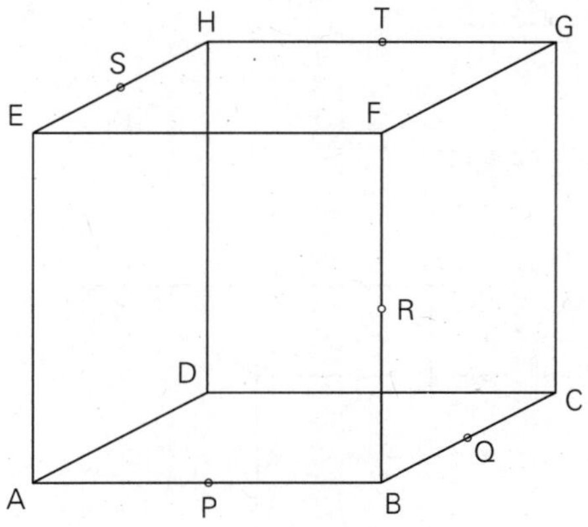

f Viereck ACTS

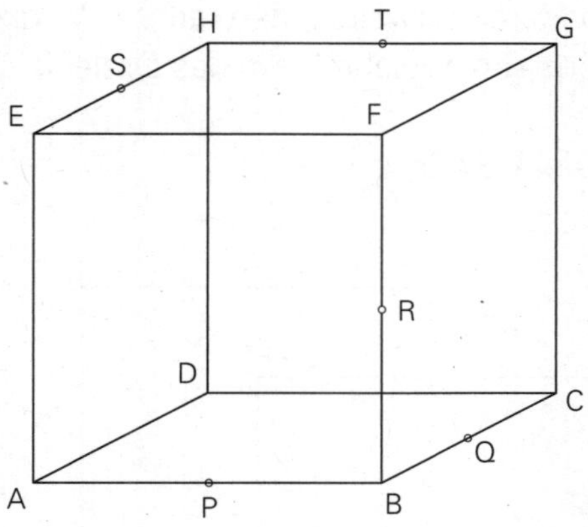

g Viereck PQTS

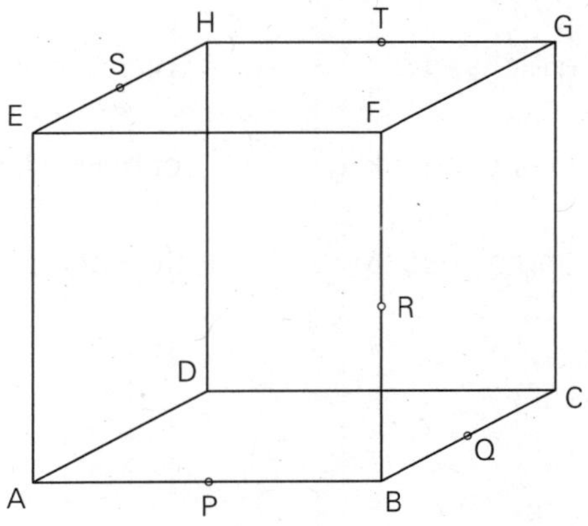

h Viereck ARGH

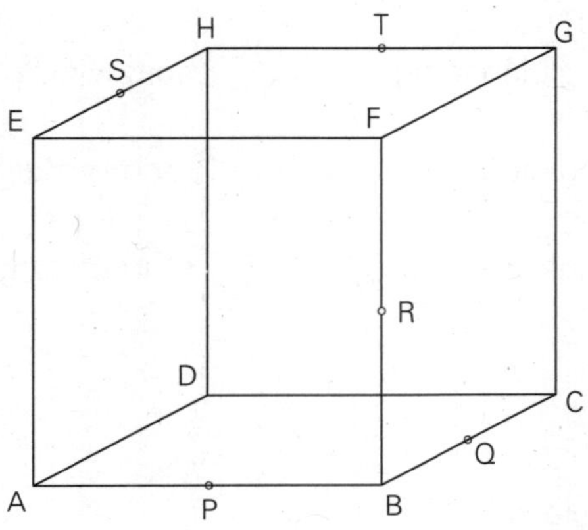

5.2 Im abgebildeten Würfel sind die Punkte P, Q, R, S und T Mittelpunkte von Kanten.
- Zeichne mit Farbe das in der Aufgabe gegebene Dreieck ein.
- Markiere im Dreieck den rechten Winkel, falls einer vorhanden ist.
- Kreuze an, welche Form das Dreieck hat.

a Dreieck HAD

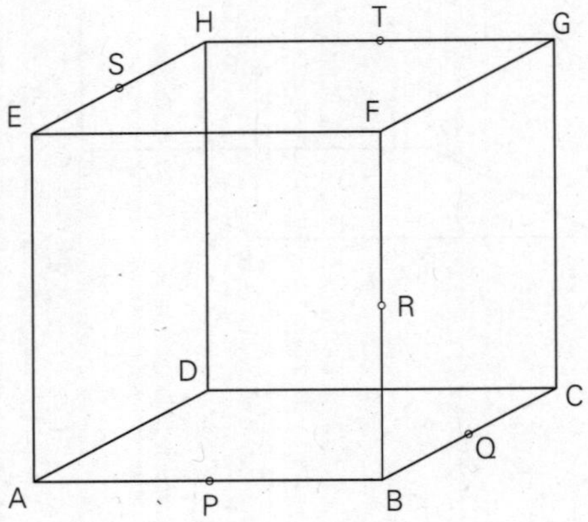

Das Dreieck ist

☐ gleichseitig ☐ spitzwinklig

☐ gleichschenklig ☐ rechtwinklig

☐ ungleichseitig ☐ stumpfwinklig

b Dreieck RGF

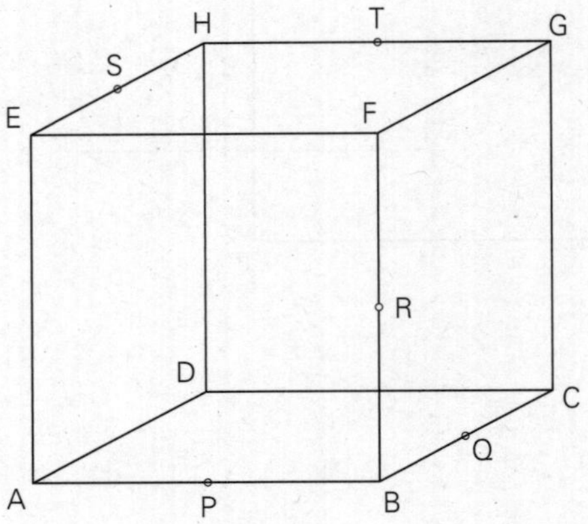

Das Dreieck ist

☐ gleichseitig ☐ spitzwinklig

☐ gleichschenklig ☐ rechtwinklig

☐ ungleichseitig ☐ stumpfwinklig

c Dreieck PQC

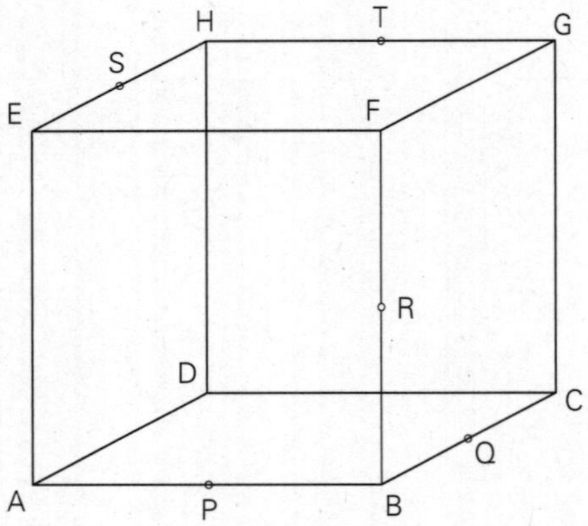

Das Dreieck ist

☐ gleichseitig ☐ spitzwinklig

☐ gleichschenklig ☐ rechtwinklig

☐ ungleichseitig ☐ stumpfwinklig

d Dreieck HAC

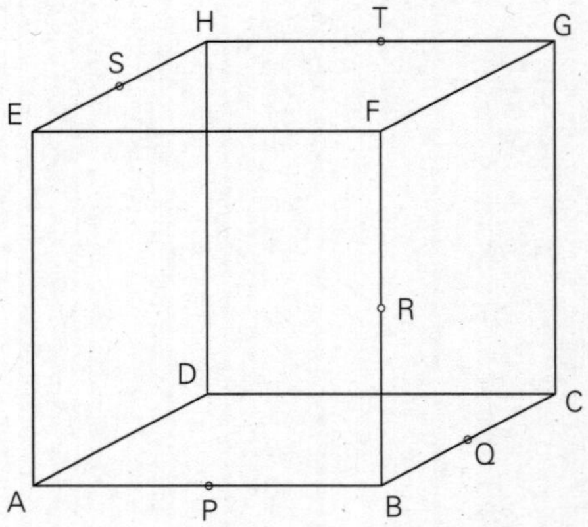

Das Dreieck ist

☐ gleichseitig ☐ spitzwinklig

☐ gleichschenklig ☐ rechtwinklig

☐ ungleichseitig ☐ stumpfwinklig

e Dreieck SFT

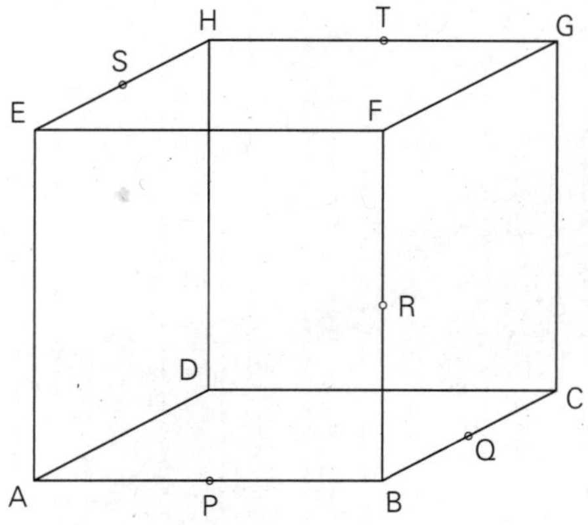

Das Dreieck ist

- ☐ gleichseitig
- ☐ gleichschenklig
- ☐ ungleichseitig
- ☐ spitzwinklig
- ☐ rechtwinklig
- ☐ stumpfwinklig

f Dreieck HBF

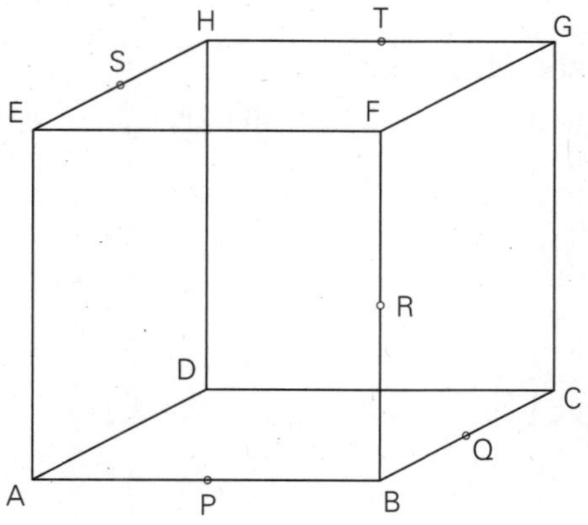

Das Dreieck ist

- ☐ gleichseitig
- ☐ gleichschenklig
- ☐ ungleichseitig
- ☐ spitzwinklig
- ☐ rechtwinklig
- ☐ stumpfwinklig

g Dreieck RGE

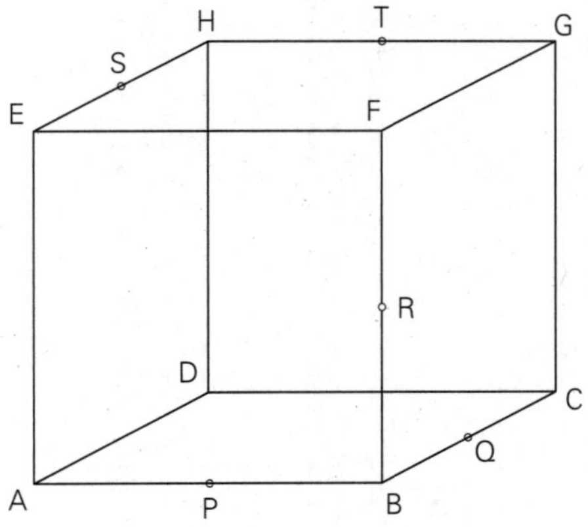

Das Dreieck ist

- ☐ gleichseitig
- ☐ gleichschenklig
- ☐ ungleichseitig
- ☐ spitzwinklig
- ☐ rechtwinklig
- ☐ stumpfwinklig

h Dreieck HFP

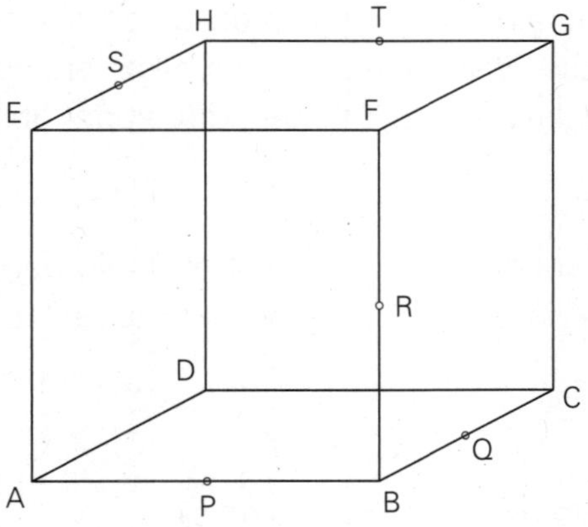

Das Dreieck ist

- ☐ gleichseitig
- ☐ gleichschenklig
- ☐ ungleichseitig
- ☐ spitzwinklig
- ☐ rechtwinklig
- ☐ stumpfwinklig

5.3 Im Bild rechts wird eine Würfelecke geradlinig durch die drei Punkte A, B und C abgeschnitten. Die drei Punkte A, B und C sind Mittelpunkte der Würfelkanten.

a Beschreibe
– die Form der Schnittfläche:

....

....

– die Winkel in der Schnittfläche:

....

– den abgeschnittenen Körper:

....

....

b Wie oft kannst du bei einem Würfel auf diese Weise eine Ecke abschneiden?

....

c Schneide in Gedanken bei einem Würfel auf diese Weise alle Ecken ab. Skizziere auf dem Punktpapier rechts den Körper, der übrig bleibt.

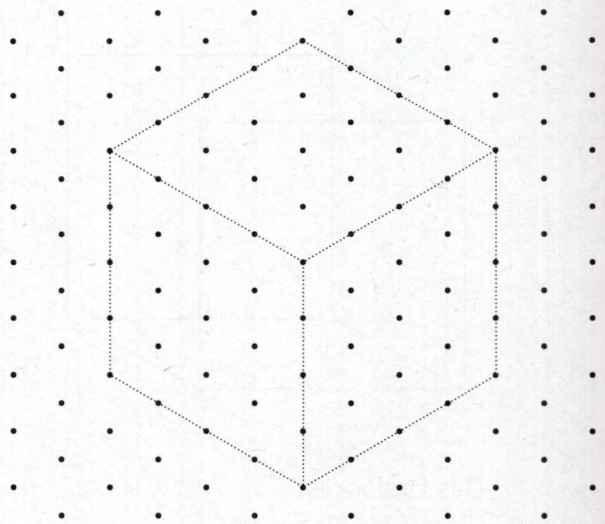

d Beantworte für den skizzierten Körper:
– Wie viele Flächen hat der Körper?

....

– Von welcher Form sind sie?

....

....

– Wie viele Kanten hat der Körper?

....

– Wie viele Ecken hat der Körper?

....

5.4 Im Bild rechts wird eine Würfelecke geradlinig durch die drei Punkte A, B und C abgeschnitten. Die Punkte A und B sind Mittelpunkte der Würfelkanten.

a Beschreibe
- die Form der Schnittfläche:

....

....

- den abgeschnittenen Körper:

....

....

b Schneide in Gedanken bei einem Würfel die oberen vier Ecken auf diese Weise ab. Skizziere auf dem Punktpapier rechts den Körper, der übrig bleibt.

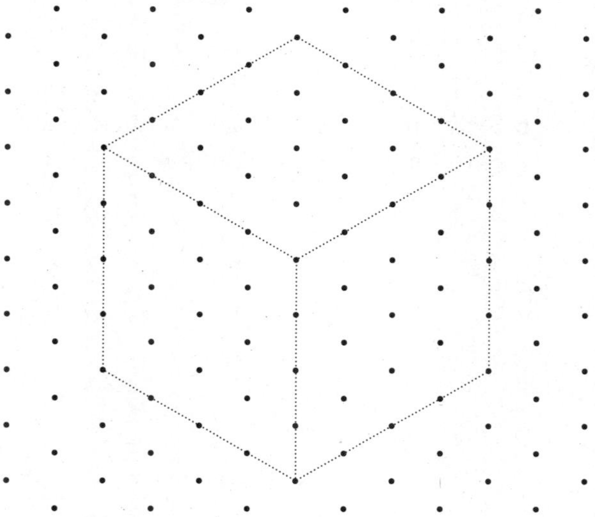

c Beantworte für den skizzierten Körper:
- Wie viele Flächen hat der Körper?

....

- Von welcher Form sind sie?

....

....

- Wie viele Kanten hat der Körper?

....

- Wie viele Ecken hat der Körper?

....

- Wie verhalten sich Grund- und Deckfläche zueinander?

....

....

6.1 Der zweite Würfelschnitt von Max Bill:
Zerschneide einen Würfel wie unten abgebildet. Starte beim Eckpunkt A, schneide gerade durch die Kantenmittelpunkte B und C und verlasse den Würfel beim Eckpunkt D.

a Beschreibe die Form der Schnittfläche.

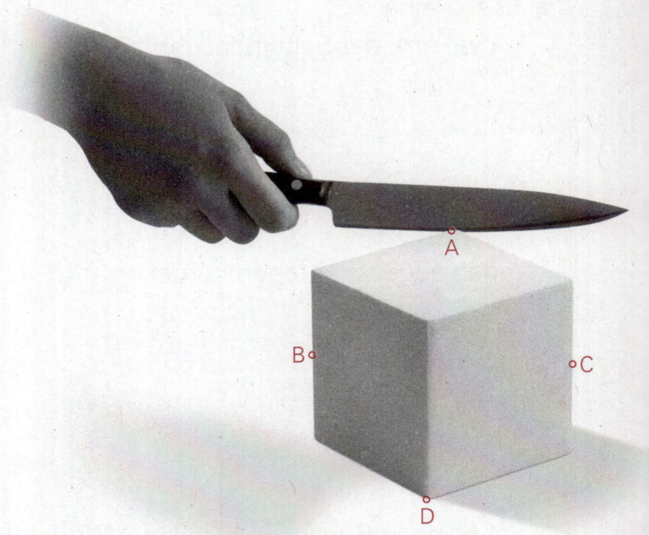

....

....

b Welche beiden Körper der Illustration von «schtatt e schtadt e schtatt» im Themenbuch sind hier entstanden?

....

c Skizziere im Punktpapier rechts den auf dem Tisch aufliegenden Teilkörper.

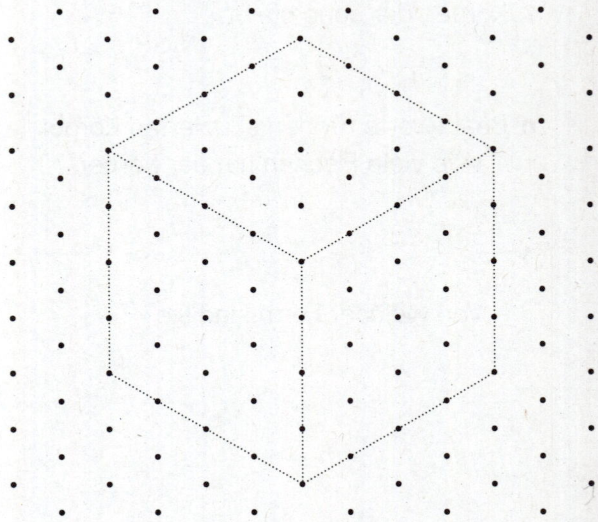

6.2 Du hast schon zwei Schnitte durch den Würfel kennen gelernt, die Max Bill für seine Figurengruppe verwendet hat. Der dritte Schnitt ergibt eine Schnittfläche, die man kaum erwartet. Der Schnitt verläuft von den Punkten A und B geradlinig durch die Punkte C und D. Die Punkte A, B, C und D sind Mittelpunkte von Kanten des Würfels.

a Zerschneide einen Würfel in dieser Weise und trage im Bild rechts weitere Punkte der Schnittfläche ein.

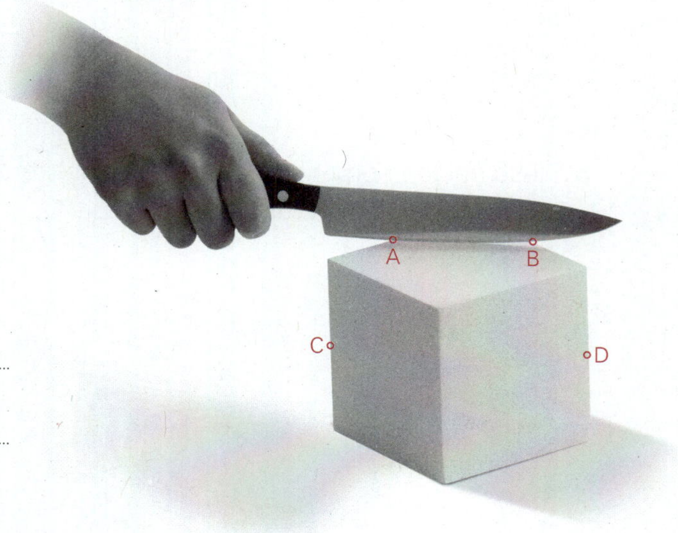

b Beschreibe die Form der Schnittfläche.

....

....

c Welche beiden Körper der Illustration von «schtatt e schtadt e schtatt» im Themenbuch sind hier entstanden?

....

d Skizziere im Punktpapier rechts den auf dem Tisch aufliegenden Teilkörper.

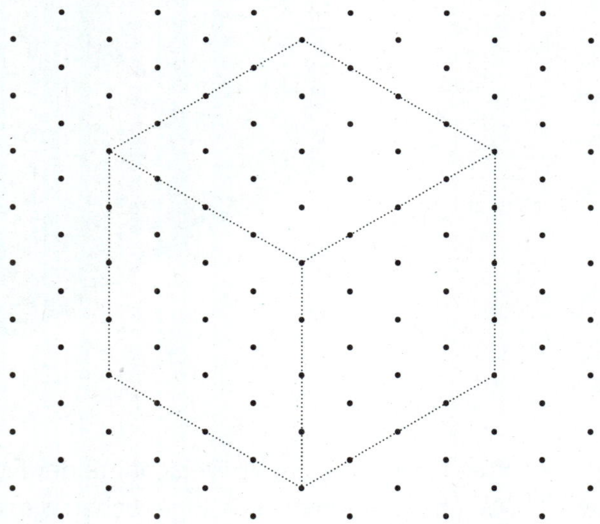

6.3 Du hast nun drei Schnitte und sechs Figuren der Figurengruppe «schtatt e schtadt e schtatt» kennen gelernt.

a Welche zwei Körper der Illustration im Themenbuch bleiben übrig?

....

b Diese beiden Körper sind durch einen weiteren Schnitt entstanden. Zeichne diesen Schnitt im unten abgebildeten Würfel ein.

c Was haben alle vier Würfelschnitte der Figurengruppe gemeinsam?
Welche mathematische Eigenschaft dieser Würfelschnitte hat Max Bill vermutlich zu seiner Figurengruppe angeregt?

....

....

....

....

6.4↗ **a** Mit dem Computer kannst du Schnitte durch einen Würfel untersuchen.

Schnittfläche im Würfel

b Die vier Würfelschnitte von Max Bills Kunstwerk kannst du auch auf dem Computer nachvollziehen.

Max Bills Würfelschnitte

1 –

2.1↗ Miss die Kantenlängen von verschiedenen quader- und würfelförmigen Schachteln, Tragtaschen, Kisten usw. und berechne daraus ihr Volumen.

2.2↗ Das Bild rechts zeigt einen Transportkäfig für Papageien und Sittiche. Transportkäfige sollten möglichst klein sein, damit sich die Tiere, wenn sie in Panik geraten, nicht verletzen können.
Der Werbeprospekt gibt die Masse so an: 46 × 48 × 52 cm.
Berechne das Volumen des Käfigs in cm^3 und in dm^3.

2.3↗ Unten siehst du die Ansichten und die Masse einer Europalette. Diese Paletten werden überall dort verwendet, wo Säcke, Kisten und andere Verpackungen gestapelt, umgeladen oder transportiert werden.

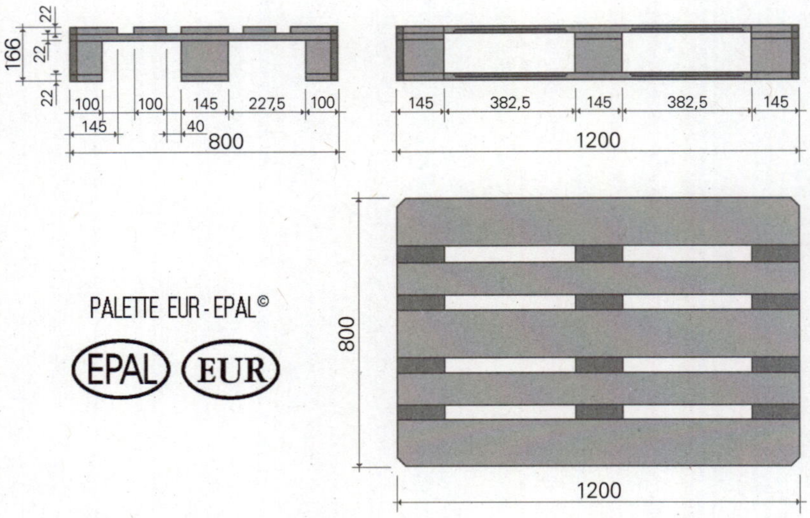

Fünf aufgeschichtete Paletten

a Betrachte die Grundfläche als Rechteck. Berechne das Volumen, das eine Palette beansprucht.

b Welche Abmessungen könnte die Ladefläche eines Transportfahrzeugs haben, damit beladene Paletten die Ladefläche möglichst lückenlos füllen?

2.4 Fülle die Tabellen aus.

a

Quader			Quadervolumen V	
Länge l	Breite b	Höhe h	Raummass	Hohlmass
65 cm	40 cm	18 cm	....	....
1.2 m	0.8 m	0.5 m	....	....
72 mm	....	30 mm	118 800 mm^3	....
....	45 cm	20 cm	....	45 l

b

Würfel	Würfelvolumen V	
Kantenlänge k	Raummass	Hohlmass
4 cm	....	....
8 cm	....	....
1.4 m	....	....
....	343 cm^3	....
....	....	125 l

c

Kantenlängen Quader/Würfel			Volumen
d	a	c	....
2e	g	8f	....
4a	....	2c	24abc
p	p	p	....
....	....	....	$8e^3$ (Würfel)

Volumen Würfel und Quader

2.5↗ Berechne das Volumen einer quaderförmigen Schachtel, die du nach den Anweisungen des Arbeitsblattes *«2 Quadervolumen»* aus einem A4-Blatt faltest.

2.6↗ Das Foto zeigt den Bau eines Wasserreservoirs im Südosten der Türkei. Schätze das Fassungsvermögen des Reservoirs.
Wie bist du bei deiner Schätzung vorgegangen?

3.1 ↗ Berechne für jeden Körper das Volumen.

a

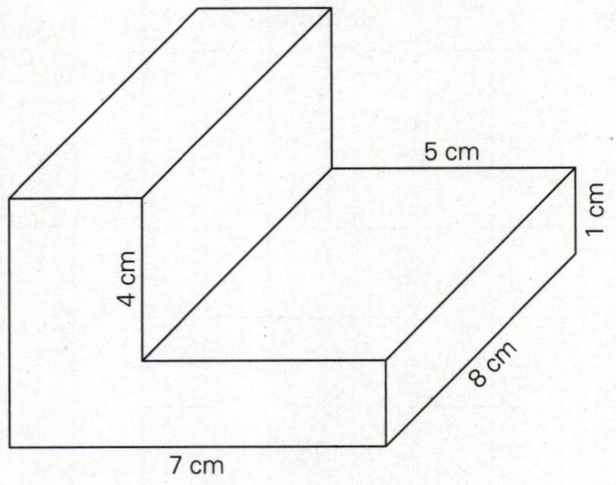

b

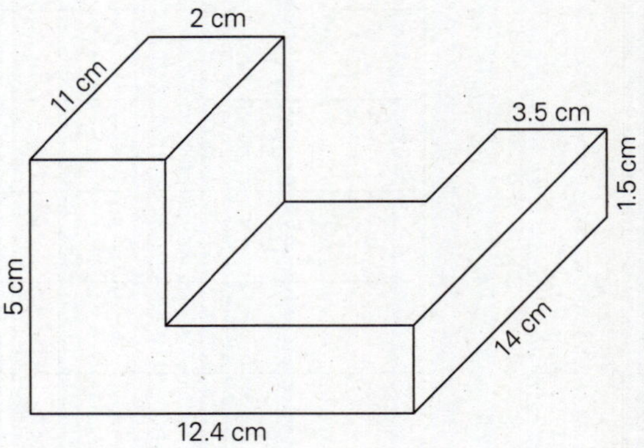

c

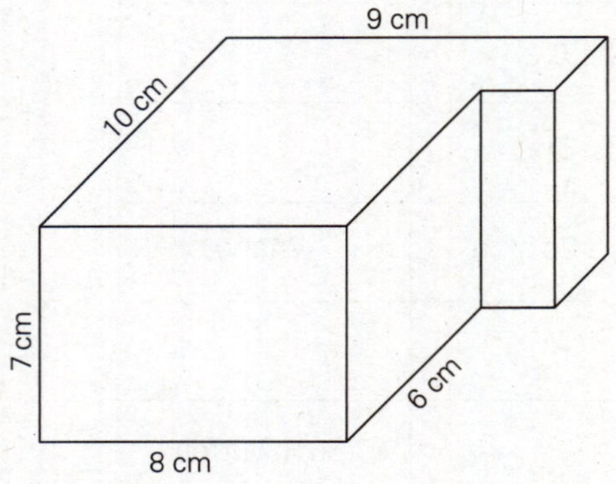

d

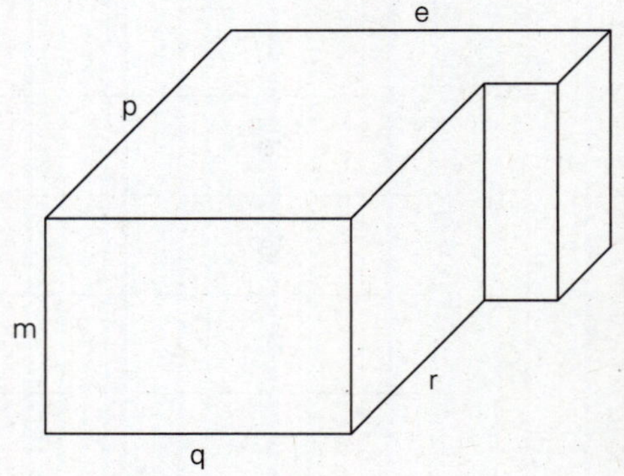

e

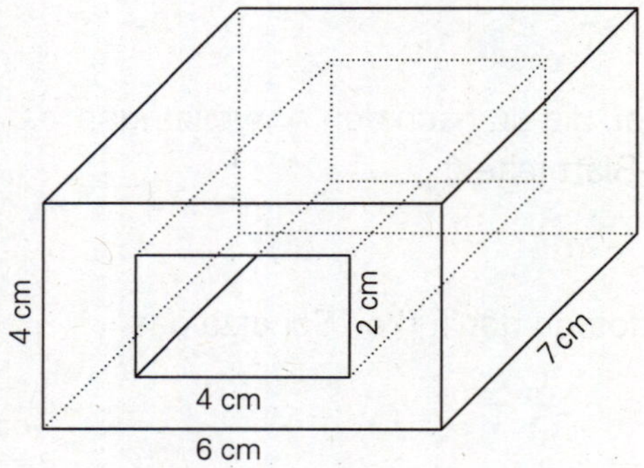

f

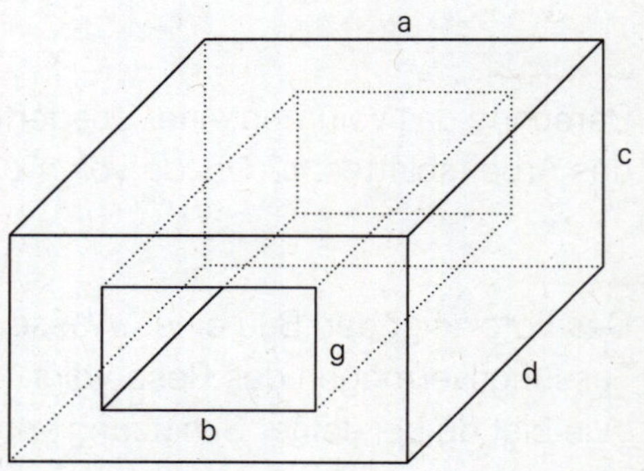

Volumen Körper

4.1 Im Internet wird ein quaderförmiges Aquarium aus Glas mit den Aussenmassen 80 × 35 × 40 cm/6 mm für CHF 120 angeboten.
- Trage die Masse in der Skizze rechts ein.
- Das Glas des Aquariums zerbricht. Wie hoch kann das ausgelaufene Wasser in einem 4 × 3 m grossen rechteckigen Zimmer maximal stehen? Beschreibe die Annahmen, die deiner Berechnung zu Grunde liegen.

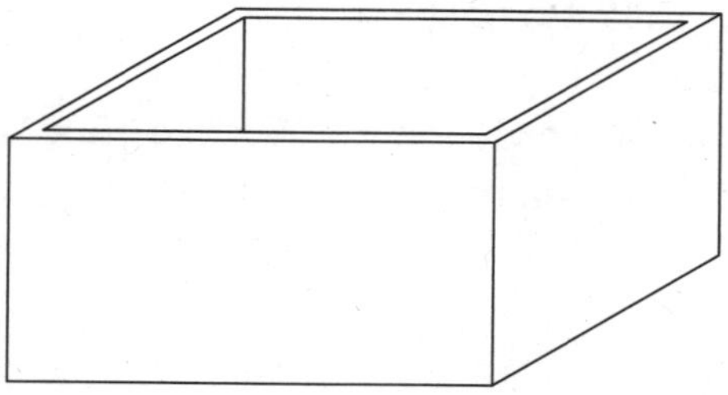

4.2↗ Nina und Nico überlegen sich, welche Rolle die Grösse der Grundfläche bei einem Regenmesser spielt. Sie fragen sich, ob ein Messgerät mit einer kleineren Grundfläche einen höheren Wasserstand anzeigt.
Was meinst du dazu?

4.3↗ Nimm an, das flexible Schwimmbecken unten sei im Inneren quaderförmig.
(Innenmasse des Beckens: 400 × 200 × 90 cm)

Bei extremen Niederschlägen sind innerhalb von 30 Stunden schon 150 Liter pro Quadratmeter gefallen. Wie lange müsste es mit der gleichen Intensität weiterregnen, um das anfänglich leere Becken vollständig zu füllen?

4.4 ↗ In einem quaderförmigen Aquarium mit den Innenmassen 60 × 30 × 20 cm steht das Wasser 17 cm hoch.

a Ein Quader der Grösse 16 × 12.5 × 25 cm wird ins Aquarium gestellt (siehe Bild). Wie hoch steht das Wasser nach dem Eintauchen des Quaders?

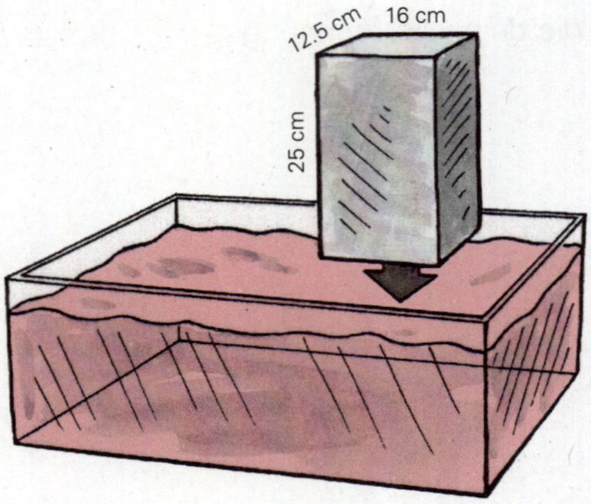

b Wie hoch steht das Wasser, wenn der Quader zuerst um 90° nach rechts gekippt und dann in dieser Lage ins Aquarium gelegt wird?

4.5 ↗ *Zum Tüfteln:*
In einem Schwimmbad gibt es ein quadratisches Plantschbecken für Kinder, das 1.10 m tief ist. 600 hl Wasser sind eingefüllt, was eine Wassertiefe von 60 cm ergibt.
Die Hälfte des Beckenbodens kann gleichmässig angehoben werden. Wie hoch kann dieser Teil des Bodens angehoben werden, bevor das eingefüllte Wasser über den Beckenrand fliesst?

5.1 ↗ Gegeben sind verschiedene Netze von Quadern.
Miss die Kantenlängen und berechne den Oberflächeninhalt der Quader.

a

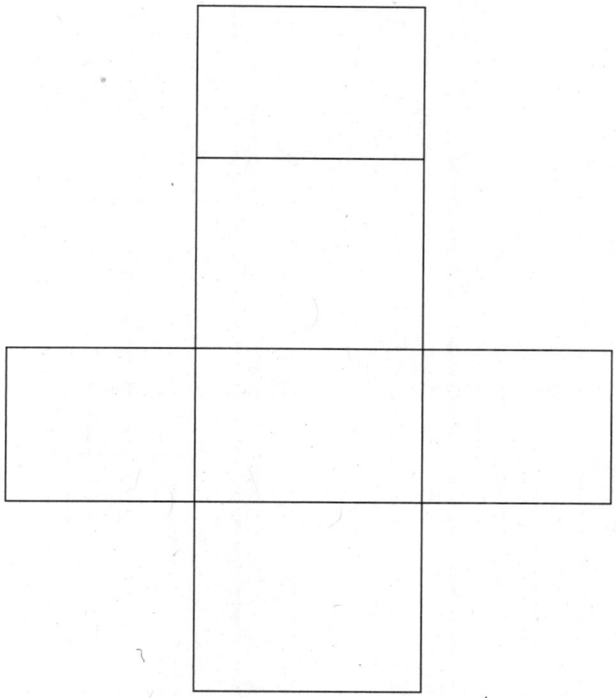

b

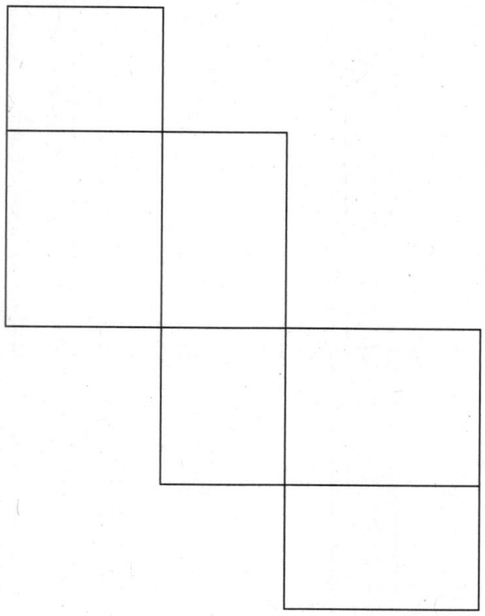

c

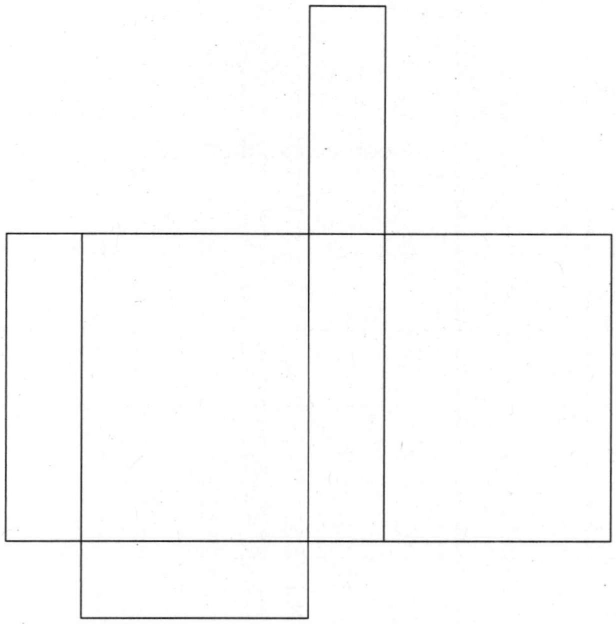

d

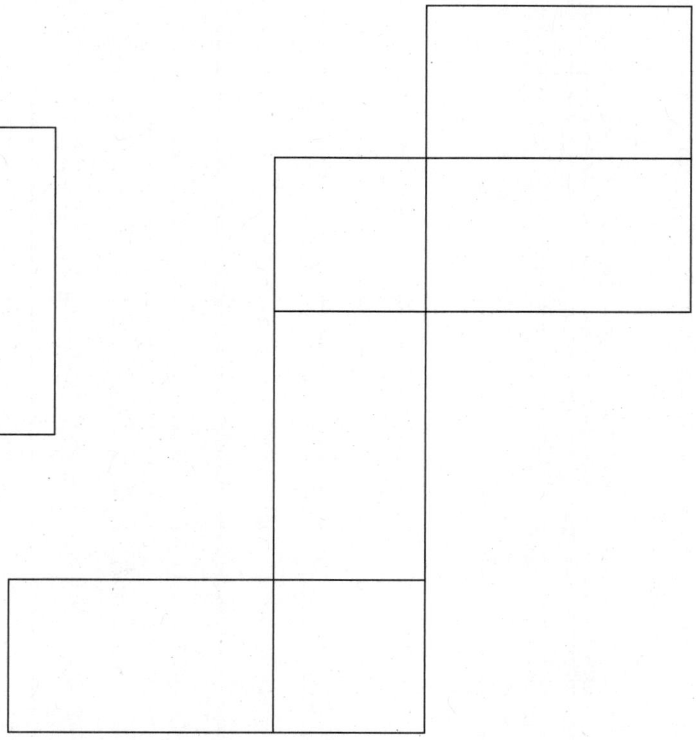

5.2 Quader werden auf verschiedene Arten so in Farbe eingetaucht, dass die halbe Oberfläche gefärbt wird.

a Markiere in den Raumbildern unten mit Farbe verschiedene Möglichkeiten, wie die gefärbten Quader aussehen könnten.

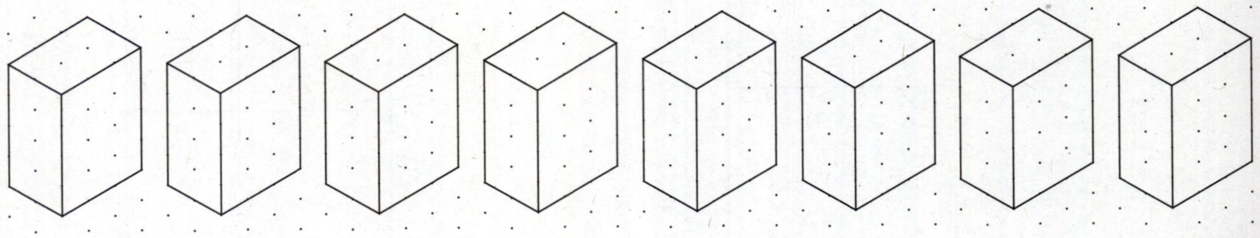

b Vervollständige in den Quadernetzen die farbigen Flächenteile der halb eingetauchten Quader.

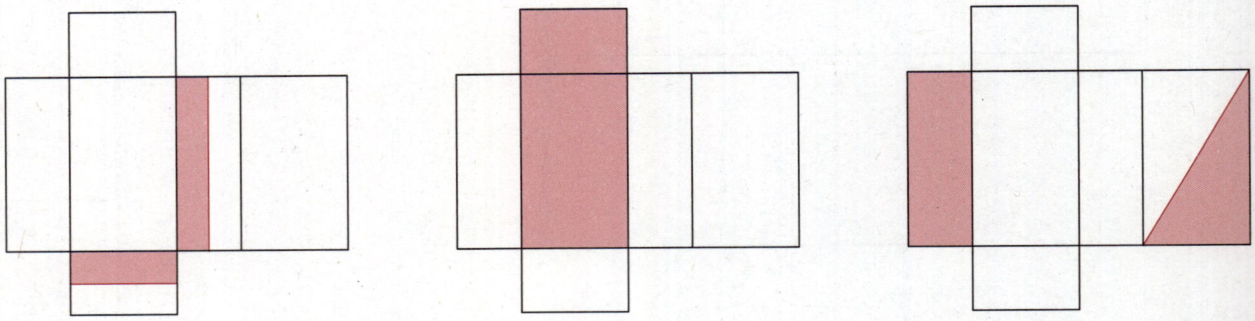

6.1 Fülle die Tabelle aus.

	Quader			
	Länge	**Breite**	**Höhe**	**Oberflächeninhalt S**
a	15 cm	8 cm	6 cm	
b	6.5 dm	4.2 dm	4 dm	
c	7 dm	5 dm	7 dm	
d	14 cm	14 cm	14 cm	
e	b	h	g	
f	5e	3a	b	
g	9c	2c	4d	

Oberflächeninhalt Quader

6.2↗ Berechne für jeden Quader die unbekannte Kantenlänge.

a S = 262 cm^2

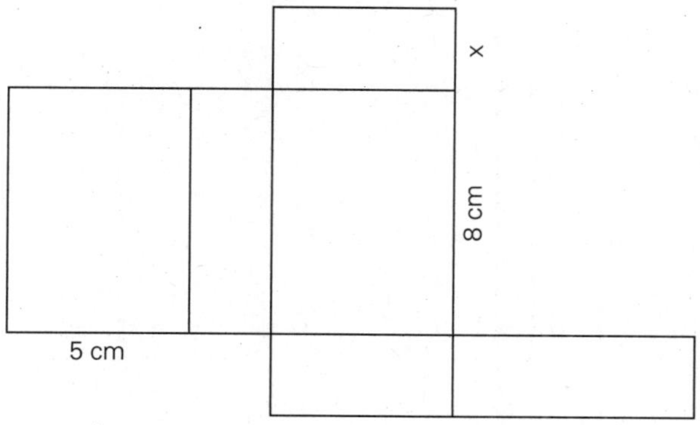

b S = 1344 dm^2

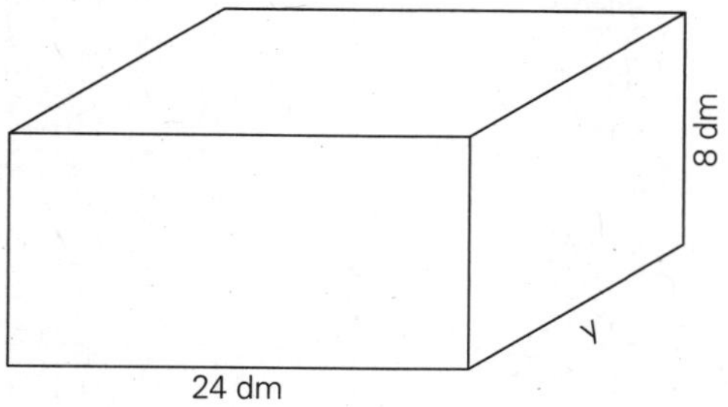

7.1↗ Berechne für jeden Körper den Oberflächeninhalt.

a

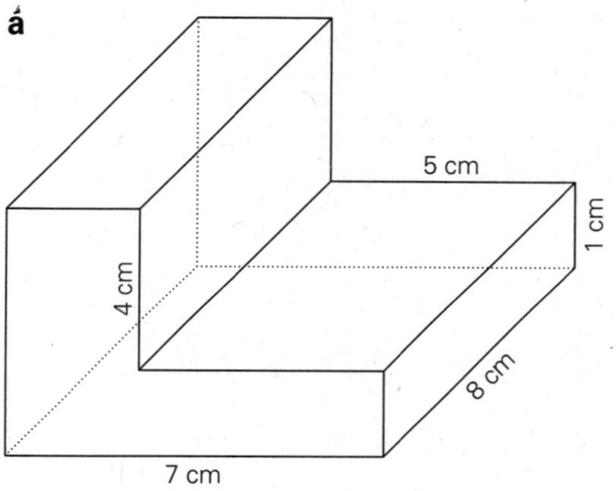

b

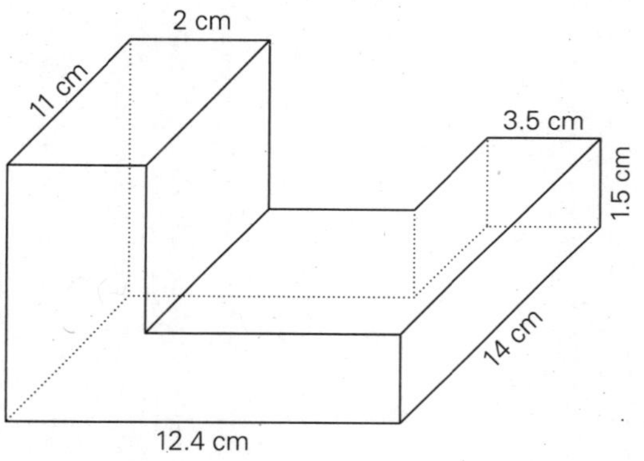

c

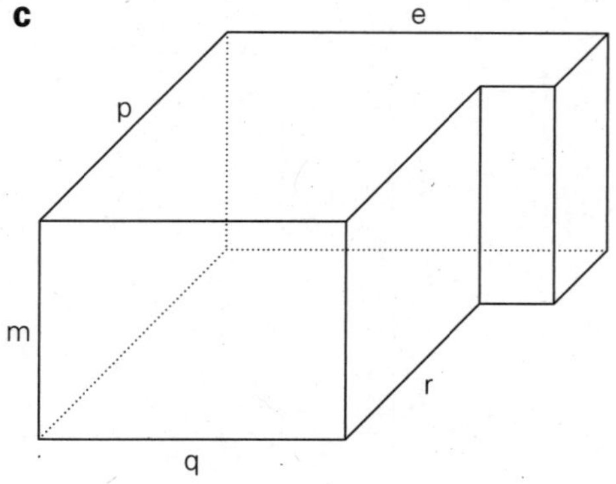

d

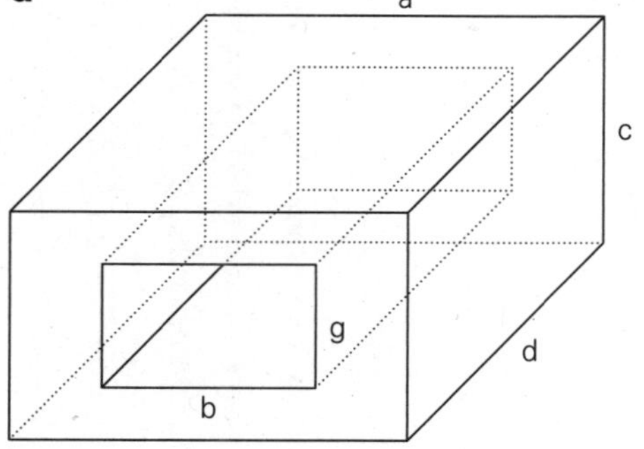

Oberflächeninhalt Körper

8.1 **a** Skizziere auf Punktpapier verschiedene Quader mit dem Volumen 64 cm^3. Die Entfernung zwischen zwei benachbarten Punkten entspricht 1 cm (siehe Skizze unten).

b Berechne für jeden Quader den Oberflächeninhalt. Vergleiche die Oberflächeninhalte der volumengleichen Körper. Was stellst du fest?

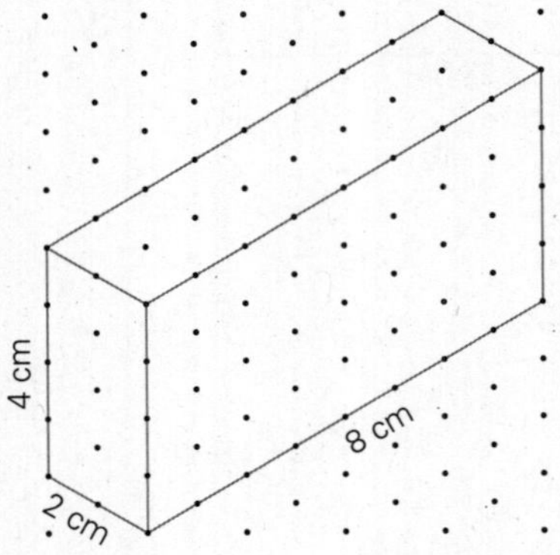

S = ...

S = ...

S = ...

S = ...

Feststellung: ....

....

....

8.2 Sechs quaderförmige, gleich grosse Streichholzschachteln sollen zusammen in Folie verpackt werden. Die Masse einer Streichholzschachtel betragen 6 × 3 × 2 cm.

- Untersuche und skizziere verschiedene Anordnungen auf Punktpapier. Der Abstand zwischen benachbarten Punkten entspricht 1 cm.
- Berechne den Oberflächeninhalt derjenigen Anordnung, die am wenigsten Folie braucht.

8.3↗ **a** Verdoppelt sich der Oberflächeninhalt eines Quaders, wenn sein Volumen verdoppelt wird? Untersuche mit diese Frage mit Hilfe von Holzwürfeln und begründe deine Antwort.

b Untersuche mit dem Computer den Zusammenhang zwischen Kantenlänge, Volumen und Oberflächeninhalt beim Quader.

Quader und Quadernetz

Bildnachweis

S. 4 Logo 1, © Citroen (Suisse) S.A.; Logo 2, © Hyundai Motor Deutschland GmbH; Logo 3, © Toyota AG; Logo 4, © OPEL Suisse/General Motors Suisse SA; Logo 5, © SUZUKI Automobile Schweiz AG; Logo 6, © Renault Suisse SA; Logo 7, © MM Automobile Schweiz AG

S. 10 Logos 1, 4, 6, 7, © Archiv KGT Raimondi AG; Logo 2, © SBB; Logo 3, © Schweizerische Lauterkeitskommission\faire-werbung.ch; Logo 5, © UEFA

S. 63 Leonhard Euler, © bpk Bildagentur für Kunst, Kultur und Geschichte, Berlin

S. 91 Zuckersäckchen, KGT Raimondi AG, neu gezeichnet im Stil der Zuckersäckchen der Zuckermühle Aarberg, © Zuckerfabriken Aarberg und Frauenfeld AG

S. 99 Fussballfeld, © Keystone/AP Photo/Frank Augstein

S. 101 Kleinstes Aquarium, © Dukas/Rex

S. 117 Leonhard Euler, © bpk Bildagentur für Kunst, Kultur und Geschichte, Berlin

S. 131 Briefmarke SVERIGE 25, © Sweden Post Stamps; Oscar Reutersvard, © Keystone/Scanpix/Stefan Lindblom

S. 166 Landkartenausschnitt Cham, © reproduziert mit Bewilligung von Swisstopo (BA 16026)

S. 167 Karte Nullpunkt Schweiz, © KGT Raimondi AG

S. 180 Tische, © INWERK

S. 194 Grafik nach Original von Max Bill, «vier gleichgrosse farbquanten», 1974, Sammlung Angela Thomas Schmid, © Angela Thomas Schmid/2016, ProLitteris, Zürich

S. 220 Speisewagen, © Klaus P. Canvan/rail-info.ch

S. 222 Pedalo, © Jack Sullivan/Alamy

S. 224 Seilpark, © Ingolf Pompe/LOOK-foto